读客文化

# 丘吉尔的
# 敦刻尔克

[英] 迈克尔·柯尔达 著
张雅楠 译

ALONE
Britain, Churchill, and Dunkirk:
Defeat into Victory

文匯出版社

图书在版编目（CIP）数据

丘吉尔的敦刻尔克 /（英）迈克尔·柯尔达著；张雅楠译. —— 上海：文汇出版社，2023.7

ISBN 978-7-5496-3785-0

Ⅰ.①丘… Ⅱ.①迈… ②张… Ⅲ.①敦刻尔克撤退(1940)—史料 Ⅳ.①E195.2

中国版本图书馆CIP数据核字(2022)第103984号

Alone: Britain, Churchill, and Dunkirk: Defeat into Victory
Copyright © 2017 by Success Research Corporation
Simplified Chinese translation copyright © 2023 by Dook Media Group Limited
Published by arrangement with Janklow & Nesbit Associates through Bardon-Chinese Media Agency
ALL RIGHTS RESERVED

中文版权 © 2023读客文化股份有限公司
经授权，读客文化股份有限公司拥有本书的中文（简体）版权
图字：09-2022-0252号

## 丘吉尔的敦刻尔克

| 作　　者 | / | ［英］迈克尔·柯尔达 |
|---|---|---|
| 译　　者 | / | 张雅楠 |
| 责任编辑 | / | 甘　棠 |
| 特约编辑 | / | 刘笑月　沈　骏 |
| 封面设计 | / | 王　晓 |
| 出版发行 | / | 文汇出版社<br>上海市威海路755号<br>（邮政编码200041） |
| 经　　销 | / | 全国新华书店 |
| 印刷装订 | / | 三河市龙大印装有限公司 |
| 版　　次 | / | 2023年7月第1版 |
| 印　　次 | / | 2023年7月第1次印刷 |
| 开　　本 | / | 710mm×1000mm　1/16 |
| 字　　数 | / | 283千字 |
| 印　　张 | / | 20.5 |

ISBN 978-7-5496-3785-0
定　　价 / 68.00元

侵权必究
装订质量问题，请致电010-87681002（免费更换，邮寄到付）

献给玛格丽特,她给予我灵感与爱

我本人充满信心：如果所有人恪尽职守，如果对所有危机都严阵以待，我们将再次证明，我们也完全可以保卫自己的岛上家园，哪怕是需要抵御战争的惊涛骇浪，哪怕是需要抗击一时的暴政胁迫，哪怕是我们将要孤军奋战。

——温斯顿·丘吉尔[1]

---

[1] 丘吉尔于1940年6月4日在敦刻尔克撤离行动完成后向下议院发表的演讲。（本书脚注如无特别说明，均为作者原注。）

## 前　言
## "旧日犹如他国"

对欧洲人来说，第二次世界大战并非像偷袭珍珠港那样是突然发生的，而是一系列愈演愈烈的危机相继而来，最终积聚成了一场灾难。

这些危机并没有对年幼的我产生什么影响，即便有也很有限。但当战争最终爆发时，包括我在内的每个人的命运都被改变了——而且大部分人所受的影响都比我要大得多。尽管如此，我依然见证了战争的残酷，铭记住了战争带来的苦难。直至75年后，我们终于可以了解并客观记录到，是哪些事件导致了战争的爆发，它们又为什么会发生。所有战争都源自一连串的错误，而且错误通常都是由双方共同造成的，第二次世界大战尤为如此。

我的童年生活优渥，也正因如此，和另外几千名英国孩童一样，我在错愕中成了进入美国的头等难民，舒适地远离了战争。

我对于童年时期的境遇实在没有什么可抱怨的，本书所讲述的不是一个关于蒙难的故事。我只是希望能够阐释在1939年战争爆发前那个平静的夏日和1940年战争爆发后国民的猛然觉醒之间所发生的事情。之后，我们这些英国人发现自己已是孤军奋战：我们误判了法军的实力，而最终也只能选择让困守在敦刻尔克海滩的军人们放弃所有的装备和武器，乘着小船撤退，并将西欧留给了德国人。

i

这本书的主旨就是讨论我们是如何来到灾难边缘的，同时也记录了我的家庭如何离散，以及历史是如何通向敦刻尔克、通向温斯顿·丘吉尔所谈及的"最光辉的时刻"。

记忆并非准确的工具。随着年龄的增长，我们倾向于将现在投射于过去，记忆那些我们希望发生而非确实发生的事。用一个那时没有的词来形容幼年的我，就是"电影顽童"，因为我的家人不是电影的制作者就是演员——就女性而言。我的伯父亚历山大·柯尔达（Alexander Korda）是一位著名的电影导演和制片人，是用自己的创作主张挑战了彼时的好莱坞制片厂的"电影大亨"。而我的二伯佐尔坦·柯尔达（Zoltan Korda）也是著名的电影导演。我父亲文森特·柯尔达（Vincent Korda）是当时国际知名的电影艺术指导，梅尔·奥勃朗（Merle Oberon）伯母是名噪一时的大明星，琼娜娜和我的母亲也都是备受尊重的演员。我的家庭确非普通，但战争改变了每个人的生活，这本书讲述了我们的生活如何被身边发生的事件重塑。亚历山大伯父和他的兄弟们可能会更有同感。他们出生于中欧，因此非常清楚希特勒究竟代表着什么——以及他意欲何为。

他们对纳粹德国没有任何幻想，然而在20世纪30年代——甚至是在1939年及1940年，大西洋两岸很多有权势且德高望重的人物都没有看得这样清楚。

我也将此书献给那些没有我那么幸运的人。

统治不列颠尼亚!

不列颠尼亚统治那些浪潮!

不列颠人永不、永不、永不

为奴。

——托马斯·阿恩(Thomas Arne),1740年

# 目　录

**第一部分　第二次世界大战**

| 01　边　缘 | 003 |
| --- | --- |
| 02　外交失败 | 016 |
| 03　"为英国发声！" | 027 |
| 04　假　战 | 033 |
| 05　"花衣魔笛手"行动 | 048 |
| 06　黄色计划 | 053 |
| 07　"嘿，先生们，这就是我们的伟大胜利" | 065 |
| 08　"希特勒错失良机" | 072 |
| 09　"以上帝的名义，走吧" | 077 |

**第二部分　法国之战**

| 10　"艰难登顶" | 095 |
| --- | --- |
| 11　隆美尔跨过默兹河 | 104 |
| 12　"我们被打败了；我们输了这一仗" | 111 |

| | | |
|---|---|---|
| 13 | 这一刻重若千金 | 119 |
| 14 | 1940年5月20日："糟糕透顶的一天" | 125 |
| 15 | 致命的山坡 | 133 |
| 16 | 惊涛骇浪 | 140 |
| 17 | 木棒尖 | 147 |
| 18 | 我们可能要完蛋了 | 159 |
| 19 | "他们热衷于射击德国人最让人高兴" | 169 |

## 第三部分　敦刻尔克

| | | |
|---|---|---|
| 20 | 加来市民 | 183 |
| 21 | 苦战到底 | 191 |
| 22 | 海军将官，多佛 | 199 |
| 23 | 后　方 | 204 |
| 24 | "就当战士们知道他们要回英国老家吧" | 214 |
| 25 | "发电机"计划 | 225 |
| 26 | "战斗，在这儿或是在别的地方" | 235 |
| 27 | 守卫战线 | 248 |
| 28 | 小　船 | 254 |
| 29 | "我一生中喝过的最美味的茶" | 267 |
| 30 | "手挽着手" | 277 |
| 31 | "我们会打败他们" | 287 |
| 32 | 敦刻尔克精神 | 297 |
| 33 | 在海上 | 307 |

鸣　谢　　　　　　　　　　　　　　　　　313

# 第一部分
# 第二次世界大战

# 01 边　缘

　　在24小时的电视节目和网络新闻成为我们生活的重要背景之前，人们如何记忆那些重大历史事件，尤其是很久以前发生的历史事件？

　　在20世纪30年代及整个战争期间，很多英国家庭都会在晚餐后认真聆听BBC的9点钟新闻，因为当时没有第二个电台可以选择。无论这一天发生的事有多么恐怖，BBC的播音员都会用像布道一样沉缓的语气一字一句地念出来。BBC要求那些电台（或英国所说的无线电）播音员在播音时要穿正装。在那时，无论是对于平凡家庭还是白金汉宫，听新闻都是一种神圣的仪式。虽然BBC的很多新闻都来源于政府，但它们依然会获得人们的普遍信任。法国和英国政府并不想用新闻激励民心，他们只想最大限度地保持冷静，淡化甚至拒绝承认有任何危机存在。保持冷静被视为一种爱国责任，即便一个个危机无情地导向战争——"恐慌"依然是敌人。

　　我的父亲文森特是一个不修边幅的波希米亚人，他跟随着自己的兄弟进入了电影圈。父亲并不容易恐慌，甚至不知道恐慌为何物。这也许是因为他出生在奥匈帝国末期，那里战乱不断，危机四伏，但人们从不严肃视之。维也纳有句古老的笑话可视作日渐衰落的帝国的座右铭："事情很绝望，却无关紧要。"尽管有来自柏林的威胁，以及1939年8月但泽（今波兰格但斯克）和波兰走廊的战事传言，我父亲却没有像多数英国人那样取

003

消暑假计划，他依然去了人们口中那片"欧洲大陆"，仿佛那里是另一个世界。曾经有几年，每到8月他都会去位于昂蒂布（Antibes）镇上加洛佩（Garoupe）海滩旁朴素的布埃酒店。酒店的主人是他的朋友威尔，他的女儿米什莱恩和我同岁。虽然当时我们才6岁，但我父亲已经用他熟练的匈牙利腔法语表达了他想让我们日后结婚的意愿，这样他就能在昂蒂布安度晚年了。

柯尔达家族的族长、父亲的哥哥，也就是我的伯父亚历山大写信给他，要他在危机结束前不要再前往欧洲——伯父是一个仁慈但要求苛刻的独裁者，用他的崇拜者的话说，他既有王子般的气质，也和王子一般懂得享乐；温斯顿·丘吉尔的朋友、政治策略家及金融顾问布洛涅丹·布拉肯也是这样劝告父亲的。但他完全不当回事。长久以来从伦敦到巴黎再到昂蒂布的旅程不会因为希特勒的战争威胁而停止。他经历过第一次世界大战，当时在奥匈帝国步兵部队服役，还参加过布达佩斯的共产主义革命，然后就是让第一个法西斯主义者、欧洲的反犹领袖米克洛什·霍尔蒂将军登上历史舞台的白色反动革命。父亲一生都在战争中奔走，也看到了帝国的土崩瓦解，因此对这种会改变生活安排的地震般的地缘政治事件已经感到麻木了。而当我的母亲——一个成功的英国舞台剧演员、乐观开朗的金发美人——表达了她的担忧时，他只是不屑地说："别傻了，格特鲁德，你又懂些什么？"

但无论如何，当文森特清晨坐在太阳伞下蘸着牛奶咖啡吃牛角包、看着《尼斯人报》，并点燃他这一天的第一支香烟时，那则8月的新闻一定引起了他的注意——毕竟他是一个中欧人。

不到一年前，也就是1938年9月，捷克危机愈演愈烈的时候，英国首相内维尔·张伯伦通过BBC向全国人民宣布："我们如果仅仅为了一个遥远国度里一些我们完全不了解的人的吵闹就挖战壕、建堡垒，那将是一件多么恐怖、奇怪且不可置信的事啊！"

但对我的父亲来说，这些人并不"遥远"。父亲出生的时候，捷克斯洛伐克还是奥匈帝国的一部分，波兰的南部也是。捷克人、波兰人和奥地利日耳曼人对父亲来说绝非"完全不了解"。这些人和他一样，也参加过多国组成的皇家帝国和奥匈帝国军队[1]。

我的母亲在休息，我和米什莱恩在保姆卢阿姨的照看下玩耍，我父亲在报纸上读到的东西，使得他和米什莱恩的父亲威尔先生陷入了气氛沉重的讨论中，就像是医生在探讨危重病人的病情。威尔先生和我父亲都参加了第一次世界大战，尽管两个人属于敌对的双方，但他们共同的经验可以让他们分辨出战争打响前的信号。

那年夏天的法国电台里面循环播放的那首歌可能很重要："一切都好，侯爵夫人。"那是一出法国经典喜剧，讲的是一位贵族夫人在度假的时候打电话给家里询问状况，而佣人每次都会告诉她一个灾难，并将其形容成"一点小事"，最终恶化到她的丈夫自杀，城堡被烧毁，而每一个可怕的事故都伴着曲调欢快的副歌：

  但除此之外，侯爵夫人，

  一切都好，

  一切都好。

我母亲儿时在法国的一所修道院学校读书，法语纯熟。她就像所有的法国人一样，会时不时地哼唱这首歌。而整个法国也随着这歌声一步一步地走进了令每个人最为恐惧的灾难。

法国总理爱德华·达拉第——因其强壮的体魄成了支持者眼中的"沃克吕兹的公牛"——对柏林和波兰之间逐日攀升的战事威胁瞠目结舌。1938年，达拉第代表法国参加了慕尼黑会议。英国人和法国人胁迫盟国捷

---

[1] 弗兰茨·约瑟夫一世是奥地利的皇帝和奥匈帝国皇帝兼匈牙利王国国王，所以所有的国家机构，包括他自己，都是"皇帝和国王的"（kaiserlich und königlich），也就是"帝国和皇家的"。

克斯洛伐克在希特勒的一次胜利之后将苏台德区拱手让与纳粹德国。在回程中，随着他的飞机接近勒布尔歇，达拉第看到脚下密集的人群——这是1927年以来他得到的最大规模的迎接。他当时认为愤怒的国人会因为他对捷克的背信弃义而杀掉他，可当飞机着陆，舱门打开的那一刻，达拉第被那些欢呼赞誉他带回了和平的人震惊得目瞪口呆。他几度轻蔑地转向身旁的助手，低声咕哝道："真是一群浑蛋！"达拉第可能不再能配得上他的绰号，但他至少知道自己寡廉鲜耻地向希特勒低下了头。

900年来英、法之间的交恶史让达拉第将这次事件怪到了张伯伦头上，而不是希特勒。讽刺的是，张伯伦成了历史上的一个终极绥靖派，他手上的那把转动的雨伞成了没脊梁的投降者的象征。但事实上，与达拉第相比，张伯伦是一个意志坚定、能量充沛、性格果断，拥有强烈的道德感的人。他坚强实际，在自己的政党中极具影响力，并在下议院拥有强大支持。他的缺点绝非怯懦，而是虚荣顽固。

格雷厄姆·斯图尔特将自己描述丘吉尔和张伯伦之间关系的书命名为《埋葬恺撒》，那着实是极具洞察力的书名。1937年5月—1940年5月，张伯伦如同巨人一般主宰着英国的政治世界。他"掌控大局，信心满满，对秩序有着本能的认识……但他的头脑却非常抵触变革"，像无法被挑战，甚至不能被批驳的恺撒，是一切事物的掌控者。他威严、冷静、坚定，不能听取任何反面的意见，也不鼓励身边的人表达——他对自己的判断充满信心，也对他初衷的正确性充满信心，认为自己站在了道德的制高点上。加上他不喜欢外国人——他不仅不喜欢德国人，也轻视法国人、俄国人和美国人——张伯伦将犹豫不决的达拉第拉入了背叛捷克斯洛伐克的阵营，但和法国总理不同，他对自己的决定感到骄傲。

1938年9月，当张伯伦在赫斯顿机场对迎接他的人举起英德声明，并向唐宁街10号门前的群众宣称"我从德国带回了和平"时，他感到超乎寻常地自信——事实上除了一小部分包含了丘吉尔阵营的人的反对者之外，不仅是英国，全世界都认为他是一个国家英雄。《纽约时报》在张伯伦返英后的态度代表了世界上大多数的声音:"为和平付出的代价都是微不足道的……除非他感到为了他最亲近的人可以接受战争、付出生命。"

张伯伦并不喜欢希特勒——事实上,在第一次会面之后,他把希特勒形容成"最平凡的小狗"[1]——但当他望着对方的眼睛时,他认为希特勒是一个可以信任的人。在希特勒身上,他看到了一个有着一些优点的平凡人,就像张伯伦自己,既不是一个熟练掌握外交辞令的虚伪的外交官,也不是贵族。张伯伦的祖父是维多利亚时代的鞋匠,就像"黑鞋油工厂"的狄更斯。他的父亲约瑟夫·张伯伦在工业城市伯明翰靠生产螺丝发家,后来差一点就当选了首相。内维尔是约瑟夫·张伯伦的第二个孩子,是一个强硬的谈判手,一个有天赋的政治家,但他亦拥有商人的禀赋,可以一眼便知一个人的话是否可靠。

当事实证明希特勒是个骗子时——他在1939年3月以武力占领了捷克斯洛伐克的其余地区——张伯伦最终不得不面对希特勒并不可靠这个事实。他马上要对德国的进攻做出回应,而这个回应就是仓促而未加思索地保证支持波兰,并同时将更加犹豫的达拉第也拉了进来,这也就将法国和英国变成了希特勒下一个外交政策的目标。

德国外交即刻重复了让人熟悉的瓦格纳歌剧式的威胁:武力行动、独断的最后时间点、令人恐惧的谎言,再加上一些假意的示好。如果希特勒的意愿得以实现,德国会在未来确保某些善举。这些伎俩从1936年到1939年上半年一直在挑战着欧洲人的神经,让德国一枪不发便得到了莱茵兰、奥地利、苏台德区和现在的捷克斯洛伐克。不过这一次,出现了两个障碍。第一个是波兰人自己,他们非常固执地拒绝与德国人协商,哪怕是最小的问

---

[1] 从希特勒的角度来看,他对张伯伦想通过类似钓鱼的闲谈来破冰的方式感到反感,因为他对此一无所知,并毫不在乎,所以他把张伯伦和他的顾问们视为"虫子"。这次见面带来了1939年8月的不良结果——希特勒认为张伯伦不会干涉他入侵波兰的计划,但他错了。不过英国的外交大臣犯了一个更大的错误——在第一次见面时,他差点把外套递给希特勒,因为他觉得后者看上去像是个仆从。

007

题也是如此——这后来被证明是一种自我毁灭式的态度。另一个障碍是内维尔·张伯伦，他既不能忘记也不能原谅希特勒的背信弃义。

面对希特勒的欺骗，达拉第可能只是像典型的高卢人一样疲倦地耸了耸肩膀，但张伯伦却把这当成了个人恩怨。尽管如此，他并没有积极地加速重整军备，也很犹豫是否与法国人一起迈出关键性的一步——与苏联结盟，像第一次世界大战那样用两条战线夹击以瓦解对方。就这样，张伯伦和达拉第无助地看着局势一步步失控。

张伯伦的政敌、前首相大卫·劳合·乔治轻蔑地将张伯伦称为"歉收年头的伯明翰好市长"，但张伯伦绝不是这样的人。他拥有自己的力量、智慧和精神，只是他没能明白，恰恰是他谨慎的外交政策导致了他努力避免的战争的爆发。

1939年那个阳光明媚的8月，我们和大多数家庭一样依然在度假，因为法国在实质上已经封闭起来了，而且这种情况一直在持续。威尔先生并不是达拉第的狂热支持者。后者1936年在莱昂·勃鲁姆的人民阵线联合政府接受了一个内阁职务，所以对威尔来说，他有些太过"激进"了[1]——虽然达拉第很难称得上是"左翼人士"。我父亲受到了他的长兄亚历山大的一部分影响，虽然对英国政治并不感冒，但还是更支持丘吉尔而非张伯伦。文森特与布洛涅丹和亚历山大不同，对偏左翼充满同情，正因如此，亚历山大才让他负责在德纳姆（Denham）的伦敦电影工作室，和各种电影协会及相关的联盟打交道。

在一般事务上，丘吉尔处理社会问题的方式对我父亲来说实在是太过偏"右"了。但同时他又尊敬丘吉尔对希特勒毫不妥协的立场，并比大部分英国人能理解纳粹有多么邪恶和危险。他在1919—1920年匈牙利霍尔蒂法

---

[1] 应该解释一下，法国政治中的"激进"一词与英美不同，并不是指那种双眼圆瞪、四处扔炸弹的无政府主义者，而是形容激进党派中受人尊敬的成员，尤其指资产阶级、共和主义者，以及反僧侣主义者。达拉第对威尔先生这样的小商人来说并不可靠，因为他更支持40小时工作制以及其他一些温和的社会改革。

西斯政权下的生活经历让他对德国纳粹的残酷深信不疑。而且，从1933年到1939年，他一直和一些老朋友保持着联络，包括从奥地利、德国以及捷克斯洛伐克逃亡的电影人和艺术家。逃亡只因为他们是犹太人，或者是左翼，又或者两者都是。

他和亚历山大伯父尽最大努力让他们的老朋友，也是最信任的医生亨利·拉克斯及其家人在1938年逃离了维也纳。那段时间，在柯尔达兄弟的帮助下，经常会有人在晚餐时间从欧洲大陆来到我们位于伦敦汉普斯特德希思附近的家中，再从这里去纽约或洛杉矶——这些人有男有女，带着和父亲一样怪异的口音。他们喜欢和父亲说匈牙利语或德语，和我母亲说法语。他们脸上充满了恐惧，就像是刚刚见证过一场可怕的事故。他们都十分体面，举止得体，其中有的人在图尔凯韦（Túrkeve）和柯尔达一家人一起长大，有的人曾经和亚历山大一起在布达佩斯上学，或借过钱给他，有的人曾经在维也纳、巴黎或柏林和我父亲共事。他们中大部分人在来到英国后感到放松了很多，但依然决定要跨过大西洋，离希特勒越远越好——而不是只间隔了英吉利海峡。

我父亲并不需要看报纸就已经可以设想到欧洲发生了什么：维也纳的老妇人们被迫穿着棕色上衣跪在公寓楼前的便道上用牙刷清理地面——而她们自己的邻居还会嘲笑和踢打她们。犹太人和左翼都被送去了集中营，财产统统被没收，生意被接管及"雅利安化"，寓所、收藏品、珠宝也被一扫而空，犹太会堂和书籍都被烧掉，店铺的玻璃窗全被砸碎了。对犹太人欺凌和羞辱的过程十分漫长，其残酷程度难以入耳。而美国和英国政府都并没有表现出要解决这种状况的态度，因为他们担心不得不接收成千上万的犹太人——这些人可不是弗洛伊德或爱因斯坦那样的著名医生或科学家，也不是路易丝·雷纳那样的大明星、费伦克·莫尔纳那样成功的剧作家，或者是那些可以在好莱坞任何一家电影制片厂找到工作的天才。

柯尔达兄弟从来没有向他们的妻儿提及过他们也是犹太人：1932年从匈牙利来到英国，他们已经算是小众的外国人了，不需要再用犹太人的身份让他们显得更加特殊。但这并不意味着他们会忽略正在发生或即将发生的一切。[1]亚历山大伯父除了和丘吉尔是好友之外——后者在三十几岁的时候曾经为伦敦电影公司工作——还和高级巴斯勋爵士（KCB）[2]、高级圣迈克尔和乔治勋爵士（KCMG）[3]、杰出服务勋章获得者、军事十字勋章获得者、代号为"C"的军情六处负责人[4]斯图尔特·孟席斯少将私交很好，并利用自己在欧洲的广泛人脉为英国情报机构提供信息，还在伦敦电影公司海外办事处为军情六处的秘密情报人员提供工作职务。在纽约，亚历山大特意在洛克菲勒中心租赁了并不必要的昂贵办公室，为一些衣着光鲜的男男女女提供掩护。有一些秘密这三兄弟并没有给他们的太太透露过。亚历山大也对投资人保留了很多秘密，但兄弟之间一直坦诚相待。

因此，文森特对8月24日报纸上宣布的爆炸性的《苏德互不侵犯条约》毫不意外。在苏、德秘密协商合约的时候，英、法代表团依然在莫斯科和苏联官方闲话家常。单从英国代表团雷金纳德·普兰基特-厄内尔-厄尔-德拉克斯上将的名字和头衔来看，巴斯勋爵士、殊勋官员奖章所有者、太平绅士——这样背景的人不太可能对斯大林手下的官员产生任何无产阶级式的同情，这也说明了和苏联的最后一秒钟结盟本身就是心不在焉的尝试，也注定失败。任命雷金纳德爵士作为代表其实也体现了英国和法国政府对与苏联结为任何正规形式的盟友缺乏热情。在法国，那些右翼人士相互告诫：希特勒

---

[1] 直到1961年，我的二伯佐尔坦去世，要拉比（犹太教负责执行教规、律法并主持宗教仪式的人）参加他的葬礼，我才知道这个事实。我母亲直到94岁离世时都认为这是我父亲跟她开的玩笑。

[2] 英国荣誉勋章的一种，巴斯勋章分为三等：爵级大十字勋章（GCB）、爵级司令勋章（KCB）、三等勋章（CB）。斯图尔特·孟席斯少将荣获的是第二等，爵级司令勋章。——编者注

[3] 英国荣誉勋章的一种，共三等，孟席斯少将荣获的是第二等。——编者注

[4] 军情六处（简称SIS，代号MI6）的负责人的代号为"C"。伊恩·弗莱明在他的邦德系列小说中把这一代号改成了"M"。——编者注

总比斯大林强。即便在英国，也有一些人有着相同的想法，尽管这些想法不太会公之于众。不过最终，与苏联结盟来捍卫波兰的可能因波兰拒绝苏军入境而毁之殆尽，这其中张伯伦不愿和斯大林为伍也起了很大的作用。"我必须承认，我对苏联有着最大的不信任。"他直白地写道。

斯大林也明显感受到了这种怀疑。他的回应就是用维亚切斯拉夫·莫洛托夫代替了马克西姆·季维诺夫担任外交人民委员。季维诺夫也是布尔什维克，为人彬彬有礼，富有魅力，经验老到，且幽默感十足。他曾经在英国居住过，妻子也是英国人，赫伯特·乔治·韦尔斯和萧伯纳都是他的朋友。同时，他和妻子艾薇都是犹太人，所以德国人很难和他协商任何事情。莫洛托夫是一个强硬的谈判手，完全没有幽默感，重要的是他不是犹太人。

这个突然的转变对任何人来说都是一个警告：斯大林决定和希特勒达成某种协议。但事实上它没有起到这个作用。苏联的政治对哪怕是经验丰富的政治家来说都是一个谜团，丘吉尔把它形容为"一个藏在雾里的谜题"。但在柏林，希特勒将季维诺夫被莫洛托夫代替这件事视为斯大林对他的邀请函，双方可能会结成纳粹德国和苏联之间看似不可思议的联盟。

8月23日，德国外长里宾特洛甫和莫洛托夫在莫斯科签订了这个爆炸性的协议，照片上斯大林的笑容仿佛要送走新娘。第二天，新闻公之于众，紧接着就是苏联决定结束与英、法的谈判，而英、法的代表依然身处莫斯科，但除了那些极力讲和派，几乎每个人都知道战争马上就要爆发了。我父亲对威尔先生说，秋收时就要开战了，威尔先生并不这样认为。但这是每个欧洲国家传统的民间智慧。

文森特预订了我们返程的"蓝色列车"车票，他第一次中断了旅程，在巴黎逗留了几天，并和里维埃拉（Riviera）的马塞尔·帕尼奥尔等一众老友告别——帕尼奥尔是一位剧作家，他的著名剧目《马里乌斯》在1931年被我伯父亚历山大改编成了电影。那时候文森特一直以画家身份在瓦洛里（Vallauris）附近的海滨小镇戈尔夫–胡安（Golfe-Juan）过着平静祥和的生

011

活。亚历山大对电影版《马里乌斯》的布景不满意——最初的布景是从舞台剧中借来的。因为我父亲至少知道马赛的老港口的样貌，所以亚历山大把他找来（在柯尔达家族里，亚历山大的愿望就是命令）设计一个更适合的布景，而这也让文森特开始了他的新事业。

和其他人一样，帕尼奥尔实在不希望在21年后——在让135万法国人失去生命的第一次世界大战之后——再一次与德国战斗；和大部分法国人一样，他也抱有侥幸心理，希望事情能在最后一分钟出现转机，不至于陷入真正的战争。如果政治家们做不到——抬一抬眉毛、耸一耸肩膀——那么法国就只能退到马其诺防线后面静观其变了。

我当时才6岁。我看到每个人都在虔诚地讨论马其诺防线，仿佛它是一个十分神圣的话题。有些上了年纪的女人甚至在提到它的时候会在胸前画十字。大人们告诉我，那是一道由地下堡垒组成的防线，以保护法国不受侵略。但这并不是秘密，我早就已经听说过法国花了30亿法郎建造了一条长达500英里（约805千米）的从瑞士边境到卢森堡的战争防线。美国的《生活》杂志、英国的《图画邮报》《伦敦新闻画报》以及全世界类似规模的媒体都刊登过这条防线的照片。对一个喜欢拿着玩具士兵和城堡玩的孩子来说，这种在地下由电气铁轨连接的堡垒和在山川田野中建起的装甲钢铁炮台有着难以抗拒的魅力，它们仿佛是按下了某个按键后出现的巨大的蘑菇。

我父亲在家中的工作室里保存了一些放大了的马其诺防线的照片。照片上面放着他为亚历山大要拍的未来主义作家赫伯特·乔治·韦尔斯的小说《未来互联网纾》所做的设计。这些设计令人印象深刻——通过潜望镜瞄准、由闪光气动管控制的大小枪支，就像潜艇部队用的那些一样。那些静悄悄的地下电车、弹药升降机、过滤水厂以及体现了最高水平的空调设备，还有将每一个部分都连接在一起的电话网络，这应该算是和德国的高速公路匹敌的现代主义成就了。

马其诺防线受到越多的关注，法国人就越开心——他们恨不得组织防线的参观团，游客还可以得到一枚小银牌，就像是参观了路德圣坛一般——因为它的目标是阻止入侵。建造这一道钢铁水泥的高科技防线的目的仅仅是御防战争，而不是赢得战争。但没有说出口的事实是，法国和德国边境的形状是一个"凸角"，底边从梅斯延伸到斯特拉斯堡，而尖角则指向德国的卡尔斯鲁厄，和第一次世界大战中导致成千上万的军人失去生命的地势一模一样，而且面积更大。更重要的是，由城堡、碉堡和反坦克战壕等组成的防线终止于比利时的南部边境。

法国并不希望将自己与中立的比利时隔离开来，尽管德国1905年制订的"史里芬计划"的核心就是通过比利时攻击法国，而这一计划在1914年几乎成功了。更危险的是，马其诺防线并没有覆盖阿登森林，原因是法国的战略家们一直出于经济原因争执不下，认为阿登森林地势险峻，林木茂密，路径狭窄，而且有很多河流，现代的军队很难穿越，因此没必要防守，就连贝当上校也这样建议；谁又会去和这位在第一次世界大战中指挥了凡尔登战役的将军争论什么呢？

阿登森林最初是罗马人命名的。在这里，罗马人和日耳曼部族曾经战斗过很多次，这片森林是他们的必争之地。事实上上面的想法已经被证明是一种幻想了，而法国人应该比任何人都清楚这一点。如果在2000年前罗马人可以穿越森林，那么今天的德国人也应该可以。但法国官员却对此不屑一顾，甚至对法国保卫战只贡献了2个步兵师的英军也这么认为。英国人更关心的是比利时会不会在德国威逼下改变中立立场，而自己在此之前能进军到防守位置。

文森特对事务紧迫性的感知并不敏锐。8月的最后一周，我们带着沉重的行李在戛纳登上"蓝色列车"的时候，事情的发展已经超过了他的想象。那时的"蓝色列车"依然是欧洲的奢华列车之一，卧铺的装潢高雅，食物和服务都无可挑剔。我的父母住在一个包厢里，卢阿姨和我住在隔壁，两个包厢中间有一扇门。直至今日回忆起当时车厢中完美的床单时，我的心中都充满了愉悦，这样柔软的面料只能在头等卧铺车厢或是远洋客轮的头等舱才能见到。那辆火车人满为患，乘客大部分都是像我们一样的英国人，想在危机转化为战争之前回到家乡。大家并没有恐慌，只是对等到最后一刻才离开南法感到有些自责，同时还流露出了英国士绅阶层陌生人之间很少有的惺惺相惜之情。列车比平时要长——多加出了几节三等车厢。夜晚的时候，列车在马赛和里昂停站，一些穿着卡其色军装的法国军人在那里上车。

我们经过的车站军人越来越多，都在等待送他们回兵营补给站的列车。上车后他们会在餐车和卧铺之间来回走动，显然是想看看有钱人是如何旅行的。有的人喜欢抽一种非常刺鼻的具有鲜明法国特色的香烟，"高卢"或是"茨冈"。他们看上去有些不情愿或忧郁，并没有激情，也不像英国士兵那样仪容整洁、庄严肃穆，有的长大衣没有系扣子，大部分人领口大开，靴子也没有光泽，有的人甚至胡子都没刮。看到他们晃来晃去，列车服务员会让他们回到自己的车厢去，而此时他们的眼中会流露出不加掩饰的憎恨。这并不仅仅是阶级之间的仇恨，还有法国人对他们盟友的强烈不满。

法国人——很多，或者说大部分——都认为自己被英国拖进了战争：先是因为捷克，现在又是波兰。而且如果战争真的爆发，英国又可以躲在法国这个盾牌后面，在最适合自己的时间到达战场，并且可以自由决定派兵的数量。法军一旦开始行动，将组建起86个师，包含350万人，是世界上规模最大的军事力量之一（德军拥有116个师）。对比来看，在战争爆发时，英国只有2个常规师被派到法国，2个月后又增援2个师，之后成立了2个特种兵团。这对大陆集团军作战的标准来说微不足道。

法国人不断提醒自己：他们没有其他任何重要的同盟。在英国的推动下，他们放弃了捷克斯洛伐克，然后又放弃了与苏联的联盟。美国远在3000英里（约4800千米）之外，而且尚未从大萧条中恢复过来，陷于孤立主义的迷雾，绝对不可能被拖入一场跨洋的欧洲战争。波兰不是民主制国家，也不可能帮助法国，而意大利显然是敌人——墨索里尼丝毫不掩饰他对法国边境的野心。因此，两次大战之间的法国政府不得不尽其所能地讨好英国政府。

英国常规军中有不少语言学家。那一时期，英国不缺会说乌尔都语、普什图语、印度斯坦语、阿拉伯语或是斯瓦希里语的官员，但在1914—1918年的第一次世界大战中，年轻的爱德华·斯皮尔斯上尉只因为他流利的法语就被任命为法国高级指挥官的联络官。在第二次世界大战中，他以更高的军衔行使了相同的职责[1]。对英国官员来说，很少有人能说无瑕疵的法语——这种情况着实少见，以至于法国的将军们认为斯皮尔斯是犹太人。

在豪华列车上的那几天，人们远离了所有的新闻。父亲和母亲在餐车上享受着精致的晚餐——车上的食物至少能达到一星级餐厅的水平，而且服务上乘，酒水单非常丰富。我和保姆则会在列车员整理床铺前在车厢用晚餐。

第二天，列车沿着巴黎阴沉的乡郊行进。多出来的车厢和士兵被留在这里等待去加来的列车或是跨海峡的船。我想起母亲曾经指着加来海上车站贴着的一些红色海报念道："我们会胜利，因为我们最强大。"关于那天，我能记得的只有这么多了。对一个6岁的孩子来说，那是一个漫长的日子——吃饭、来来去去的官员、莫名其妙的延迟，最后是英国海关官员出现、代表英国的一切突如其来：盐分更高的海风比地中海的空气凉爽，也更潮湿，多佛港的潮水散发着淡淡的咸味，身边响起了让人感到安慰的英国口音。服务生和列车员都变成了英国人，一切都那么熟悉：茶、马麦酵母、柯尔曼的芥末，银制烧烤架上放着吐司，上面还盖着保温罩，还有不知为何永远比不上法国黄油的英国黄油。火车外面，卖报员已经立起了招牌，其中一个标语非常简明扼要，黑色的字母草草地写着一个词："战争？"

卢阿姨松了一口气说道："回家真好。"

---

[1] 后来他被授予爵位，成为爱德华·斯皮尔斯爵士，并获少将军衔，他的工作也获得了戴高乐的高度赞扬。

## 02
# 外交失败

自从1939年3月德国占领布拉格之后，英国的备战行动就开始了。我们在汉普斯特德希思的住所附近挖了很多战壕，具体目的并不清楚。每个家庭都接到了关于战时如何为灯火管制做好准备的通知。我们还收到了防毒面罩，要随身携带——我的防毒面罩嵌在方形棕色帆布框里，上面有一条细细的绳子，可以背在肩上。帆布框的帆布外表涂了橡胶，罩子是透明的，甚至连婴儿都可以用。

在战争来临前最后几个平静的日子里，人们普遍认为战争只要开始，伦敦就会在一波大规模的轰炸中被夷为平地。前首相斯坦利·鲍德温在下议院的讲话中总结说："轰炸机会频繁通过。"这句话源自意大利空战理论家的著名著作《空战指挥》——对于在内阁外交政策和军事计划讨论会上都会打盹、只喜欢读萨克雷或是特罗洛普的鲍德温来说，选这本书来读着实奇怪。（他会对身边开会的任何人说："结束了叫醒我。"）1939年的英国皇家空军并不拥有可以摧毁德国目标城市的飞机或技术，而英、法政府也不会让他们这样做：他们害怕轰炸可能会造成"女人和小孩"的伤亡，而这将被德军用作借口，对伦敦和巴黎进行摧毁性的报复行动。法国政府尤其不能容忍德军轰炸巴黎，因此不能给希特勒任何理由来进行轰炸。

人们对敌方使用爆炸性武器和毒气进行空袭而造成平民伤亡的恐惧与日俱增,这也解释了英、法政府为什么一直对挑战希特勒抱着迟疑的态度。英国政府不仅派发了防毒面罩,进行了灯火管制指导,还在私下里秘密地选择了大面积的掩埋地点,并定做了成千上万的低成本量产棺材。

而父亲文森特需要对民众普遍认为敌方将从空中发动大规模轰炸的担忧承担一定的责任。亚历山大的电影《未来互联网纡》或许是那一时期最激进的科幻动作片。电影一开始就是一系列暗示伦敦在突然的轰炸中被摧毁的镜头(虽然这个城市在影片中被称为艾弗里城,但圣保罗大教堂和考文垂花园的残骸特点十分鲜明),然后就是幸存者们在一片废墟中末日大逃亡的场景。

我父亲设计的这一摧毁性场景震撼力非凡(在他汉普斯特德的邻居、构成主义及未来主义艺术家拉兹洛·莫霍利·纳吉的帮助下完成)。这一场景深深地烙印在了很多人的脑海中,其中包括两位首相:斯坦利·鲍德温和内维尔·张伯伦,还有《泰晤士报》的编辑杰弗利·道森,当然还有普罗大众。就连希特勒在柏林看到这部电影时都感到十分震撼。世界各地的观众都被影片中艾弗里城天空中如群鸦一般黑压压的轰炸机吓坏了,而阿瑟·布里斯爵士所作的旋律诡异的背景音乐更是增强了影片的效果。

对大规模轰炸的预期——之后在欧洲司空见惯——让保持着相对理性的政府官员们开始做最坏的打算。政府计划从主要城市"撤离"超过100万名儿童。所谓的"花衣魔笛手"计划(内政部的有些人显然很有幽默感)提出最终将撤离350万人到英联邦国家或者美国,这些计划撤离的人中就包括我。基于对轰炸摧毁性的深信不疑,航空部评估在1938年将有至少6.5万平民在战争第一周身亡,100万平民将在开战后的第一个月身亡,至少有300万难民将从被摧毁的城市逃亡到乡村,这一结果将造成"大规模的混乱与恐慌",导致社会秩序崩溃,疾病泛滥。为了应对航空部的这一充满警示性的预测,内政部制作了100万份紧急死亡证明,并提前派发到地方政府。

我们抵达伦敦的家时,并没有感到任何的变化,只是多了个防毒面罩。但在汉普斯特德黑黢黢的院墙外，事情发展得非常迅速。1939年3月起，希特勒开始强烈要求将波罗的海港口城市但泽归还给德国，同时还提出了隔离东普鲁士与德国的所谓"波兰走廊"的解决方案。该"走廊"是1919年《凡尔赛条约》所"创设的"，是连接波兰和波罗的海的通道，也因此分割了东、西普鲁士。条约将居住着大多数德国人口的"自由城但泽"置于国际联盟的管辖之下，并"奖励"给了波兰一座港口城市。但泽甚至有了自己的货币、自己的邮票（被如今的集邮者视若珍宝）、自己的市歌，还有一名瑞士外交官担任"国际联盟国际专员"，负责解决这个城市最微不足道的问题，其中绝大多数都是德国居民和波兰居民之间的纠纷。但泽和这条走廊是包括反纳粹人士在内的所有德国人心中的痛。而几乎没有英国人或法国人愿意或者能够为其提供任何保护。

希特勒最初的要求是要建一条连接东、西普鲁士的"跨边境"高速公路——穿过走廊的德国人一直抱怨说会被波兰海关的军官和警察无缘无故地搜身。同时，他还要求将但泽划归德国。如果不是个性有些狡猾的波兰外交部长约瑟夫·贝克拒绝协商，这两个主张可能会在谈判中得以解决。约瑟夫·贝克看到了捷克斯洛伐克去年的遭遇——首先捷克人失去了苏台德地区和他们的对德防线，而后他们仅剩的国土也被暴力掠夺，如今他们生活在布拉格的所谓"波希米亚和摩拉维亚保护国"的统治之下，其背后是纳粹党卫军和盖世太保。波兰和匈牙利一样，都参与了对捷克斯洛伐克的瓜分，吞并了其与波兰接壤的部分。所以贝克对吞噬一个东欧小国或将其献给在反犹主义及独裁理念上与他不谋而合的纳粹并不陌生。

贝克不是一个会给人留下好印象的人。希特勒讨厌他——在一张希特勒和贝克在帝国总理府喝茶时的合影中，希特勒坐姿僵硬，脸色阴沉地盯着镜头，而贝克则姿态优雅地坐在他身旁，脸上露出了外交官式的微笑，仿佛希特勒和他是好朋友。在伦敦，贝克固执地拒绝了盟友给他的建议，他坚信自己控制着事态的走向，而这几乎让张伯伦和外交大臣哈利法克斯勋爵失去耐心。在巴黎，政府中的每个人都越来越清晰地意识到，由于英国的原因，法国的外交政策成为贝克谈判技巧之下的抵押品，大家的心中充满了恐惧和绝望，如同乘着一条没有双桨的小船，被无情地冲向尼亚加拉瀑布。

1939年初，贝克在访问伦敦的时候愉快地向张伯伦表示，他不确定"德国野心是否会带来任何严重的风险"，并淡化了但泽和波兰走廊的问题，认为整个问题根本不足挂齿。贝克并没有解释如果没有威胁，为什么波兰如此渴望得到英国和法国的保证，也没有告诉对方波兰驻德国大使已经被德国外交部长里宾特洛甫冰冷而"粗暴"地要求马上归还但泽，并修建跨越走廊的公路。贝克只对张伯伦和哈利法克斯说了他们想听的话——波兰没有受到威胁，因此英国和法国也没有必要履行什么诺言去为它而战。张伯伦和哈利法克斯也更关注于劝说波兰人不要激怒希特勒，而不是设计合理的策略来保护他们的安全。

除了归还但泽和修建公路的要求以及用密集的外交政策来督促完成交接之外，希特勒其实已经决定要攻击并摧毁波兰了。我们现在知道，1939年4月3日，他签署了"第1号作战指令"，表达了他"为了美好的目标而做一次了结"及"摧毁波兰武装"的意图。行动的代号为"白色方案"，文件开头为："德国东部边境的情况已经不可忍受……我决定武力解决。"军队受命完成袭击波兰的准备工作，行动被安排在1939年9月1日。希特勒"命令整个德国进入战争状态"。与此同时，英国和法国依然在努力劝说波兰与德国就和平归还但泽和修通跨走廊公路的问题进行协商，这让英国驻波兰大使抱怨不已："我们稍不谨慎，就会被人家认为我们害怕了。"

但无论如何，波兰人都固执地拒绝协商，同时表现出对危机严重性的轻视。他们拒绝了张伯伦关于寻找一个东欧小国（匈牙利或罗马尼亚）作为盟友的提议，因为波兰担心任何这方面的尝试都可能触发德国的反击。他们拒绝参与英、法和苏联的协商。在波兰看来，苏联比德国还要危险。此外，波兰人对他们18年前在华沙城门前打败的红军也没有什么好印象。就连张伯伦本人也承认，他对"（苏联）进行高效进攻的能力没有信心——即使对方愿意这样做"，这样的看法很难说服波兰人为了防止德国入侵，让自己东边这位强大的邻居穿过波俄边境。

法国和英国也没有为波兰提供任何有效的军事援助。这两个国家在地理位置上也是鞭长莫及。如果战争爆发，法军会被派遣到马其诺防线后面进行防守，这对波兰来说实在算不上什么帮助。而英国人没理由向波兰人提供现代的战斗机，英国政府希望成为一场和平国际协商的"诚实的中间人"，而不是鼓励波兰卷入战争——包括关于向英国借款购买英国武器的谈判因为财政部对于兹罗提（zloty，波兰的货币单位）的价值和波兰的还款能力的悲观态度而被搁置。

1939年初夏，人们开始希望墨索里尼再次扮演他在慕尼黑危机时所充当的和事佬的角色，说服希特勒与英、法再次进行和平协商以解决波兰问题。墨索里尼愿意扮演这个角色，当时的他比任何人都清楚，意大利的武装情况根本不允许他与希特勒并肩作战。但这次希特勒不希望通过和谈来得到一小块蛋糕；他想要的是全部。而与斯大林结盟可以帮他达到目标。

墨索里尼那态度温和但极其现实的外交部长兼女婿加来阿佐·齐亚诺伯爵希望用一套外交方案来解决这个问题，却从德国外交部长那里获知根本没有和平解决的可能。晚饭前，二人在萨尔茨堡散步，齐亚诺问道："说吧，你想要什么，里宾特洛甫？走廊还是但泽？"

"'已经不是这些了，'里宾特洛甫用冷硬的眼神盯着我说，'我们要的是战争！'"

一些历史学家怀疑齐亚诺对这段对话的描述，因为它出自1943年他的岳父命令射击手对他实行枪决之前。但在那样的时刻，他没有必要去杜撰这样一段话；相反，那种情况下才最容易吐露真言。而且这段对话听上去很像是里宾特洛甫的口吻：他以冷冰冰地重复希特勒的话和他作为一名外交官的失态而臭名昭著。他作为德国大使在圣詹姆斯宫被介绍给国王乔治六世时突然向国王行了一个纳粹礼，国王受到了惊吓，而他却抱怨英王没有回应。就连他亲近的纳粹同僚也诟病这位曾经的香槟销售员突然间成了外交专家，还得到希特勒不断的表扬，被他称为"第二个俾斯麦"。当赫尔曼·戈林向希特勒抱怨里宾特洛甫不适合他的职位时，希特勒还有些力不从心地为他辩护，说他了解那些英国人。"也许吧，"戈林怀疑地说，"但问题是他们更了解他。"

没有任何一个单独的原因足够解释第二次世界大战的爆发——大事件无疑拥有很多诱因——但毫无疑问，里宾特洛甫对英国人的误解以及希特勒对他这位善于谄媚的外交部长出奇的信任在这件事上起到了很大的作用。希特勒对于英国人的了解仅限于张伯伦和哈利法克斯，还有那些在30年代来到德国向他表达敬意的人，比如伦敦德里侯爵、大卫·劳合·乔治，还有温莎公爵及公爵夫人。这些人都希望英国和德国之间能达成"共识"，或者只是跟他说一些他喜欢听的话。而里宾特洛甫对英国人的了解也只限于他尊敬的那些财富阶层和上流社会的劝和者，回到德国后，他又非常肤浅地报告说爱德华八世的退位是犹太人和互济会会员这两个纳粹最讨厌的群体所密谋的结果。

希特勒和里宾特洛甫都没有意识到一件事的重要性：1939年3月捷克斯洛伐克剩余部分的被占，让张伯伦感到自己被背叛了；而且除了坚定的英国劝和者之外，人们都开始认为希特勒将威胁到那些并非多数德裔人群居住的地区。英国人并没有为战争做好准备，显然更不会期盼战争，但即便是在保守党里，理解的情绪里也已经带着不满。不过大部分的不满情绪主要还是来自安东尼·艾登身边的那几个"迷人男孩"，或者说是被称作"不逞之徒"的丘吉尔的一小圈推崇者，这个称呼源于普通士兵对丘吉尔"光彩夺目"的朋友布洛涅丹·布拉肯和报业富商比弗布鲁克勋爵的厌恶（人们把后者比作伊夫林·沃的小说《独家新闻》中的"铜主"）。但党内也已经开始泛起一种隐忧，担心1938年牺牲波兰的《慕尼黑协定》可能重演。除了上述情况，下议院张伯伦的拥护者众多，超过了200人，而且意志很坚定，议会中的保守派都站在张伯伦这边——他们的忠诚与招人喜欢的党鞭戴维·马杰森上尉保持了一致——戴维·马杰森上尉拥有巨大的权力，在政治上、媒体中以及公众眼里，甚至是王室，都保持着极强的个人魅力。

虽然张伯伦一直被诟病为"做得太少，做得太晚"，但随着8月走向尾声，包括军队动员、皇家空军备战、后备军人及自卫队的召集、全城断电的筹备等在内的一系列准备工作已经开始了——这是在无声却也准确地警告德国：入侵波兰的结果将非常严重。

希特勒忽略了这些警告——或者说他没有把它们当回事。德国陆军和空军都已经被调到波兰边境。德国的外交态度与军队的行动保持着一致，公开对波兰进行了威胁。没有人会看不出这些准备意味着和平年代的结束。8月25日，为了回应英国和法国通过大使馆向柏林和墨索里尼进行的"和平试探"，希特勒向英国大使内维尔·亨德森爵士表示，如果英国愿意将德国之前的殖民地归还给德国，而且德国与波兰的问题能得到顺利解决，他将"承认不列颠帝国，并愿意保证它的长久存在"。

内维尔爵士一直以来的立场都是劝和派，甚至很多人都批判他对希特勒卑躬屈膝。此刻他立即飞往伦敦与政府沟通如何回应希特勒。张伯伦和哈利法克斯被希特勒自以为是的对不列颠帝国长久存在的有条件的保证所震惊。哪怕是对最坚定的劝和者来说，希特勒的态度也已经过于自命不凡了。

对希特勒的回应比亨德森爵士想象的要困难很多。第一稿在一些内阁成员看来太过"恭维、奉承和客气"，与英国要保护包括但泽及走廊在内的波兰领土这一使命相去甚远。为了避免内阁产生内讧，这份草稿被修改了好几次，但相对于希特勒对波兰开战的威胁来说，最终的回应依然显得很是脆弱。

8月的最后一周，瑞典商人比尔格·达勒鲁斯的出现让情况变得更加复杂。比尔格·达勒鲁斯社交网络甚广，他穿梭于柏林和伦敦之间，为戈林上校传递消息，试图在最后一分钟通知英国政府，他们对希特勒"条件"的回应将会决定希特勒接受（或更重要的是不接受）什么。

比尔格·达勒鲁斯作为瑞典解围人的出现也再一次印证了张伯伦和

哈利法克斯有多么情愿牺牲波兰来维持和平，也可以看出他们对德国"政治"的错误解读——如果一个独裁者掌控的政府的行事方式可以被称为"政治"的话。张伯伦和哈利法克斯相信，戈林可以软化希特勒的态度，甚至戈林可能会成为他的替代者——这也是内维尔爵士不断地从柏林传达过来的错觉。

戈林巨大的个人魅力、他所谓的亲英态度以及对上流社会的激情，还有他奢侈挥霍的生活方式，这所有的一切都让他看上去比冷漠、节俭、素食且在谈判中不能控制自己情绪的希特勒更容易接近。哈利法克斯对戈林与英国上流社会关系的描述让他听上去就像是南希·米德福德小说中的人物："一个了不起的校园男孩……混合了多种性格——电影明星、热爱自家宅院的大土地主、总理大臣、党派领袖、查茨沃斯[1]的猎场看守人。"

张伯伦和哈利法克斯把戈林看成了纳粹中的老好人，却忽略了他残忍的一面。事实上，戈林对希特勒极其忠诚，从来未敢与他发生争执。和很多并没有像他那样位高权重的德国人一样，戈林看到那双灰蒙蒙的仿佛有催眠术般的蓝眼睛时，会双膝发软。事实上，戈林在这场英德危机中所扮演的角色是希特勒本人亲手设计的，希特勒希望创造一个纳粹政府中的"温和派"来让英国领导人分心。纳粹阵营中从来就没有过温和元素，自始至终都没有。

达勒鲁斯在这场骗局中的行为受到了诸多诟病，但他本人看起来无比地相信自己作为一个和平缔造者的角色，尤其是相信戈林对和平的渴望及其对希特勒的影响力。如果英国人当时调查一下这位所谓中立的达勒鲁斯，他们就会了解到他是个亲纳粹派。达勒鲁斯娶了一个德国女人，而且从1934年起就成了戈林的工具。纳粹看重的是他的自我膨胀，并利用这个特点让他办事。

---

[1] 查茨沃斯庄园（Chatsworth House）是极其富有的德文郡公爵的产业，可以类比"唐顿庄园"，但前者更加庞大而优雅。

8月28日，张伯伦和哈利法克斯在没有与内阁商议的情况下就告诉达勒鲁斯，英国希望劝服波兰放弃但泽和走廊，而对方的回应是他们还需要劝说波兰政府即刻派遣一名谈判员到柏林。这个人很有可能是贝克上校，但上校断然拒绝担任这个角色。

8月29—30日，德国人开始进一步叫嚣，要求波兰马上与德国政府直接对话。希特勒现在开始公开谈及"毁灭波兰"，这比之前对于归还但泽和走廊的要求要过分得多。即便是性格温和的亨德森——他之前给予德国人的同情比波兰人的更多——现在也开始与希特勒对骂，他告诉希特勒："如果希望发起战争，那就开战吧！"对英国大使来说，在他的被派遣国元首面前爆发实在是一件不寻常的事。而这之后的结果是德国对波兰持续24小时的威胁，德国政府要求波兰派遣政府要员到柏林进行谈判，以了解波兰必须接受德国怎样的要求。

仅仅是1年前的苏台德危机中，哈利法克斯曾向另一名德国业余外交官表达过他希望能看到希特勒来伦敦，与英国国王在民众的欢呼声中并肩而行，他认为这应该算是他工作的巅峰了。这个出自德国的记录是不是哈利法克斯的原话，现在已无从知晓。但如果是，则这样的陈述体现了这位冷静而谨慎的英国外交大臣脑海中有着怎样不可思议的幻境。无论如何，这种期望在此刻的现实中已经变成了白日梦。希特勒告知英国政府，他已经为波兰写好了愿望单，而波兰人则必须即刻派遣代表来接收。但当他的16项要求最终被落在文件上时，所谓的截止日期已经过去了。不管怎样，希特勒都已经决定开战，并拒绝接见波兰大使，也拒绝了墨索里尼关于9月5日在意大利召开国际会议的提议。

但无论如何，德国仍然缺少一个发起攻击的恰当理由。党卫队全国总队长莱因哈德·海德里希接到了制造理由的命令。这位令人望而生畏的党卫队总队长在1938年11月曾亲手导演了臭名昭著的"水晶之夜"行动，并在吞并奥地利之后将奥地利犹太人聚集在一起，快速组织了死亡营和屠杀队。除了极具组织才能、追求完美之外，海德里希还以冷血著称。他想象力丰富，并擅长政治宣传活动。他非常谨慎地自导自演了一出对德波边境上西里西亚地区格莱维茨市（Gleiwitz）的德国无线电台的"攻击行动"，并从达豪集中营找了几个囚犯装扮成穿着波兰军装的波兰军人，声称他们是在对电台的"袭击"行动中被击毙的。这些囚犯被党卫军无情地称为"罐装肉"，他们的尸体照片被发表在了中立的媒体上，以证明是波兰挑起了战争。

这一行动和其他几次假冒的边境偷袭事件都是9月1日凌晨4点德国大规模入侵波兰的前奏。德国人派遣了两支军队进行攻击，包含了60个师，9000支枪，将近3000辆坦克，以及超过2000架飞机。德军具有压倒性的优势，其规模是波兰军队的2倍，更不用说后者还没有完全做好准备，没能全面调动军力，且在坦克部队和空军方面都尤其薄弱。或许是因为希特勒对波兰的轻视，同时他希望这个国家的名字能从欧洲版图上彻底消失，所以在进行这些行动之前，他并没有宣战——事实上，所有的攻击行动都发生在波兰大使在柏林与华沙政府通电传达希特勒的16项要求的时候。

波兰人勇敢地进行了抗争，但也无可避免地处于劣势。英法盟军完全没有向他们提供任何支持，并延迟了48小时才向德国宣战，这更是打击了波兰军队的士气。达勒鲁斯依然坚持不懈地从德国打来电话，提出马上飞去伦敦，并转达戈林虚伪的保证，承诺只会轰炸军事目标；虽然已有3个波兰的主要城市遭受了德国空军的袭击，而且带来了巨大的平民伤亡。

让波兰人更加气馁的是，英国依然希望通过和谈解决问题，并小心谨慎地起草了一份"警告书"，声称德国人如果不暂停他们对波兰的攻击行动并同意撤军，英国政府将不得不全力履行对波兰的义务。哈利法克斯要求英国驻柏林大使清楚表达，这份文件仅仅是"警告书"，而非最后通牒，这相当于在波兰的伤口上撒盐。亨德森在晚上9点30分见到里宾特洛甫，递交了"警告书"，他后来将这次面谈描述为一次"善意且礼貌的会晤"。他要求对方即刻给予回复，但里宾特洛甫说必须在向元首汇报之后才能回复。而希特勒显然并不着急阅读这份文件。

9月2日星期六的早晨，这场暴力的现代战争已经大规模向波兰西部蔓延，而英法盟军却依然在避免宣战。哈利法克斯和乔治·博内疯狂通电商谈，而这只是一系列意欲让希特勒同意和谈的失败尝试。同时，两个新的因素浮出了水面。第一个因素是英国的民意——虽然他们也不希望开战，但和政府不同，在这一切发生之后，他们清楚地认识到了德国人的野心。哪怕是在保守党中，人们也因为政府没能支持波兰而表示不满。第二个因素更为显著，那就是内维尔·张伯伦越来越坚定的信念——这也是一直被人们遗忘的一个历史事实——在德国从波兰撤军之前，没有任何和谈的可能。

这位首相的脑海中一直拥有对是非对错的鲜明判断，这也导致了他对劳合·乔治的厌恶。后者个人和政治道德的标准非常低下。当这种道德概念进入张伯伦严谨且极富逻辑性的头脑后，一切就很难改变了。张伯伦当然希望波兰可以答应希特勒的要求，但他也坚定地认为德国要先从波兰撤军。法国瞒着英国私下联络墨索里尼，希望他能让希特勒回到谈判桌前，但齐亚诺告诉他们，英国提出德国率先撤军的要求是不可能实现的。

至此，法国得出了自己的结论：德国人一直在向前挺进，华沙正在遭到轰炸。所有人都知道希特勒不会结束一场他一定会胜利的战争。早在1936年，当希特勒提出要重新武装莱茵兰时，德国的将军们表示非常惊讶，而且也不认同在1938年对奥地利和捷克发起战争的举动，但每一次危机都证明了他们是错的。这些行动都变成了"鲜花战争"（Blumenkriege），没有流血就大获全胜。现在他们开始了真正的战争。他们的热情更高了，对元首的信心也更足了——虽然很多将军都是贵族出身，对希特勒无法拥有全然的信任。因此，希特勒即便真的不想发动战争，也不可能答应英国的要求退出波兰，那会打击将领们对他的信心。

英、法没有宣战这一事实，在希特勒看来更是证明了他无须战争就可以彻底消灭波兰。

# 03

## "为英国发声！"

一切都将要改变了。9月2日星期六晚上7点30分，下议院集会。房间中人满为患，气氛十分紧张——人们列席两边，即便是铁杆的绥靖派此刻也希望听到张伯伦发出最后通牒。

或许这时需要一场坚定而富有启迪性的历史性演讲。然而，张伯伦只是低调地表明政府依然希望促成德国与波兰之间的"讨论"。首相向下议院解释说："如果德国政府同意撤军，那么政府会对德国政府保持像战争开始以前一样的态度。"

在华沙惨遭轰炸的时刻，这些话对下议院产生了最坏的影响。张伯伦对于控制自己的情感拥有超人的能力——如果不是这样，他实在不可能与希特勒进行三次恐怖的会面——但在这个关键的时期，他却完全不懂他的听众想要什么，也不了解英国民众对事情的看法。张伯伦的目标是英国的和平，但他知道如果不满足德国废止《凡尔赛条约》的愿望就不可能得到和平。他的脑海中一直坚守着这个目标，无论中途出现多少困难，他都不会被现实刺激，不会让理性向情感让步。如果必要的话，他宁愿在左脸被打后献上右脸。他希望在陈述了立场之后，除了煽动者之外的大多数人都会接受他的方针，就像是大多数人在1年前都接受了（而且是欢呼着接受）他从慕尼黑带回来的和解结果一样。但1939年不是1938年。"整个下议院都震惊了。"一个保守党成员这样写道。张伯伦的讲话带来的并不是欢呼,而是可怕的沉寂。

亚瑟·格林伍德起身代表工党反对者发言时(工党领袖克莱门特·艾德礼那天生病了),丘吉尔的老朋友及哈罗公学校友利奥·阿梅利在保守党议席上大喊:"为英国发声!"

格林伍德并不是一个出色的演讲者;他是个穿着严肃整洁、态度冷静的社会主义理论家,主要因写过一本关于白酒贸易公有权的书、主张国有化而出名,同时他本人也是个酒鬼。他用自己有些笨拙的方式警告大家,每一分钟的拖延都会带来"更多生命被残杀",这也会危及"我们自己国家的利益"。

保守党后面座席上又有丘吉尔的另一位朋友罗伯特·布思比大喊道:"荣誉!"格林伍德接着说:"请听我说完。我想说——这将威胁到我们国家的荣誉。"

他的话在下议院回荡。这或者不是老派的爱国主义者的演讲模式,但他说出了议员们的心声,也表达出了两天以来整个英国的处境——如今危在旦夕的绝不仅仅是国家利益,还有英国的荣誉。无论如何,英国已经自称为波兰的盟友,而波兰遭受到了巨大的攻击——绝不能再拖延了,无论法国人怎样选择,英国都必须向德国宣战。

张伯伦面色苍白地看着眼前的辩论向前推进。一切结束后,他回到自己在下议院的办公室,来面对自己内阁大部分成员的愤怒。就连他最亲近的支持者都告诉他,下议院不会就这样罢休——如果在下议院周日的会议前不给出一份坚定的最后通牒,整个政府将土崩瓦解。晚上,张伯伦的思考被华沙痛苦的求援电话和巴黎的拖延要求无数次打断。他做出了唯一一个能拯救他的政府的决定——次日上午9点向德国政府发出最后通牒,而截止时间是当日上午11点。

身处柏林的内维尔·亨德森爵士周六晚上接到命令,要在9月3日星期天上午9点面见里宾特洛甫,然后马上就收到了他要递交给对方的那份最后通牒。法国人震惊万分,再次尝试让墨索里尼从中调停,2个小时之后才决定跟随英国宣战。齐亚诺没有通知墨索里尼便轻蔑地将法国人的信件扔到了废纸篓里（《齐亚诺日记》）。

里宾特洛甫接到亨德森爵士的会面请求后，决定不亲自与他见面，而是让德国外交办公室的翻译官保罗·施密德代替他。幸运的是施密德与亨德森很熟，并对会面进行了记录。

亨德森很准时。他看上去表情严肃，和我握手之后拒绝入座。他一直严肃地站在房间的中央。

"我很抱歉地向您传达我国政府的决定。我需要向您递交一份英国向德国政府的最后通牒。"他情绪激动，我们两个人都站在那里，他宣读了英国的最后通牒："在我方于9月1日发出了警告并要求德方予以回复之后已经超过了24小时。而从那时起德国对波兰的攻击反而更趋严重。如果英国政府不能得到贵国关于终止对波兰的激进侵略行为的保证，即日上午11点，大不列颠与德国将进入战争状态。"……

我把那份最后通牒拿到了总理府，每个人都在紧张地等着我。大部分内阁成员和党领袖都聚集在了希特勒办公室的隔壁……

我走到希特勒办公室，看到他坐在桌前，里宾特洛甫则站在窗户旁边……我站在离希特勒办公桌有一段距离的地方，缓慢地翻译了英国的最后通牒。读完之后，房间里一片沉寂。

希特勒一动不动地坐在那里，双眼瞪视前方。他并不像后来有人说的那样若有所失，也并没有表现出愤怒。他只是静静地坐在那里，纹丝不动。

过了很长一段时间，他转向窗前的里宾特洛甫。"现在怎么办？"他的眼神很凶残，仿佛这位外交部长让他误解了英国可能采取的行动。

里宾特洛甫静静地回答说："我猜法国在1小时内也会发一份类似的通牒。"

　　……在接待室，人们在听到这份通牒之后也是一言不发。

　　（然后）戈林对我说："我们如果输了这场战争，上帝会对我们仁慈的。"

　　在美国，年长的人通常会清楚地记得广播里播报日本偷袭珍珠港的新闻时他们在做些什么。而我是现在为数不多的亲耳听到过内维尔·张伯伦宣布与德国开战的新闻的一员。

　　家里当时唯一的收音机在厨房——那是父亲的一个在好莱坞的崇拜者来访的时候带来的礼物。那个时候一部可以移动的收音机是美国人创造的"奇迹"，是你只有在杂志和电影里才能看到的东西。你可以带着它去海边或者游泳池。我记得它是"真力时"牌的，个头儿很大，外面包着黑色的皮子，手柄是锃亮的金属，毫无瑕疵。我父亲把它"放逐"到了厨房，因为他不喜欢任何噪声，所以我们只有在他出去上班的时候才会听。就像是某种仪式一样，我们把它拿到餐厅，放在餐桌上，围绕在它的四周，仿佛它是某种神秘的物件，需要人们去崇拜。它方形的微调旋钮闪着荧光，暗示人们背后蕴藏的高科技。而我父亲很不喜欢这些科技产品——但事实上在一个雨天的下午，我们全家都去了亚历山大宫，在BBC的实验性电视节目组的小屏幕上观看了母亲的表演，那个房间里有一堆神秘的线路，看上去就像是赫伯特·乔治·韦尔斯小说里的布景。

　　父亲静静地坐在那里，双眼紧闭，仿佛承受着巨大的痛苦。我坐在母亲旁边，而母亲是那种无论周遭发生了怎样的事情，永远都开心又迷人的人。保姆卢阿姨和穿着白围裙的匈牙利厨娘站在收音机后面，可能是因为她们是家里唯一知道怎么打开收音机的人。每天都会在工作室陪着父亲的硬毛狐狸猎犬"贾尼"（匈牙利名"雅诺什"或"约翰尼"的爱称）乖乖地趴在他身旁，显然已经习惯于任何戏剧化的场景了。法式长窗外面是一个小花园，院子周围的砖墙将房屋与外面的街道隔开——这个安静的世界就要被打破了。那种庄严的气氛和父亲脸上的表情让我不能表现得坐立不安，或者提出任何问题——保持沉默显然是唯一的选择。

11点15分整，首相低沉的声音第一次从唐宁街的内阁会议厅通过无线电传出："今天早晨，英国驻柏林大使向德国政府递交了一份最后照会，声明我们'如果在11点前得不到他们立即从波兰撤军的消息，英、德双方将会进入战争状态'。我不得不向诸位宣布，我们并没有收到他们的承诺，因此，我国与德国已经处于战争状态。"

他继续说道："我们应该与这样的罪恶斗争——残酷的暴力，奸诈，不公，镇压与迫害。我相信正义终将获得胜利。"

因为某些原因，张伯伦一直没有被赞颂为一个出色的演讲者，但他的声音低沉而浑厚，有一种自然的力量，让仅仅还是孩童的我都能感受到这一事件的重要性。诚然，丘吉尔是个更优秀的演讲者；他可以完美地随时调整声调——从沉重到幽默，他拥有演员般的天分，会利用漫长的停顿，以至于让你不知道他是否会继续说下去（演员劳伦斯·奥利弗和拉尔夫·理查德森会用同样的技巧来提起观众的兴致），而且他拥有强大的能量，有莎士比亚式的雄辩才华，通今博古，引经据典，让听众们——哪怕是在政治上并不认同他的人——仿佛坐着一叶小舟，跟随他一起漂游。

但内维尔·张伯伦的声音——即使不是他所说的话——在75年后依然留存在了我的记忆中。人们一直谴责他在宣告开战的演讲中有些自怨自艾，但我并没有这样的感受，无论是阅读他的讲稿还是再重新听他的声音。相反，他让我很感动，而且觉得充满尊严。人们可能会期待他的演讲中带有一些怒气或激情，但张伯伦并不具有那样的性格；他没有丘吉尔的戏剧化风格，他宁愿隐藏自己的情感而不是展示给他人。他安静且简短地向我们陈述了事实，但也没有试图隐藏他自己的悲伤和失望。

仿佛在戏剧中一般，首相的演讲过后，尖锐的空袭警报马上就响彻伦敦的上空。我们有些犹豫地戴着面罩走进了地下室，坐在父亲葡萄酒架前的一张长凳上。保姆卢阿姨紧紧地抓住我的手，母亲依然情绪高涨地说说那。匈牙利厨娘攥着手绢，也许是她的念珠串。可怜的女人——她有可能会被列为"敌对国人"，在战争时期被关押或遣送回国，但幸运的是，匈牙利直到1941年12月都没有加入战争，那时父亲已经通过布洛涅丹·布拉肯帮她准备好了英国的身份资料。我不知道她平时是如何与母亲和卢阿姨交流的，但从她的烹饪水平看，无论多么不熟悉的食材，她都可以烹饪得可口。

我不记得当时自己有多害怕了。对小孩子来说，兴奋总能令我们忘记恐惧，但确实没发生什么事，赫伯特·乔治·韦尔斯所预言的大灾难并没有降临。几分钟后，我们听到了"解除警戒"的声音；直到多年以后我才知道，导致警报拉响的并不是德国轰炸机，而是一架载着有钱的高尔夫爱好者回家的小型私人飞机。之后我们便上楼吃午餐了。

"好吧，亲爱的，这并没有那么糟。"母亲说。

父亲阴沉地回答道："你以后就知道你错得有多离谱了。"

# 04
# 假 战

虽然当时无人知晓，但之后的8个月的战争正如美国爱达荷州参议员威廉·博拉所说，是一场"假战"。盟军犹豫不决，无所作为，没精打采，而德军也是困惑不解，踟蹰不前。"希特勒真的是要让我们闷到放弃战争吗？"在美国出生的国会议员亨利·钱农打趣道。亨利·钱农是个聪明的社交家，善于在上流社会攀爬，死后因为其日记而变得声名狼藉。当然，对波兰人来说，这几个月的战争绝不"虚假"。他们在8周内已经溃不成军，由此产生"闪电战"一词。几支包含了坦克、机械化步兵及大炮的精锐装甲师，加上Ju-87"斯图卡"俯冲轰炸机和缓慢行进的常规炮兵部队的配合造就了闪电战。这样的策略令德军都觉得新奇少见，军中对此曾意见不一（保守派的德国将军们都表达了坚决的反对），因此也遭到了英法盟军的忽视。

从另外一些层面上看，这几个月的战争对波兰来说也不"虚假"。在战争失败后，波兰被残酷地划分为两个部分，分别归于德国和它的同盟苏联，从此不再被称为一个国家。在被苏军控制的东部，苏联政府实施了臭名昭著的卡廷森林大屠杀，2万名波兰军官、律师、地主和神职人员被苏联内务人民委员会（之后的克格勃）杀害。波兰西部的德军统治已经残酷异常，而纳粹还施加了政治控制。波兰人被剥夺了所有的权利，被强迫成为劳工，强制性服兵役，知识分子和政治领袖被处决。此外，依照希特勒在1923年写《我的奋斗》时设计的政策，德国立即执行了非常严酷的"安全方案"，要减少波兰人口，并将其建设成德国的农业殖民地，由农奴进行农耕。用英国历史学家休·特雷弗-罗珀的话说，从1941年到1944年被德国占领的国家中，除了苏联的一些地区外，没有哪里曾遭到如此"野蛮且荒诞的"苛刻统治。

而人数有350万的波兰犹太人将面临更加悲惨的命运。纳粹党卫军从穿过波兰边境的那一刻起，就开始了对犹太人的处决、随机谋杀、大规模屠杀以及其他恐怖的镇压政策，之后便更系统性地派遣别动队或是行刑队，遣送波兰人去集中营，然后是"灭绝营"的"最终解决方案"。

为了达到目的，波兰将不复存在，正如希特勒所承诺的那样。

所有这一切都没有被公布给英、法民众，虽然一些波兰的士兵、空军、水手在战败后奇迹般地逃到了巴黎和伦敦（最终有20万波兰人将加入英国部队），带来了关于波兰的消息。父亲比大多数人知道得更多，因为有一支走失的波兰防空炮连在德纳姆伦敦电影工作室附近暂时安顿下来，而很多生活在南部的波兰人都粗通德语，那曾经是奥匈帝国的通用语言。父亲的德语虽带着浓重的匈牙利口音，但依然足够和波兰防空炮连的炮手们交流。这些军人孤独地守在英国的乡村，此刻至少没有什么德军的飞机需要射击。那时候文森特正在为两部伦敦电影公司的大制作项目《巴格达大盗》[1]和《森林之王》绘图。他是两部电影的美术指导，在休息的时候经常去探访那些波兰炮手。炮手们虽然面临着很多问题，但从没有给他的场景设计或制作评估工作带来压力。大部分时间他会坐在他们的枪旁，和他们一起抽两支烟。文森特对波兰并没有太大兴趣，但至少这些炮手让他感到熟悉——他们同为中欧人，而不是口音奇怪、阶层分明、爱茶如命的难

---

[1] 文森特·柯尔达为《未来互联网纾》设计的电影场景之一，他在1940年凭借此片的美术指导获奥斯卡奖。

以沟通的英国人，比如我母亲和她的父母。

德纳姆在我们的生活中扮演了一个重要的角色。因为作为家族首脑的亚历山大感到需要对我们尽责，决定把德纳姆附近的一栋乡郊别院让给我们大家去住，整个柯尔达家族都搬去那里。显然他非常相信他的朋友赫伯特·乔治·韦尔斯的看法，他们认为希特勒针对英国的第一个行动就是对伦敦发起大规模空袭。我母亲非常不同意搬去德纳姆。作为一名舞台剧演员，她对乡村毫无好感。而二伯佐尔坦的妻子琼也竭力反对。琼也是一名演员，她1932年在亚历山大的里程碑式作品《亨利八世的私生活》中和佐尔坦相识。但亚历山大的期望对于他的兄弟们来讲就等同于命令。关于搬家的消息甚至传到了我这个6岁小孩的耳朵里，传到了我和卢阿姨所居住的儿童房。卢阿姨和表弟大卫的保姆派克阿姨开始了严肃的对话。父亲和母亲之间也开始频繁地争执。

如今回想起四分之三个世纪以前的那段时光，我想亚历山大对整个战争威胁的判断要比他的弟弟们或者他们的英国妻子严重得多。他的名字被盖世太保列在了一份秘密名单里，这份名单囊括了一些重要的英国反纳粹的政治、金融和文化人物，它被称为"黑皮书"，和《米其林餐厅导引》差不多大小，每个人名字的后面都有详细的地址；在德国占领英国后，名单上的这些人都会被逮捕及杀害。"黑皮书"上不仅有亚历山大，还有他的朋友赫伯特·乔治·韦尔斯、温斯顿·丘吉尔、诺埃尔·科沃德、卡通画家大卫·卢。（丽贝卡·维斯特也在这份名单上，她在战争结束、名单公之于众后给诺埃尔·科沃德发了一份这样的电报："亲爱的同生共死之人。"）这份逻辑奇怪的名单还包括丘吉尔的女婿，即曾经的奥地利犹太喜剧大师及歌手维克·奥利弗，还有著名小说家弗吉尼亚·伍尔夫，后者在1941年就结束了自己的生命。亚历山大那时候已经是一名成功的电影导演和制片人。他在1919年霍尔蒂上将的法西斯部队夺取布达佩斯的时候正好在那里，因此他知道之后会发生什么。库恩·贝拉的共产主义政权倒台后，亚历山大在他的前妻、默片明星玛利亚·柯尔达和他的弟弟们的帮助下成功逃脱了白色恐怖。但无论霍尔蒂上将在夺权后有多么残酷，都没法跟德国的高效和纳粹的亢进相提并论。如果他们真的攻占英国，那么事情一定会比当初更加糟糕。作家哈罗德·尼科尔森和他的妻子维塔·萨克维尔-维斯特并不是唯一一对从医生那里要来毒药以防万一的夫妻，他们在给对方的信中将这些药片称为"最后的匕首"[1]。

与此同时，德纳姆孔雀漫步、灌木修剪得宜的花园加上宅子里看上去就像是父亲电影中布景的奢侈家具，并没有让这次"流亡"变得更容易忍受。晚餐的时候，三兄弟坐在餐桌的一头用匈牙利语争论不休，另一头则是我刚从好莱坞回来的梅尔·奥勃朗伯母——她曾扮演过《呼啸山庄》里的凯西，还有我的母亲和婶婶琼。梅尔和她的两个妯娌之间没有什么感情。一方面，她们有些嫉恨她的迅速成名，另一方面也不喜欢她与亚历山大的婚姻。而梅尔伯母本人则非常急切地想回到好莱坞，《呼啸山庄》已经让她成了声名远扬的国际明星。每天晚上，母亲都带着眷恋的目光望着伦敦的方向，想象着赫伯特·乔治·韦尔斯所预言的冲天火光，却什么都没看到。她有一晚曾难过地哀叹道："哦，那个可恶的戈林去哪儿了！"

有一次，家里的气氛压抑到母亲居然在椅子上小便失禁——餐厅的椅子都包了昂贵的银色丝绒，母亲在晚餐后羞愧得不好意思起身。亚历山大是几兄弟中最敏感的一个。他发现母亲在管家清理完桌子、每个人都已经去了客厅之后依然坐在那里，便温柔地询问她出了什么事。她的回答并没有让亚历山大感到吃惊——没有什么事会吓到他，但显然让他意识到他犯了一个错误。没过几天梅尔就坐飞机回加利福尼亚了，而我们也返回了伦敦。

在德纳姆的7个月时间里，在那场"假战"中，让整个柯尔达家族感到不堪承受的无助和困惑跟人们在德国飞速征服波兰时的感受没有太大区

---

[1] 那些要承受鞭打和嘲弄的人，压迫者是错误的，那些自大的人傲慢无礼……何时他会用最后的匕首偿清一切？

——威廉·莎士比亚，《哈姆雷特》第三幕，第一场

别。因为下议院的坚定决心，内维尔·张伯伦被迫向德国宣战，而法国也是在压力的驱使下才不得已跟随。但绥靖已经成为本能，对通过和谈结束战争的期待本来就高于力争获胜的信念，这种期待一直没有被放弃过，并且很快就在巴黎和伦敦再次露出头角。法国人虽暂时出于罪恶感而宣战，也不过就是向萨尔河挺进了几英里来证明自己履行了对波兰的义务，随后便回到了他们的防线之后，除了拍到几张法国士兵站在德国街道标志下面的照片用作政治宣传之外并没有任何所得。英国皇家空军指挥官也是被命令只能在德国上空投放一些政治宣传资料。

绥靖政策一直在延续。在英国，有人建议空军大臣霍华德·金斯利·伍德让皇家空军在黑森林上空投射炸弹以引起火灾（那时人们都认为德军在黑森林隐藏了大量军火），而他却非常愤怒地说："你不知道那是私人财产吗？之后你是不是该让我去轰炸埃森[1]了！"

事实上张伯伦所做出的最像战争的决定，应该也是给战争带来最大影响的决定，就是让温斯顿·丘吉尔加入了战时内阁，并让他再次担任他曾在1911—1915年所担任过的海军大臣（皇家海军的平民领袖，基本上相当于美国的海军部长）。张伯伦的战时内阁由包括首相在内的9个男人组成，这个数字可能有点太多了，劳合·乔治在第一次世界大战时的战时内阁才只有5个人，而将丘吉尔请入内阁相当于将一只老鹰放到了鸽子笼里。

传言说张伯伦将海军交给丘吉尔的时候，皇家海军的所有舰只都得到了消息："温斯顿回来了。"但这个传闻已经无法验证了。研究丘吉尔生平的已故权威作者马丁·吉尔伯特爵士也无法找到最初的证据，但认为即便这个传言并不真实，也是有可能发生的，因此将其纳入《丘吉尔战时刊物》中。和很多关于丘吉尔的传闻一样，事实与传说都叠加在了一起，很难分割了。丘吉尔从年轻时起就具有一种极其强大的人格；他还是一个极

---

[1] 埃森（Essen）位于德国北莱茵威斯特法伦州，是德国重要的工业城市。

有天分且孜孜不倦的多产作者，其作品充满了戏剧性。1943年，在德黑兰峰会上谈到第二阵线的延迟时，愤怒的斯大林冷冷地挑衅说："历史会评判这一切。"丘吉尔则回答道："历史会温柔待我，所以我决定谱写历史。"

事实证明的确如此。我们认为自己所知的有关第二次世界大战的历史事实上真的出自丘吉尔的六卷本著作《第二次世界大战回忆录》。这部历史著作及备忘录不仅让他获得1953年诺贝尔文学奖，还让他对当时发生的事件的论述构成了我们对事件、人物以及他们在那段时间的行为动机的认识。丘吉尔完全达到了他的目的。在英语世界，我们对战争的观念大部分来自他的观察，而且他的对手希特勒和墨索里尼没有办法撰写自己的回忆录，盟友中的罗斯福亦是如此，而斯大林则对写作不感兴趣。

丘吉尔在《第二次世界大战回忆录》的第一卷中将他的回归描写得充满了戏剧性：

> 我再一次走进了那间在整整四分之一个世纪以前我曾带着伤痛离开的房间——当时费舍尔爵士的请辞让我离开了海军大臣的位置，也无可避免地摧毁了达达尼尔进军的重要构想。我所坐的这把旧椅子后面几英尺以外，就是我1911年修好的木制地图匣，里面是北海的地图……我曾经让海军情报部门记载了德国公海舰队的所有行动调遣……又要再来一次了！好吧！

他把地毯卷了起来，要回了他以前的那张八角桌，命人安排了一间地图室，并聘任了工作人员，这样每次收到信号，他就能马上了解海军的动向并开始着手工作。在他撰写的战争历史中他表示，他对张伯伦让他同时在战时内阁和海军中担任要职这件事感到很高兴，但事实上，不论是他的敌人——其中包含了议会中的大部分保守党成员——还是他最紧密的支持者，都认为这是张伯伦的一个政治策略，为的就是让丘吉尔忙于海军事务，而没有时间去给战时内阁找麻烦。

如果是这样的话，这场策略战已经不战而败了。丘吉尔的战争经验、极大的能量、好奇心、不可思议的记忆力，还有他可以彻夜不寐直到清晨边小口喝着威士忌边默诵着关于战争各个方面的报道的能力，再加上他的性格和我们现在所说的公关天分，让他成了战时内阁中比包括首相在内的任何一个成员都引人注目的人物。和其他成员不同，他带来了自己的顾问和专家，其中包括他极其自信且性格刁钻的朋友——来自牛津的自然科学教授弗雷德里克·林德曼，丘吉尔身边的人并不出于友善地称他为"教授"。因此丘吉尔掌握的信息通常比对军务兴趣有限的其他大臣们或者首相本人更为全面。

针对丘吉尔的敌意可谓暗流涌动，尤其是在他自己的党派内部，虽然遭到了当时每个人的否认，但依然有流言说丘吉尔每天早晨到海军部的第一件事就是叫一瓶威士忌。后来很多年都有传闻说丘吉尔是个酒鬼（德国纳粹报纸上尤为频繁），但事实上，他属于那种非常少见的喝酒之后更加事半功倍的"酒鬼"。白天，在别人都在喝茶或咖啡的时候，他通常会喝一点威士忌加苏打（当然，不加冰），而用餐时，他喜欢喝波尔·罗杰香槟，然后再来一杯白兰地。丘吉尔第一次在美国总统府白宫过夜时要求早餐的餐盘里放一杯雪利酒，这让埃莉诺·罗斯福感到十分惊讶，但并没有人看到过他喝醉——他只是需要一些酒精让他能一整天都保持兴奋。他很清楚自己需要喝多少，什么时候要停止。他老年的时候曾经这样写道："酒精给我的帮助远多于我对它的依赖。"

再没有谁比丘吉尔这个拥有一半美国血统的公爵之孙，这个在1898年的乌姆杜尔曼战役中服役于英军骑兵团的有趣军人，这个在古巴的战火中写下"人生中再没有什么比中弹而不死更令人兴奋"的传奇人物，与节制而严肃的张伯伦更背道而驰了。

在丘吉尔看来，张伯伦是一个非常矛盾的人。一方面，丘吉尔认为他是一个令人尊敬的保守党领袖，一个精干的政治家；而另一方面，自1933年以来，他一直在与张伯伦的绥靖求和政策进行斗争，无论是在议会内部还是外部。有一次，一名内阁成员正在对阿拉伯人和犹太人之间的暴乱进行评论，并在结尾惋惜地感叹这样的事故出现在和平的诞生之地伯利恒，丘吉尔听罢用每个人都能听到的音量对身旁的人说："内维尔难道不是出生在伯明翰吗？"

开张伯伦的玩笑着实简单，他本人没有任何幽默感，而且瘦削的身材和严肃的面容让他成了一个完美的取笑对象——虽然他是一个无情且记仇的政客，并对自己的政党拥有着绝对的控制。日记作者同时也是当时的议会成员哈罗德·尼科尔森将他描写成"殡仪馆宣读会议记录的人"。而丘吉尔反对绥靖政策、呼吁重整军备的演讲引来了很多年的积怨。这些演讲非常机智，信息周全，并无情地重击了张伯伦。关于《慕尼黑协定》，丘吉尔说："有人用手枪指着你要1英镑，当你满足了他，他会要2英镑。最终独裁者同意拿走117英镑，回报就是期望美好的未来……"最终证明丘吉尔是对的，但这并没有让他的保守党同僚对他产生任何好印象。

丘吉尔也并非永远都是对的。作为一名终身亲法者，他一直过高地评价了法国军队，因此也没能正确认识到在两次大战之间，由于政治和阶级的划分，法军已经沦为了堂皇的假象，第一次世界大战的巨大消耗掏空了法国的军力，而军队的指挥官们对本国的政客们毫无信任，并坚守着一些过时的策略。虽然法国拥有超过300万青壮年男子[1]，但事实上法军只是自己曾经的影子，这个影子因为过去的荣光而日渐软弱。

对丘吉尔来说，幸运的是1939年的英国皇家海军依然是全世界最大也是最强的海军队伍——至少在这一领域，德国人无法与之抗衡。海战一触即发，虽然层级较低，但并不意味着没有造成任何不幸。无论其他部门有着怎样的缺陷或疑虑，英国皇家海军至少已经备战完毕。"截至9月27日……

---

[1] 不要忘记，当时的法国依然是一个庞大的帝国。地中海东部地区（叙利亚和黎巴嫩）依然受控于法国指挥官，还有北非（阿尔及利亚和摩洛哥）、远东（法属印度尼西亚）也同样如此，更不用提撒哈拉以南的非洲殖民地、太平洋及加勒比岛等。他们都需要向巴黎的莫里斯·甘末林将军汇报。

皇家海军将152 031名陆军士兵、9392名空军士兵、21 424辆军用车辆及36 000吨军火运抵法国,无人伤亡。"英军的第一次远征没有受到德国水面舰艇、潜艇或是水雷的任何攻击阻挡,完全展现了英国海军的专业性、突袭能力以及对海洋的控制。英国人民想到自己的力量时,最信赖的便是英国海军"巨大的灰色舰只",而在1939年,那并没有什么不对。

丘吉尔代表了这种力量,而且从1939年9月3日他就职的那天起,他就全身心地投入到海军全方位的工作中,就像是一个歌剧演员出演他曾经演绎过的角色。他就任的第一天,就写下了著名的干脆利落的"丘吉尔笔录",宣称他已经重新掌权,引起了戴着金编帽的人们的迅速注意。

致海军情报总监:

1939年9月3日

安排我对之后5个月德国潜艇队的实际情况和预期发表声明。请辨明海洋潜艇和小型潜艇。给出这两种潜艇在一定天数内预估的行动半径。

致第四海军军务大臣:

1939年9月3日

请告知在海上的海军部队和岸上的海军部队所拥有的步枪数量……

致海军副参谋长:

1939年9月3日

请向我介绍从(a)英格兰到直布罗陀,(b)横穿地中海的护航队的护航舰。我知道这些护航舰只是针对潜艇的袭击。

各层的官员争着回答这位海军大臣的问题,收集他所需要的信息,知道如果有所延误或者回答不准确将马上受到谴责。对丘吉尔来说，没有什么事是过小或者过大的。

同时，上自温莎公爵，下至丘吉尔在马拉坎野战部队（1897年丘吉尔在那里担任第二陆军中尉）指挥官的太太布拉德女士的贺信和电报如潮水般涌来，他挤出时间回复了所有来信。

最重要的一封信来自罗斯福总统，恭贺"我亲爱的丘吉尔"在战争爆发前完成了他为自己的祖先——第一代马博罗公爵撰写的传记，并请丘吉尔与他"保持联络"，这开启了历史上一段最机密也最多产的联络，包含了超过1700封信件——直至罗斯福离世几乎是每天一封——讨论了关于战争的方方面面。

无论是首相本人——据哈罗德·尼科尔森所说，首相在下议院被人描述为"死水般沉闷"——还是外交部长哈利法克斯爵士，在对战斗的激情与坚持、演说及雄辩技巧上都无法与这位第一大臣相比。在战时内阁，他完全凌驾于其他成员之上，其中包括了其他部门的大臣。空军大臣金斯利·伍德爵士是一位成功且具有创造力的邮政大臣，罗伊·詹金斯曾不太友好却用词准确地称之为"工人劳动保险法律大老爷"；陆军大臣莱斯利·霍尔-贝利沙曾经是运输部长，他规定了全国的限速，并创立了人们如今非常熟悉的"贝利沙指路灯"和"斑马线路口"，以保护英国穿过马路的行人。

1937年，张伯伦任命霍尔-贝利沙重整军队并引领其走向现代化。人们经常称他为"军中的辛德瑞拉（灰姑娘）"，因为大笔的国防费用被拨去了皇家海军和空军。他曾经可能算是丘吉尔的一个对手，但后来却证明了张伯伦盲目自信，不听取他人建议。霍尔-贝利沙喜欢曝光于公众面前，也做了很多这方面的事。他性格浮夸，缺乏耐心，对上逢迎拍马，对下粗暴无度，此外，他是犹太人——这在那个年代对很多人来说是一件大事。军中的高级官员们虽性格各异，却对前陆军大臣甚为拥护，而霍尔-贝利沙却要改变或革新他们最为支持的东西，这让他成了激怒这些高级官员最好的人选；他最让人们憎恨的变革就是废止军官和准尉的十字武装带。

除了和将军们之间这样或那样的问题之外，霍尔-贝利沙还有一个劣势，就是他对《泰晤士报》的军事联络员利德尔·哈特上尉拥有一种灰色的影响力。利德尔·哈特一直是"间接战争"的倡导者，认为鉴于1914—1918年战争中的巨大伤亡，英国军队应该避免正面攻击。同时他坚信英国永远不应该再组建一支"欧陆军队"——它对欧洲大陆同盟的贡献应该是海军及空军的支持，陆地上的战斗应该留给他人去解决。这刚好与张伯伦的观点不谋而合——谁也不希望再重复第一次世界大战时的错误——但希特勒重新武装了德国，打败了一支又一支法国的队伍，英国显然并不应该再期待法国可以担起整个陆地战争的重担，必须加快重整陆军，向法国提供一切可能提供的帮助。

利德尔·哈特是少有的将坦克视为打开战争新局面的武器的预言家之一。他认为在这个新的战局中，快速的大批装甲车辆可以在距离敌军前线很远的地方行动，对其通信线路造成破坏。在这方面，他可以说是一个无冕的预言家，就像法国的J. F. C. 富勒少将、夏尔·戴高乐上校。戴高乐关于装甲实战理论的著作《军队工作》在法国卖了不到700本（被他的上级军官忽略或嘲笑），但在德国却卖了7000本，几乎成了每个未来的德国装甲元帅的圣经，并在希特勒面前被大声诵读。

虽然坦克是英国人在第一次世界大战时发明的——最初设计坦克是为了跨过敌人的战壕，因此早期的坦克都是加长的偏菱形的——但英军并没有花任何精力去对其进行改进，一方面是因为缺乏资金，另一方面是因为政府的政策是全力避免"欧陆战争"，因此坦克也就毫无用武之地了。这3位有远见的预言家的装甲实战理论早于这些装甲车辆的生产，他们不仅构想出了战术，还构想了坦克本身。

英国坦克的发展不仅"太少、太晚"，而且英军装备的两种坦克完全不符合利德尔·哈特的想象：重型慢速步兵坦克试图支持步兵，而之后的"巡洋舰坦克"虽然速度快，但装甲过轻，而且在机械上也不可靠。法军在这方面做得要好很多,事实上,在1939年时,法军的坦克无论从数量还是质量上都优于德国,更不用说英国了。但法国坦克被用于支持步兵的攻击行动,而不是像上面3位预言家所期待的那样。

德国早期的坦克体量小,武装轻,但相比敌方,德国拥有几个优势。首先,在3年前,西班牙内战时德军就使用过德国坦克,而且从中得到了经验和教训;其次,希特勒很容易接受激进的新想法,尤其对各种机动车辆充满了好奇,所以,他对费迪南德·保时捷博士的风冷式轿车的牛皮纸模型产生了无限热情。博士希望把它卖给纳粹党的"力量来自欢乐"(德语:Kraft durch Freude, KdF)组织[1],而这一模型被命名为"大众汽车",而后成了战后广受欢迎的"甲壳虫"。总之,年轻的德国将军们对哈特、富勒和戴高乐的著作的重视显然超越了他们自己的国家,并将其发展成了一种战斗策略,也就是我们所说的"闪电战"。

最终将这些理论付诸实践的人是海因茨·古德里安少将。他还在把几家之言进行提炼之后,完成了一本著作《注意——装甲军!》。这本书虽没有在法国或英国引起任何反响,却吸引了希特勒的注意力。如果其他国家的人认真阅读,就可以看到书中详细描述的德国新战略。

法语中有一个词叫"une chapelle",是指一些官员一致认同某个富有人格魅力、创造性与远见的官员的理论,并从中得到了启示。1911年,在法国战争学院,斐迪南·福煦就成了这样一个核心人物;1927年的古德里安也是。古德里安原本接受的是通信官而非骑兵的培训,所以他对坦克的发展拥有着与众不同的比第一次世界大战后的法国或英国军队更贴近实际的见解。与英军的操作手册上的内容不同,他眼中的坦克绝不仅仅是"武装了的机械马匹"。

---

[1] 并不是所有保时捷博士的作品都像大众汽车那样面向大众。作为希特勒最信赖的人之一,保时捷深入参与了后来德国坦克的设计,包括"豹式"和"虎式"(后者可以说是第二次世界大战中最强大的坦克)。在德国战败后,他被指控为战犯,在监狱里被关押了一段时间。

首先，他明白坦克指挥官必须能在战争的喧嚣中通过内部通话系统跟他的部下沟通（更不用说坦克引擎本身所发出的巨大响声），此外每辆坦克必须拥有一部无线电以及一名无线电操作员，这样坦克之间也可以顺利交流，并接收命令，汇报炮兵坐标。

古德里安的同僚把他描绘成"公牛一样的人"（这是一种褒奖）。他认为，每一支装甲分队都应该像一支小型部队，拥有至少两个重型及中型坦克旅，两个摩托化步兵旅——坦克可以占领战场，但不能守住战场，因此，他们必须和步兵配合作战：坦克旅组成纵队，步兵旅搭乘装甲车（或现在所说的"装甲运兵车"）紧跟其后。这些步兵必须通过特殊训练，能与"装甲战斗车辆"配合作战。

其次，古德里安所想象的装甲旅必须能够自给自足，也就是说它必须拥有机动大炮和高射炮，有一组快速装甲侦察车，还有先锋兵（或工程师）乘坐半履带车，负责维修或搭桥或摧毁反坦克障碍，另外还需要一支维修队伍以及重型车辆，以拖走被击毁或出现了严重机械故障的坦克。

最核心的内容就是要不计一切代价让坦克前行，不能停止，否则它们将成为敌方大炮或飞机的目标。无线电通信必须足够先进，才能保证坦克指挥官在炮火中了解自己要在何时到何地作战（以及最终如何配合俯冲轰炸机，早在它们存在之前古德里安就已经想到了这一点），以摧毁要攻击或阻止坦克前进的敌军，或至少打击他们的士气——速度是一个致命的元素。他的灵感来自伟大的托马斯·J."石墙"杰克逊[1]，后者在1862年谢南多厄河谷战役中的表现为德国的装甲战略提供了灵感。

这一切想象的实践绝不会是一个快速的过程，而且不可能不受到老派将军们的极力反对，反对者中很少有"石墙"杰克逊的崇拜者，也鲜有1862年谢南多厄河谷战役迷。古德里安对于坦克并没有任何经验，但他在1922年作为参谋被调到"机动运输队"——这个运输队当时还是秘密参谋

---

[1] 美国内战中的南方联邦将领，因作战勇猛而有"石墙"绰号。——编者注

总部兵务局一支不起眼的小队,是由10万人组成的总参谋部的影子——这也是当时《凡尔赛条约》限制之下德国能拥有的军队规模。到任后,古德里安马上通过当下机动车辆运输部队的事项来展望秘密武装力量的发展。早期的德国坦克在苏联已经经过了实验——两个"被排斥的"国家德国和苏联认为应该在同盟国观察者的视野之外进行联合军事实验——但直到1927年,古德里安在拜访瑞典的时候才能坐在一辆真正的坦克里,并亲自驾驶。他大部分的"练习"都是在坦克样本、卡车和摩托车中进行的。直至1934年,他的理论终于得到了德国新总理阿道夫·希特勒的明确认可。希特勒在见证了一次机动部队演习之后感叹说:"这就是我需要的,是我想要的!"

但这种热情并没有得到德军内部大部分高级将领的认同。就像英军和法军一样,他们对这种激进的新鲜事物很是犹疑。在英国和法国军中,这种反对意见因为他们在第一次世界大战中的险胜而显得更具权威,显然没有什么必要去重新改变帮他们获胜的战略武器。而在德国军中,大部分高级将领认为如果不是因为社会主义者、共产主义者和犹太人"背后捅刀子",他们在1918年3月杜本道夫进攻的时候几乎赢得了战争。此时所需要的是将未来的战争限制在某一道防线的范围内的外交政策,另外在国内坚决镇压左翼和贸易联合会,同时要进行征兵,让德军恢复之前的力量,而不是去赶时髦,花大价钱用新方法去保证战争胜利。

当然也有一些例外,其中最重要的就是才智超群的埃里希·冯·曼斯坦因——陆军元帅及总统兴登堡的侄子——因为出身和婚姻,他很快成了军中人脉广泛的社会精英,同时他也是希特勒的崇拜者(虽然他和古德里安最终都被希特勒摒弃了)。装甲实战理论还吸引了很多野战军官的注意,其中包括未来重要的装甲元帅埃尔文·隆美尔和哈索·冯·曼陀菲尔。但关于坦克的重要性和使用的不同意见一直困扰着德军,直到战争结束。

1935年,古德里安成了野战军第二师的指挥官。德军新创立了3个野战师,并开始将他的装甲实战理论逐步付诸实践。这一理论的核心就是他简明扼要的观点:"碾碎他们,不要只是把他们打散!"这句话后来为希特勒所用。古德里安还将这一观点进行了扩展,以阐释他的理论:"你要用拳头打击对方,而不是手掌。"用未来的英国陆军元帅蒙哥马利的话说,坦克不能分散成"一包铜板",必须集中在一起,给对方以重拳。他认为,成功的坦克战需要拥有三项不可或缺的条件:"合适的地形,出奇制胜,拥有必要的广度和深度的大规模袭击。"

古德里安在被提升为中将之后负责指挥在波兰作战的第十九军团,并在战斗中证明了他的理论的正确性。虽然中立的记者(大部分是美国人)将波兰的战争称为"闪电战",并且提供了很多坦克的照片,但事实上德军的胜利与大规模的部队和更精良的武器息息相关(150万人对抗95万人),而且他们的对手并没有被充分调动起来。野战师被大量应用于支持德国步兵部队上,这与古德里安的想法完全相左。虽然坦克让中立的记者们大吃一惊,但它们并没有完成任何具有决定性意义的任务。

不过无论如何,坦克高速远距离行进的能力及其对战争所造成的影响都得到了证明。同时德军保持坦克能得到足够的燃料补给以及及时修缮的能力,以及Ju-87"斯图卡"俯冲轰炸机作为"支持坦克的飞行大炮"的角色也展现在了世界面前。德军计划于1939年10月,也就是波兰投降1个月以后进攻法国和低地国家(荷兰、比利时、卢森堡),这时德军装甲师的数量已经增加到了10个。

# 05

## "花衣魔笛手"行动

　　直到1940年春天，我们位于汉普斯特德的家中依然风平浪静。花园尽头的丁香树开得正艳，父亲每天清晨很早就会到位于德纳姆的伦敦电影工作室去。亚历山大伯父不信任他的驾驶技术，不管他愿不愿意，也执意要司机送他去。[1]我母亲当时在伦敦西区演出，会睡到将近中午才起床，出去后很少在午夜前能回来。而在为数不多的能见面的时间里，他俩还会吵架。我当时不太明白为什么，但76年之后，我才完全明白，亚历山大在他的财务后援企业保德信人寿损失了将近300万英镑之后，失去了对欧洲最大也是最野心勃勃的影视工作室——德纳姆工作室的控制；他开始争取位于洛杉矶的联美公司[2]的控制权，在此之前他是这家公司的合伙人。同时，他也在制作三部大投入的电影，包括《巴格达大盗》、《森林王子》和《汉密尔顿夫人》，其中最后一部其实是一部包装精良的政治宣传片，是亚历山大许诺温斯顿·丘吉尔要拍摄的片子。亚历山大当时已经接近了事业的巅峰，但同时也负债累累。他和梅尔·奥勃朗

---

[1] 和很多那个年代出生的人一样，我父亲弟兄3人都没有学过驾驶。父亲在中年时学会了驾驶，虽热情有余，但依然是个糟糕的老年司机，经常在路中间缓缓而行，搞得其他司机非常生气；有时候还会在转弯前1英里就打转向灯。

[2] 1981年并入米高梅。——译者注

的婚姻岌岌可危，而眼前的事实是：在战时的英国，同时制作三部这样的鸿篇巨制是没有希望的事，更何况三部电影中有两部都是彩色的，在当时来讲是一种复杂而昂贵的技术。亚历山大很清楚，很快他的兄弟佐尔坦（经常被唤作佐利）和文森特也意识到，全家人可能都要离开故土，搬去好莱坞，而且和伦敦电影公司签约的两个最卖座的明星劳伦斯·奥利弗和费雯·丽就在好莱坞，他需要他们出演尼尔森上将和汉密尔顿夫人。但这并不意味着我母亲和婶婶——也就是佐利的太太，会同意突然之间搬到5000英里（约8047千米）之外，而且我母亲在伦敦舞台上的事业如日中天。此外，在那个年代，像亚历山大、梅尔和佐利这样随时可以在伦敦、纽约、洛杉矶之间来去自如的人毕竟还是少数——他们不是搭乘大型班轮穿越大西洋，就是像亚历山大一样从伦敦飞到里斯本，再搭泛美航空的"快速帆船"飞到纽约，然后花18小时乘环球航空公司（TWA）的DC-3运输机横穿美利坚，途中还要在芝加哥、堪萨斯城和阿尔伯克基（Albuquerque）加油。亚历山大一度为了开董事会在3周内往返伦敦和洛杉矶两次，感觉就像是1940年版儒勒·凡尔纳的《八十天环游地球》。

亚历山大没有告诉他的弟媳们，搬去加利福尼亚与军情六处和丘吉尔有关——英国政府秘密地对他们进行了资助。我们变成了拥有特权的奢侈难民，和其他人一样因为战争而漂泊异乡，却享受着他人享受不到的舒适条件，所面临的风险也比旁人低了很多。

从英国和法国的角度来看，1939—1940年秋冬的那场战争是一场假战。人们预期的伦敦轰炸并没有发生，而皇家空军也依然只能在夜晚去德国上空派发传单。希特勒所提出的"和平条款"明面上无人理会，但事实上英国战时内阁和外交部（以及法国的对等部门）却在私下里对其进行了仔细的研究。能证明我们正处在战争中的只有定量配给制以及政府的一些规定。

英国人对"最近如何"的典型回应"没什么可抱怨的",显然已经不再恰当了。每个人都有太多怨言,也确实一直在发牢骚。人们抱怨定量配给,事实上后来的情况会越来越糟——无论是香烟、糖果还是面包、鸡蛋;人们抱怨"灯火管制"带来的各种不便,比如城市犯罪、娼妓猛增等各类事实;此外还有"汽油配给"让大部分汽车都无法上路,只有医生、农民和其他特殊人群才可能使用汽车。穷人抱怨有钱人可以在俱乐部和高级饭店吃饭,因为高价依然还是可以买到很多食物;有钱人则抱怨沉重的税负。

在大城市之外,无论是穷人还是富人都对保守党即兴制定的"花衣魔笛手"行动将城市"贫民窟"的孩子们撤离到乡郊这一举措感到十分不满。行动的目的是保护孩子们远离轰炸。整个行动执行果决,完全不顾英国村民的强烈反对。事实上城市贫民也很反对这一计划,不希望自己的生活被这样一场大规模的同时也可能是不成熟的社会实验所打乱。伊夫林·沃针对这一历史事件写了一部讽刺小说,名为《多升几面旗》;就连平日里温文尔雅的哈罗德·尼科尔森都在日记里评论道:"很多孩子并不善良,而且他们有很多令人厌恶的习惯。"

最终有将近350万的孩子被撤离,大部分都是在轰炸开始之前就已经离开了。这种计划更像是发生在苏联而不是英国的社会规划行动。城市贫民被送到了英国的乡郊,在那里人们用正当或不正当的方法来抢夺漂亮、温顺的孩子;而少部分中上阶层的小孩则在一些慈善机构或个人的支持下被送去了加拿大或美国,战争期间一直生活在那里。[1]西格蒙德·弗洛伊德的女儿安娜·弗洛伊德后来曾经研究过1941年大撤离所造成的后果,最终得出了并不令人意外的结论:与父母分离比轰炸给孩子

---

[1] 在这些被撤离到美国和加拿大的孩子里,有我的朋友、后成为温斯顿·丘吉尔官方传记作家的马丁·吉尔伯特,被送去米尔布鲁克学校的阿利斯泰尔·霍恩(他当时的室友是威廉·F. 巴克莱),也就是后来的著名历史学家阿利斯泰尔·霍恩爵士,还有我自己。

带来的影响还要恶劣。

所有这些抱怨在"假战"结束时也就停止了。战争和轰炸真正开始了，此时才展现出了英国人在突如其来的威胁面前团结一致抵御外敌的强大能力。同时，长久以来一直充斥在英国社会中的阶级矛盾锐减——至少在真正的威胁到来时。德国人相信，他们对其他国家所实施的大规模恐怖袭击将同样击碎英国人的信念，但显然他们不了解这个国家人民的性格。相反，当让人痛恨的事情发生时，我们将瞬时团结起来，无论是贫穷还是富有，无论我们带着怎样的口音。

由于政府的坚决态度，孩子们的撤离行动已经在所难免。伦敦的各个火车站一片混乱，充斥着流着泪的父母和孩子，全然不似1914年时去参加战斗的军人和送别的亲友。英国政府机构仿佛将自己最大的努力放在了扰乱人们的家庭生活上，而非组建新的军队来帮助法国。显然他们既然不能创建新的武装精良的军队，至少可以将大量的孩童在国内肆意调配，而其中的逻辑恐怕连负责人自己都说不清楚。

而我作为特权阶层的一员，暂时有幸脱离了官方的操控，先是和卢阿姨到约克郡的农场生活了一段时间。我只记得那里有很多猪，经常刮风下雨，而且人们口音很重：如果不是我住在伦敦郊区的当牙医的外祖父是"北方人"，我恐怕一个字都听不懂。后来，在经历了一场漫长的旅途之后，我又辗转到了怀特岛的一所遍布红砖楼的寄宿学校，那里有很多同学也都是被撤离的伦敦中上层家庭的孩子。他们都是我的同龄人，每个人都穿着一样的灰色法兰绒短裤、夹克，戴着棒球帽。每个人都思家心切。事实上把我们送到这里来是一个奇怪的决定：如果德国人想要入侵英国，怀特岛绝对在他们的地点清单中位居前列。

除了我一生都讨厌的煮白菜味，我对这个地方几乎没有什么记忆，只能想起海滩上尖利的铁丝网，还有守在一旁的士兵，他们中很多人会坐在战前遗留在海滩上的帆布椅上，对着大海发呆。我还记得其中有一两个人还举着雨伞,怕雨水淋湿椅子。

当人们逐渐明白了"末日战争"并不会像赫伯特·乔治·韦尔斯的预言一样在伦敦上空爆发后,柯尔达家族马上把我接回了汉普斯特德的家中。我毫发无伤,只是对英国寄宿学校感到十分厌恶。

# 06
# 黄色计划

就当时英、法的情况来看,整场战争就像是被催眠了一般,仿佛两个国家都在等待希特勒先发起攻击,同时又都谨慎地不给他任何进攻的理由。在表象背后一场致命的演出已经拉开了第一幕。事实上,主角都已经登场了——虽然其中很多人都并不适合自己的角色。

在战争的最初阶段,陆军大臣霍尔-贝利沙在张伯伦的认同之下选择了当时的帝国总参谋长戈特子爵指挥被派往法国的英国远征军,同时让埃德蒙·艾恩赛德代替他担任帝国总参谋长。艾恩赛德本来以为自己会担任英国远征军的指挥官,当9月3日得知戈特获得这一职位时,感到非常惊愕——他认为戈特的能力远不能胜任这一职位。

战争爆发时的情况与军中每个人的预期恰恰相反。艾恩赛德高大健硕(所以根据英国军中的传统,他的外号叫"小个子")。他的法语很好(德语也是),还曾经作为观察员参加过战前的德军演习,不仅见到了德国高级军官,甚至还见到了戈林和希特勒本人。他看上去确实是远征军总指挥的理想人选。

戈特是贵族出身(全名约翰·斯坦迪什·瑟蒂斯·普伦德加斯特·维里克,第六代戈特子爵),而且非常勇敢。他是英军中获得勋章最多的军官之一,赢得过维多利亚十字勋章——英国对勇士的最高奖赏,三次获得杰出服役勋章，并在1914—1918年的战争中获得军人十字勋章。但他并没有担任总指挥官的头脑，他对细节过度关注，而不能放眼全局，这更像是军士长的习惯。总指挥对他来说其实是一个虚衔，他很不喜欢和政客打交道，这对远征军的指挥官来说可不是什么值得举荐的品格，这个职位需要的恰恰是集战略家、政客和外交官于一身的人。

但除了他的将军同僚们，其他人都很认同戈特爵士担任远征军总指挥。他是法国人心目中理想的英国人：英雄主义、谦逊却没什么智慧。他的头衔和所赢得的维多利亚十字勋章让他获得了英国媒体的尊重，而且他虽然厌恶"公关"，却邀请了英国的战地记者到他的食堂一起午餐，这与他的前任在第一次世界大战时的做派很不同。面对聪明时髦又消息灵通的《泰晤士报》记者哈罗德·"金"·菲尔比，戈特表现得尤其坦率。对戈特或者任何一个和他同一阶层的英国人来说，《泰晤士报》要优于任何其他报纸，因此他对菲尔比格外开诚布公；但他不知道，菲尔比在剑桥的时候就为苏联做间谍，他通过巴黎的苏联联络人向莫斯科传递着戈特告诉他的每一条消息。当时的苏联是纳粹德国的同盟，这些消息无疑会转至德国。拜菲尔比所赐，德国进攻法国的时候，对远征军的军力和计划早已心知肚明。而随后在1940年，菲尔比又从《泰晤士报》被挖到了军情六处。

道理上张伯伦在同意霍尔-贝利沙把远征军总指挥之位交给戈特之前，应该暗地里征求过他人的意见，但首相对军队事务缺乏兴趣可谓人尽皆知。他当然应该对远征军总指挥一职慎重考虑。虽然远征军最终扩大到超过30万人（包括皇家空军），但与法军500万人的队伍——其中在大都市就有350万人——相比可谓相形见绌。鉴于人数上的差距，以张伯伦为首的英国政府从一开始就同意远征军加入法国的"作战队形"，而总指挥则听命于法国的总指挥莫里斯·甘末林将军；英国远征军总指挥如果对法军的命令有疑义，则可保留向本国政府提出申诉的权利，但很难想象戈特会做出这样的行为，因为他天生就习惯于听从命令，而不会争辩。当他最终执行了自己权利的时候，已经为时太晚。戈特自己的参谋长、为人尖酸的亨利·波纳尔认为，戈特更适合担任团级指挥官（中校），而不是在法国的英军指挥官。

在第一次世界大战期间，英国远征军直到1918年3月，也就是德国的最后一次防卫战的时候才听命于法国的指挥。当时杜本道夫的"恺撒之战"让法、英、美军猝不及防。情急之中，三方勉强达成共识，让斐迪南·福煦担任盟军最高指挥官。戈特的远征军听命于法国的大兵团总部，要服从几个级别之上传达下来的命令，其位置夹在两支法军队伍中间，北边是法国第七军，南边是法国第一军。

像在第一次世界大战中一样，法军坚持在英国远征军和海峡港口之间部署一支法国军队，以防止英军临阵脱逃。远征军在德国人入侵的时候所要扮演的角色取决于甘末林的战略，同时也取决于比利时政府对其中立政策的虚假信心。

甘末林的计划被称为"D计划"，因为其包含了向戴尔河的进军，又或者因为在法军中"D计划"的意思是出问题时"自己去想办法"。甘末林认为德军将穿过中立的比利时，就像第一次世界大战一样，然后攻击在1914年他们选择避开的另一个中立国荷兰。他不认为德国人有胆量去进攻重兵驻守的马其诺防线；此外，和其他人一样，他认为阿登森林——比利时和卢森堡的最南端部分，从比利时的那慕尔（Namur）到法国的蒙梅迪（Montmédy），也就是马其诺防线的尽头，并不适合发动大规模攻击，因为那里丘陵起伏，树木繁茂，有太多溪流，而且主干道很少。此外，默兹河对于德国从阿登高地进军的装甲部队来说也是一个很大的障碍。在甘末林看来，马其诺防线将挡住德军的去路，穿过阿登森林至少要拖延他们2周之久。因此，第一次大型攻击会发生在荷兰和比利时，因为那里地势平坦，公路发达，适合坦克行进。甘末林相信，和德军的最大规模的交锋将在那里发生。

这确实是德军最初的计划，它把一个没有答案的问题摆在了盟军面前：比利时将怎么做？比利时的中立是神圣的——1914年8月，正是因为德国破坏了比利时的中立，英国才决定参战。英国政府并没有在法国需要的时候施以援手，而是为了援助勇敢却弱小的比利时捍卫自己的中立地位才挺身而出。德皇在其犯下的诸多错误当中，最严重（也是最早犯下）的错误就是将比利时的中立声明视作"一张废纸"，随后入侵了比利时，这使得不列颠以及整个大不列颠联合王国加入了战斗。

现在，没人怀疑希特勒会对打破比利时的中立立场有一丝犹豫，荷兰也是如此——只要对他有利。但法国和英国却不能这样，因此，向甘末林计划的核心戴尔河进军需要受到比利时政府的邀请，或者在希特勒的德军进入比利时边界之后才能开始，这相当于将进攻时间点交由德国或者比利时国王来裁定。对"D计划"毫无信心同时对甘末林将军没有什么好感的法国东北边境指挥官阿方斯·乔治没有忽略这一事实。

甘末林对他也没有什么好印象。从战争初始，为了不被乔治将军以及其他政客影响，甘末林将自己的总部设立在巴黎郊区的文森城堡（Château de Vincennes）。乔治也将自己的总部设在了离甘末林尽可能远的地方。文森城堡是一个奇怪的选择——从14世纪起，这里就接连不断地发生过很多历史悲剧。它的壕沟曾经被行刑队用来处决犯人。1940—1944年，它将被德国人用于同样的残酷事件中。

为了避免面对面的接触，甘末林和乔治通过信使沟通，极少情况下也会通电话——虽然当时并不能保证电话的安全性。奇怪的是当时并没有使用无线电，原因是甘末林担心信息会被德国截获和解码，同时他也不希望乔治将军的信息打乱他的伟大计划，让他神圣的规则受到干扰。甘末林不仅被他忠诚的属下保护在文森城堡的防护网内，以不受外界的侵扰，而且他本身也性格孤僻，"为人温和，低调，不愿表明态度"。乔治则是一个外向的人——他的个人魅力和对生活的品位是英国人认为法国人身上应该具备的。

战争爆发前，无处不在的爱德华·斯皮尔斯曾邀请丘吉尔和乔治一起在巴黎布洛涅园林的一家奢华餐厅共进午餐，觥筹交错间，二人发现双方观点相投。丘吉尔向乔治提出了警示，认为贝当元帅和甘末林将军关于德国人不会在阿登森林部署重兵的观点是错误的，而乔治则提出比利时国王利奥波德三世"受德国影响很深"，准备和盟军"保持距离"。相比盟军和德国的兵力差距以及德国对地攻击机的优势，他们二人提出的观点才是盟军在1939年所要真正面对的根本性问题。

法国的指挥系统十分复杂：除了乔治将军之外，法国在全世界的军队指挥官都直接听命于甘末林将军的指挥；而乔治将军则直接指挥对抗德国的盟军。另外，甘末林是总指挥官，控制着人力和物资，并掌握着将领们官职的升降权，因此东北部的将军们一方面等待乔治发布命令，而另一方面又要遥望文森城堡的甘末林来决定他们的未来。

相比冷漠的甘末林，英国人更喜欢乔治——乔治很快就得到了戈特将军的信任，对比第一次世界大战时英国远征军总指挥和法国将军之间的龃龉，能做到这一点实属不易——不过有些人也会质疑，乔治在1934年南斯拉夫亚历山大国王于马赛被刺杀时所受的致命伤是否已经痊愈？现在的他和那时的他是否还是同一个人？正因为乔治的恢复时间过长，再加上达拉第担心他在政治上过于右倾，才使得甘末林在1935年登上了总指挥的位置，而乔治则仅仅担任他的副手以及"最终接班人"，这让他感到十分懊恼。

同时，无论是英国人还是法国人都不清楚戈特究竟应该听命于甘末林还是乔治。即便是高大威猛、勇敢无比、外号"小个子"的艾恩赛德，也无法从理论上和他同级别的甘末林那里弄清楚这个重要情况。当然，这只是这场灾难之宴的一味调料，却也是十分重要的一味。

比利时的问题很难解决。中立的比利时和荷兰就像是众目睽睽之下、希特勒急速驾驶的巨型卡车灯前的小鹿。一方面，为了捍卫自己的中立立场，他们不能和英、法进行正式谈话；而另一方面，他们也希望在受到攻击时盟军会立即出兵施以援手。甘末林由于坚信德国会攻击这两个国家，便信心百倍地增加两地的兵力：22个比利时师和10个荷兰师，相当于65万比利时士兵和40万荷兰士兵——前提是他们可以被及时地成功调动。

但是无论是比利时还是荷兰都缺乏大炮或是飞机等现代武器装备，因此无法参与一场现代战争，而且除非德国攻击，否则他们不能发动军队挑起战争——希特勒可以将其视为挑衅。在甘末林的计划中，德国需要几个星期才能到达戴尔河，但事实上他们只用了4天时间。他的看法马上变得致命的乐观。他告诉爱德华·斯皮尔斯："盟军会以迅雷不及掩耳之势发动进攻，哪怕是做最坏的假设，比利时根本来不及撤退。"

没有说出口的事实是，在经历了第一次世界大战之后，"D计划"背后的逻辑是法国人决心在本国领土之外打下一仗——如果这场仗必须打的话。比利时国王和他的人民当然不希望被德国入侵，但这也不意味着他们同意让法国、英国和德国在自己的领土上战斗。荷兰人的计划是在法国人与他们站到同一战线之前，准备冲垮堤坝，上演一场朝向鹿特丹、阿姆斯特丹周围"荷兰堡垒"（荷兰的新海岸线）的战斗撤退。这最终被证明是一场幻想而已。

1939年，人们对比利时国王的不信任日益加重，他完全被其父阿尔伯特一世的光芒所掩盖。阿尔伯特一世是第一次世界大战时的英雄人物，就像是故事中"穿着银铠甲的骑士"；当他知道德皇准备穿过比利时攻击法国并希望比利时同意时，他展现出了身为一国之君所贯彻始终的勇气与尊严："比利时是一个国家，不是一条公路。"

虽然比利时的军队规模非常小，仅仅是德军的十分之一，但在1914年，当它的领土受到侵略时，它便即刻向德国宣战，并不惜付出沉重的代价将德军的进攻速度减缓了3个星期，使得法国能够在马恩河战役中取得胜利。比利时国王因此成了全世界的英雄，尤其考虑到德国在占领比利时期间的残酷行为更显示出国王的勇气。德军的行为用现代语言来讲是"战争罪"：枪杀了超过5000名随机选择的男女平民人质，并疯狂摧毁了比利时的历史文化场所，最臭名昭著的行为就是烧毁了藏有大量中世纪手稿和书籍的卢万大学图书馆。

利奥波德三世缺少他父亲的果敢以及管理一个虽然面积小但却面临着

分裂和不稳定的国家的能力，也不能获得瓦隆人和佛兰德斯人的尊重，这在今天依然是一个难题。同时，利奥波德三世作为一位君主立宪制国家的君王，确实有很多缺陷，而且容易自行做出突然且鲁莽的决定。

这些不稳定因素也体现在了比利时与英、法的关系中——比利时希望他们在德国人入侵的时候施以援手，但同时又不透露给对方比利时的备战情况，以至于直到1940年3月，法国军官才见到比利时的防卫工事，他们只能穿着平民的衣服，并且不能走下车（他们可以看到的实在是少之又少，因此也没有感到有任何令他们惊喜的地方）。尽管如此，甘末林的"D计划"依然是盟军唯一的策略，而后者也一直过高估计了比利时和荷兰的防御能力。

如果戈特爵士的性格没有那么容易妥协，那么他即便不和甘末林直接沟通，也会向他自己的政府提出对"D计划"的质疑，但戈特不是那样的人。他获得维多利亚十字勋章并不是因为质疑命令，而是在受伤险些致残的情况下依然遵守命令。[1]戈特确实对远征军在对比利时的防御工事毫不知情的情况下快速向戴尔河进军、甚至跨过戴尔河抵达艾伯特运河的能力抱有怀疑，但他为了稳定军心，压抑了这些疑虑。

这场"假战"对于德军来讲并非有意为之——希特勒对于德军在波兰取得胜利之后隔了那么长的时间才发动对法国和低地国家的进攻感到十分愤怒；事实上他本来打算在1939年攻占波兰之后就进攻法国。问题在于他对陆军高级司令部草拟的进攻计划并不满意。

作为一名并不专业的战略家，希特勒的战略思想受到了强烈的批评，其中一些批评确实正确，但不是全部。一方面，他并不是没有作战经验；他曾经在一战时的西线战场作战，经历了一些非常残酷的战事，并因为英勇杀敌而被授予一级铁十字勋章，这个奖项很少奖给一等兵。另一方面，他在军事上有一种特殊的直觉，这貌似也证明了拿破仑著名的言论："战争

---

[1] 获得维多利亚十字勋章的人非常少，自1856年维多利亚女王设立勋章后只有1358人获得此项荣誉。

和娼妓行业是一样的，业余通常要优于专业。"

在这次战争中，这个业余者的直觉是对的。当总参谋长弗兰茨·哈尔德向他递上第一版关于入侵低地国家的"黄色计划"时，他认为那只是1914年8月使德军陷入4年僵局的史里芬计划的修改版，只是没有史里芬计划那样激进而已。在他看来，其结果将是另一场索姆河战役——那是成千上万德军的坟墓，在那里，一等兵希特勒曾经在泥沼和铁丝网间浴血奋战。由世界上最专业、头脑最清晰的总参谋部草拟的如此大规模且十分复杂的计划，不可能在顷刻间被否决，但希特勒凭直觉认为这个计划有问题，让哈尔德"重新考虑"。

哈尔德性格死板，原本就有的学究气被夹鼻眼镜衬托得更重了。这种性格对希特勒或许也有所影响——他很怕专家高人一等地跟他说话。哈尔德第二版的"黄色计划"依然没能让希特勒满意：它还是保留了穿过比利时进行主要攻击的想法，同时再加上对南北两方进行次级别的攻击。这破坏了集中兵力这一最重要的原则。现在已经是10月了，距离战争爆发已经过了1个月之久，而且天气也成了一个问题。再等下去，就会面临发动冬季攻势的风险，而盟军也就有更多的时间可以积蓄力量。但希特勒依然选择等候，虽然焦急不堪，但还是下定决心不去接受一份让他感到浑身发毛的计划书——无论他的将军们作何想法。多场胜仗的经历、好大喜功的性格，再加上喜欢在战术决策中插一脚的倾向性依然没有蒙蔽他在军事上的直觉。

希特勒并不是唯一一个不喜欢"黄色计划"的人。古德里安将军关于装甲战争理论最著名的信徒埃里希·冯·曼斯坦因将军也是其中之一——曼斯坦因将军当时被调任为A集团军群参谋长；还有外表冷峻、极具专业性的格尔德·冯·伦德施泰特将军。冯·伦德施泰特将军认为让B集团军穿越比利时和荷兰北部进行正面攻击的计划违背了腓特烈大帝时期就开始使用的传统德意志战术；在他看来，应该让A集团军长驱直入南部的色当。

和古德里安的一次偶然会面使得曼斯坦因准备了一系列关于"黄色计

划"的规划，除了大部头的关于主要攻击的策划之外，曼斯坦因还提出装甲部队应该挺进色当，从那里直接向西行至英吉利海峡的各个港口，完全截断在比利时的英、法部队。他在传给陆军高级司令部的一系列备忘录中进行了更为详细的说明。然而虽然他的计划得到了伦德施泰特的签名支持，还在封面留了言，却依然被有意忽略了。他的主要观点有二："重点攻势必须由A集团军完成，而非B集团军；在阿登森林发动闪电攻击是唯一可以彻底摧毁敌方在比利时北部的部署，从而在法国取得最终胜利的方法。"

甘末林将军相信，坦克无法穿过阿登森林；然而很多德国军官通过用望远镜观察和莱卡照相机多次实地记录，证明事实情况并非如此。曼斯坦因对"黄色计划"的修改要求极其大胆，但他果断地坚持如此。他已经预期将会受到德国高级将领们的反对，尤其是哈尔德，但他的决定是对的。

1940年1月10日，一架德军轻型飞机因为恶劣天气在比利时坠毁，飞机上有拿着最新版"黄色计划"的通讯员。这起事故进一步拖延了德国的进攻。这名通讯员军官还没有机会完全销毁文件，就被比利时警方拘留了。虽然烧焦的文件中并没有标明实际进攻的日期，但却足够引起布鲁塞尔方面的警惕，虽然一开始大家都感到不可置信。同时也有其他消息来源透露攻击将在1月14日发生（实际日期是1月17日）。他们即刻将文件副本传给了巴黎。

关于这起事故有太多的版本，已经很难知道孰真孰假。法国情报机构怀疑这是一个骗局，就是为了用假的进攻时间和地点误导盟军，但并没有证据证明这一猜想——但不管真相如何，甘末林将军都对这份文件采取了十分严肃的态度，希望比利时会因此向盟军敞开大门；比利时国王也十分紧张，打电话向荷兰的威廉明娜女王发出了警告的暗号，并通过和温斯顿·丘吉尔共同的朋友、舰队司令罗杰·凯斯爵士向对方通告了消息。

结果是在伦敦、巴黎、布鲁塞尔和海牙方面一通焦虑之后，什么都没有发生。一场大风雪让袭击很难发起。几天过去了，完全没有迹象表明德军要入侵低地国家，英、法的担忧让位于紧张而又不作为的态度。之前不经思考就要求撤走比法边境障碍物的比利时参谋长受到了严厉谴责，国王再一次决心回到严格中立的态度（同时也回归到了不得罪任何一方就能度过危机的心态）。

在柏林，希特勒的第一反应是怒不可遏。部队高级司令部参谋长阿尔弗雷德·约德尔不知是否应该告知元首，"黄色计划"的文件在发动进攻的1周前落入了敌手。约德尔在日记中将其称为"灾难性事件"——这个词用得显然有些保守，但希特勒在最初的愤怒过后还是冷静了下来，让清晰、镇定的军事头脑开始运转。他决定进攻照常进行。

"他们得到了什么材料？"哈尔德在1月11日的日记中理性地自问，"元首没有做出决定。指挥部地点需要改变吗？材料暴露了什么信息？指挥部地点？装甲部队数量？空军第七师指挥部？空军第二集团军机场？"这不是一个惊慌失措的人会问出的问题。之后的日子里，哈尔德只是一直在理性地评估整场进攻的情况，而因为天气因素，进攻的时间不得不向后推迟——1939—1940年间的冬天是很多年以来最寒冷、气候最恶劣的一个冬季，后来人们认为当年的天气成了打击法军士气的一个重要因素。

1月20日，哈尔德在元首当日的会议之后在日记中提道，希特勒已经接受将进攻日期再延迟多一些时间——推迟到复活节——的提议，态度上也不再是之前喊着"砍掉他的脑袋"时的愤怒，而是冷静地要求加强安防工作，不能再让这样的事情发生。随着时间的推移，丢失材料这件事不再被视作灾难；事实上对于希特勒而言，这甚至是一件好事。他本来就不喜欢"黄色计划"，现在终于有机会大规模地改掉它了。

同时，为了阻止冯·曼斯坦因将军再踟蹰于修改"黄色计划"，哈尔德将军任命他在普鲁士指挥一个军团。这一任命2月9日生效，之后又用一次升职来掩盖哈尔德对他的不满。无论如何，曼斯坦因忠诚的部下——他已经吸引了一众信徒——还是把他的修改提案泄露了出去，引来了希特勒的注意，最终也获得了哈尔德的认可。

希特勒对他听到的方案感到满意，随即邀请曼斯坦因参加2月17日的会议。元首希特勒一段时间以来一直对将色当作为攻击的重点突破目标很感兴趣，而其他高级将领则认为这样的计划太过冒险。现在，他面前摆着的这份计划，建议让大量的军力穿过阿登森林，横跨默兹河，然后直奔英吉利海峡；将对低地国家的攻击作为一个巨大的烟幕弹，将法军和英国远征军的主要兵力牵制在比利时，他们将被孤立，被暴露，最终被从右翼包围，与其他法国军队彻底隔绝。

对比利时和荷兰的攻击计划落入盟军手中这件事反而变得有利于德国，这真是塞翁失马，焉知非福。盟军将一直等待德军入侵低地国家，这样他们就更不会关注阿登森林了——而那里才是进攻真正发生的地方。几乎同样重要的是，坦克会像古德里安（和利德尔·哈特）所提出的那样被使用：打断敌人防线，以方便行进速度较慢的步兵通过。

"黄色计划"本身是一份野心勃勃的宏大计划，包含了对将近350万人、3000辆坦克以及3000架飞机的调拨。后来人们把这个计划称为闪电战，而德国的胜利被归结为高度发达的机械化。但其实是一个错误的印象。和1914年一样，德国的步兵依然是徒步行进；1940年，德军仍拥有超过100万匹马。大部分大炮都是由马拉着；连长骑马走在队伍前面，马医和鞋匠坐在马拉的车里跟在队伍后面，以随时为马钉蹄，或给军人修鞋。相比之下，英军虽然规模小，坦克数量少，但完全是机动车装备。当然，法国和英国（比利时和荷兰更糟）的装备情况都不适合远距离行进，因为从一开始他们就认为自己要打一场防御战。德国则做好了长征的准备，而指挥官只是担心速度更快的装甲部队和较慢的步兵部队之间会留下很大的缺口，这种担心并非没有理由。

最初，哈尔德打破了曼斯坦因的计划，去除了A集团军中的装甲师，但后来他还是回归到曼斯坦因的计划中，一定程度是因为这是一场大胆的赌博，会带来无法改变的结果，不过他最恐惧的还是一场"传统"的战争有可能失败，或者像之前那场战争一样停滞不前。他的日记反映出了这一计划的复杂性，同时也体现了希特勒对细节的执着，以及他在完全不考虑运输实际的情况下要调动整个兵团的想法，这也反映出了他的业余性。

  在一次午餐中，曼斯坦因发现希特勒"对于集团军花了几个月的时间研究的事情能飞速掌握要点"。令他更为惊讶的是，希特勒赞成新的计划，并马上付诸行动——虽然曼斯坦因被他的上级迅速调去了前线而无法亲自参与其中。曼斯坦因总结："希特勒对于实操问题具有一种本能的直觉，但缺少作为军事指挥官的全面训练。"这仿佛是之后将发生的事情的预兆。总而言之，曼斯坦因和古德里安潜心研究的计划成了"黄色计划"的最终版本。盟军依然认为德国的主要进攻目标是比利时的戴尔河，因而他们获得胜利的最佳机会就是在德军到达之前赶到那里。

## 07
## "嘿，先生们，这就是我们的伟大胜利"

那场"假战"的最明显受害者就是陆军大臣莱斯利·霍尔-贝利沙。霍尔-贝利沙没能正确估计他的同僚对他的反感，并陷进了自己制造的麻烦。他在宣布要探访英国快速部队时，被总参谋长艾恩赛德将军问及是想"探访军人们还是视察防御工事"，而他却回答希望探访军人们。

这是一个错误的回答。艾恩赛德和戈特爵士与大部分英国高级军官一样，不喜欢政客和他的下属们聊天，同时也不可能喜欢或信任霍尔-贝利沙。有一张戈特爵士和霍尔-贝利沙的照片将他们的关系显示得很清楚：霍尔-贝利沙在左，无精打采，胡子刮得不太干净，抽着烟，作争辩状；戈特在右，坐得笔直，仿佛是立正的姿势，表情仿佛十分抗拒一个在向他作推销的人，或者刚刚听了一个令他讨厌的无比粗俗的笑话。显然戈特对和对方相处感到很不舒服且不认同，而霍尔-贝利沙则并不在乎，或者更可能的是根本没有注意到。

霍尔-贝利沙在法国的时候听命于戈特爵士。用戈特忠诚的传记作家的话来说，戈特拥有一种中学生式的幽默，对霍尔-贝利沙，戈特和他的属下竭尽挖苦贬低之能事。如果霍尔-贝利沙也像戈特一样毕业于哈罗公学，就应该了解自己其实饱受欺凌，在这群上流社会专家的眼中，自己就像是一个傻瓜。但他仿佛认为——或者在某种程度上假装认为——大家都在开玩笑。"戈特感到让霍尔-贝利沙经受一些气候上或味觉上的不适是一件很有趣的事，佛兰德斯的气候变化和戈特的斯巴达式菜谱正好符合了他的要求。"这包括在大雨中吃"霸王牛肉"三明治（英军版的罐装玉米牛肉），同时还要嘲笑霍尔-贝利沙传说中非常精致的生活习惯。这些行为应该是为了让这位陆军大臣感到繁忙而不适，更重要的可能是不想让他和士兵们谈心。

不过无论如何，这也没能阻止他得出"碉堡"（可以容纳1~2名士兵的水泥堡垒，可以防御手榴弹和子弹，壁垒上的射击孔可以放置来复枪或轻型机枪）的建设速度没有达到他的期望这一结论。在回国的路上，他去拜访了甘末林将军，后者告诉他——或只是他的理解——法军只需要3天就能完成一座碉堡的建设。当他回到英国政府的办公桌前时，马上写了一封在他看来会对戈特将军很有帮助的信，告诉他法国建造碉堡的高超技术，建议戈特派人去学习。

几乎再没有任何其他的事能比这封信更让戈特和他的属下感到愤怒了。英国人建造碉堡的速度比法国快很多（法国士兵和内战中的邦联士兵[1]一样，认为这种苦力活侮辱了他们的尊严），而且一直在帮助法国人建造。而当整件事情闹大成为公开的笑话之后，人们才知道，甘末林的意思是法国人在开凿工作完成、混凝土浇筑结束后，需要3天时间完成剩余的工作——事实上他们从头到尾要用3个星期才能建造一座碉堡。

霍尔-贝利沙向首相以及碰巧在伦敦的自治领大臣们都表达了自己的意见，一方面是为了提高远征军的防卫能力，另一方面是要显示自己对一切了如指掌。但结果是他成功地引起了一场远远超过他想象的争执。就连国王乔治六世都从艾恩赛德将军那里听说了这场"碉堡事件"，亲自出去了解情况，并从戈特将军那里听到了关于霍尔-贝利沙的种种。国王对待"他

---

[1] 指美国内战期间（1861—1865年）代表南方种植园主利益的南方邦联旗下的军队。——编者注

的"军队和"他的"将军们的事务时态度是非常严肃的——他一直很坚定地捍卫任命及提拔将军的权力——因此督促他的首相到佛兰德斯弄清事实真相。

霍尔-贝利沙搞错了碉堡实际的建造速度，还和所有的法军将领分享了错误的信息，这更是加深了戈特对他的憎恶。这不仅包含了阶级意识（再加上一定程度的反犹情绪），还有国家荣誉感——英国军队完全不需要从法国人那里学习怎样建造碉堡！

作为一个精明的政客，张伯伦开始明白，霍尔-贝利沙已经惹恼了国王、参谋长还有英国远征军的总指挥——这些上流社会的英国人实在不能忽视。就连艾恩赛德将军都警告霍尔-贝利沙"要谨慎对待远征军总指挥。他受国王派遣，不能被当猴耍"。

但为时已晚。张伯伦已经决定撤掉霍尔-贝利沙，希望能不动声色地把他调到别的部门去；鉴于霍尔-贝利沙擅长报纸宣传，张伯伦认为新闻部或许适合他，但外交部长哈利法克斯勋爵却表示反对，他认为"霍尔-贝利沙是犹太人，而行事风格又有碍英国人的尊严，因此可能会引起中立国的不满"。可见即便是哈利法克斯这样受人尊敬的人都带有如此程度的反犹情绪。

最终，首相召见了霍尔-贝利沙，告诉他"战时办公室"对他有一定的"偏见"，并让他担任经济部的负责人。这次相当大的降职让霍尔-贝利沙感到十分震惊。他打电话给当时身在巴黎的丘吉尔，后者则建议他接受调任——此时的丘吉尔已经经历了半个世纪的政治起伏，担任过除了首相和外交大臣之外的几乎所有职务，他很清楚在内阁永远比在下议院后排的冷板凳上强。

霍尔-贝利沙在1940年1月被奥利弗·斯坦利取代。奥利弗·斯坦利是一个不会得罪国王或任何将军的人。首相写道："奥利弗·斯坦利虽然性格腼腆，但会在办公室工作出色。"这与霍尔-贝利沙恰好相反，后者可以说是一个最不腼腆的人，而且与丘吉尔的预测一致，他在拒绝了经济部的职务之后，政治生涯等于走到了尽头。不过不管人们建了多少座碉堡，军队进入比利时之后都根本毫无用处，虽然人们不会遗忘它们的存在。

霍尔-贝利沙的去职引起了媒体虽然短暂却密切的关注。大卫·洛还为此在《标准晚报》上刊登了一幅漫画，漫画上"毕普林上校"们正在参加一场宴会。洛用"毕普林上校"来代表思想倒退而充满偏见的高级军官，他们纷纷举着葡萄酒杯，而首相则穿着侍者的服装，悲伤地站在霍尔-贝利沙的肖像旁，肖像上扎着很多军刀。漫画的标题是："嘿，先生们，这就是我们的伟大胜利。"

令人悲伤的是，在1939—1940年的那个冬天，解雇霍尔-贝利沙成了英军唯一的一场胜利。英国远征军随着本土师（相当于国民军）的到来而发展壮大，但他们比常规师的装备要差得远，训练也相对较弱，因此整个冬天为了提升本土师的素质，英军付出了很大的力量，而结果有好有坏。到1940年，远征军至少在书面上达到了30万人的规模，包含了10个步兵师，其中有3个团，1支坦克旅，以及1个皇家炮兵师。对远征军将要面对的3000辆坦克来说，英国在这方面的军备匮乏非常明显，更何况敌方的坦克速度更快，技术更可靠。但到这个时候已经不可能去修复英国30年代坦克的设计和生产缺陷了。

除了坦克，远征军的最大弱势还在于空军的支援。从1918年艰难地开始成为一支独立队伍之后，英国皇家空军就坚决拒绝协助军队完成任务，甚至非常反对任何让空军飞机听从将军们召唤的建议。在可能的情况下，皇家空军希望能用自己的方式参加作战。德国坦克指挥官在需要的时候可以将"斯图卡"式俯冲轰炸机作为"飞行大炮"，但皇家空军则要保留他们令人棘手的独立性，在任何情况下都没有飞机可以俯冲轰炸，也没有人受过此项训练。

在法国的英国皇家空军，由英国远征军的"空中组成部分"和10个准备在高层做出决定之后攻击德国的轰炸机中队组成的"高级空中袭击军"组成，还有2个旋风中队为其护航。"空中组成部分"包括5个中队的"莱桑德"——一种极其过时且力量薄弱的机型，4个中队的"布伦海姆"轻型轰炸机，以及作为空中掩护的4个中队的"旋风"战斗机。整个这两大部分空中军事力量在1940年1月由A. S. 巴勒特上校指挥。巴勒特与法国高级指挥官或者是法国空军几乎没有任何沟通，与戈特将军和他的属下也是一样。戈特将军的总参谋长波纳尔中将是一个观察力很强的人，他在日记中曾经为这个情况感到悲哀："让空军拥有太多自由造成了这个情况，而无论是空战理论还是实践，所有的经验都证明这样做是错的。"

抛开英国人将法国人戏称为"青蛙"这件事不谈，英国远征军对他们的法国盟军一直有一种模棱两可的态度。一方面，英国的高级指挥官对法军的规模和历史以及军官精明的头脑都甚为认可；而另一方面，那些和法军直接接触的人却都很容易注意到他们军容的邋遢懈怠——尤其是相比英军从头到脚的整齐光鲜，法军对战争缺少热情，不讲究卫生。这是在加入法军战线时非常令英军头疼的事。一个皇家工程师二等兵被惩罚清理被作为法军兵舍的一所学校后回忆说，那里"肮脏不堪……法军在那里睡觉，每个房间都堆着2尺高的稻草，到处都是粪便。法国人显然是用手擦屁股，然后再抹在墙上"。

1940年初的冬天寒冷异常，那应该是历史上百年来最冷的一个冬天。因此无论是对于英军还是法军，保持战士们的斗志都非易事。对于德军来说，那场"假战"对他们倒是件好事，没有什么比连续7个月让一支规模宏大的军队一枪不发更加有损士气的了，尤其像法军这样穿着制服坐在那里无所事事，而且很清楚自己的家人离自己只有两站火车的距离。（相比之下，德军知道自己将要作战，而且每个人都知道自己的角色，所以一直在紧锣密鼓地有目的地训练，而不是在寒冬里无聊地建造堡垒。）

奇怪的是，虽然当时的英军被人们看作"阶级分明"，但上下级之间的关系却比法兰西共和国的军队要亲近，而军人的福利也更好。英国军官鼓励重视运动，"每个军营都拥有8英担（约406千克）的运动设备，包括24支曲棍球棍，50双足球鞋，够6支球队用的衣服"，这证明了英国上层阶级相信体育运动能提振士气；同时，英军还提供了娱乐活动，包括各种各样的演出，甚至有像格蕾西·菲尔兹这样的大明星参加，还有移动电影院。此外，英军还建立了大规模的军队经营商店［全称Navy, Army, and Air Force Institutes，简称NAAFI，被军人们戏称为"没野心没兴趣"（No Ambition and Fuckall Interest）］，而全国军人娱乐服务协会［简称ENSA，被军人们称为"每晚都有糟糕的事"（Every Night Somethirg Awful）］[1]则肩负起提供大众娱乐的任务。英国军队在许多方面都得到了更好的关照，薪水也比法军高。这也引起了法国方面的不满。

烦闷、不舒适、无所事事带来了性病发病率的急速攀升——在那个时代，每个法国城市和大些的乡村都拥有至少一家妓院，而且完全不加掩饰，受法律保护，也很容易找到。这对于从刻板的英国社会来到一个性态度十分开放的国家的英国军人来说，实在是大开眼界。事实上，当时的第二军团第三师指挥官B. L. 蒙哥马利将军（未来的陆军元帅）因此还让自己惹上了麻烦：他直接向自己的部下下达了命令，称"性和性病完全不应该被藏在'道貌岸然'的台面之下，并命令军队经营商店销售避孕套，还要教给军人如何使用，同时教他们如何用法语购买避孕套，并要求军人去妓院时必须使用"。

这让远征军中随军的英国国教及罗马天主教神职人员感到尊严尽失。他们要求戈特将军解雇蒙哥马利，但在一场论战之后——开启了蒙哥马利多场论战之先河——蒙哥马利也只是被他的上级布鲁克中将骂了一顿，让他记住他重大的错误，并要求他不要再"像疯子一样胡说八道"。但显然蒙哥马利做的是对的，没有他明智的改革措施，远征军和皇家空军的性病发病率将会再次直线攀升。

"军队"一词意味着同一化，但远征军并非如此。它的常规军与国民

---

[1] 非常感谢我的朋友彼得·梅特卡夫，他曾经为情报部队工作，他关于军队中NAAFI和ENSA的解释对我帮助很大。

自治军就非常不同，后者由一些"兼职"的年轻人组成，只受过非常基本的军事训练。这就意味着一边是几乎可以说最精良、最训练有素、体格最健硕的步兵护卫，而另一边则是先锋队，负责开渠挖沟的工作。有一名士兵曾经把先锋队描述为"坚强的乌合之众……他们之中有些人蹲过监狱，被释放的时候知道自己要去法国。他们有一个军士长——一个大块头……他经常拿着一根一端有个大球的棍子，谁不听话就拿它打谁"；这些人不仅不是受过训练的军人，而且大部分人甚至连一支来复枪都没有。

乔舒亚·莱文的《被遗忘的敦刻尔克之声》记录了远征军军人的回忆。我们可以感到一种令人伤感的单纯和属于那个年代的孤独：没有电视，没有网络，英国与欧洲大陆之间的穿梭也不似今天这般便利和廉价，至少在某些程度上是；那个时候，旅行依然是财富与特权阶层的专利，法国和比利时还是遥远的外国，而和家人的联络还要通过被审查的纸质信件。

吉普林笔下英国常规军士兵的情况与国民自治军的大相径庭。他们大部分都很年轻，属于中产阶级，害羞，也想家；妓院让他们心旌摇荡，但又不好意思尝试；他们不喜欢法国菜，情愿喝啤酒而不是红酒。当然他们也非常清楚，那些上层军官很多都和他们一样，对战争一窍不通。

在大部分地方，远征军的住所都很不舒适，比如会被安排在平民家的谷仓、农舍或废弃的学校里。不过他们习得了"老兵"改善环境的方法：一张英军在谷仓中的照片展示了他们用稻草做成的整齐的床铺，用废弃物代替了置物架，还用稻草做了一个靶子。除了少数人之外，大部分军人都能和法军和谐相处，有些甚至交了法国女朋友，还和对方的家庭关系融洽。这与1914—1918年的战争十分相似，只是规模小一些。不过当然，这只是因为战争还没有开始。

# 08
## "希特勒错失良机"

关于战争何时开始、如何开始的问题一直没有精确的说法。德国要对比利时和荷兰开战的假警报困扰着盟军,但再没有下文。随着冬去春来,人们的注意力从低地国家转向了斯堪的纳维亚以及其他几乎不可能成为攻击目标的国家。

这一转变的背景是苏联在1939年11月发动了对芬兰的进攻。斯大林企图通过这次战争"收割"列宁格勒(今圣彼得堡)北部的一大片土地,同时缩小芬兰的面积——这片领土在1918年宣告独立于苏联之外。这次入侵对于苏联来说是一场巨大的灾难,让其颜面尽失。虽然军力是对方的3倍,装备更不用说,芬兰军队仅拥有24辆坦克,而苏联红军则有几千辆,但芬兰军队进行了英勇的抵抗,而且非常成功。北极的冬天、糟糕的公路条件以及苏联红军的低效——苏军高级将领在1937年斯大林发动的大清洗中被大批杀害了——都帮了芬兰的忙。

伦敦和巴黎方面都认为应该助芬兰一臂之力,但除了提供少量的供给和武器之外,他们找不到什么方法能帮到芬兰。不过,芬兰顽强的抵抗将人们的注意力,尤其是英国海军大臣的注意力转向了斯堪的纳维亚。

温斯顿·丘吉尔一直在提醒战时内阁,德国将近一半的铁矿石都来自瑞典的吕勒奥(Luleå),其中有很多都是通过铁路先抵达挪威的纳尔维克

（Narvik）港，然后再沿着挪威的海岸线穿过一长串的岛屿和峡湾抵达德国，所以货船将一直行驶在挪威海域。丘吉尔将这条线路形容为"庇护"通道，一直保持在挪威的3英里（约4.8千米）限制之内。他表明，这是海军的事务，盟军可以到纳尔维克支持芬兰军队抵抗苏联，同时切断德国的铁矿石运输线。

虽然挪威和瑞典都是中立国，担心会遭到德国的报复，但这并没有阻挡伦敦和巴黎设计这一计划。不可思议的是，法国人居然非常愿意派遣阿尔卑斯猎兵（法国山地军）、外国志愿军和波兰军队参与到这次行动中。事实上，法国政府背后的动力有二：一方面是害怕因为无所作为而被赶下台；另一方面，如果真的要打仗，那么当然是离法国越远越好，由英国主导的海上或两栖作战当然也不错。

英、法为了芬兰的冬季作战进行了非常认真的准备，并且是在严格（却无效）的保密命令下进行的。"旋风"战斗机都安上了滑雪板，以便在积雪的停机坪起落。那些曾经到达沃斯或是圣莫里茨滑雪度假的军官被从自己的队伍中调去苏格兰北部，培训军队在冬天作战所需的技能。伊夫林·沃在《多升几面旗》中的描述非常到位：当彼得·帕斯特马斯特穿着与自己部队不同的军服出现在"布莱特"（沃对"怀特"的别称）的酒吧时：

"嘿，你怎么穿成这样？"

彼得带着一个军人知道某个秘密时特有的笑容说："哦，没什么……"

"你是今天早晨我见到的第六个乔装的人了。"

"为了安全，你懂的……"

他们走到吧台。

"早晨好，我的大人，"酒保麦克杜格尔说道，"看来你也要去芬兰。有很多人今晚都要走了。"

但最后没有任何人去芬兰。大卫把歌利亚逼到了惨痛的僵局（芬兰2.5万人阵亡，苏联则接近15万人）。芬兰接受了比不抵抗还要差的条件，不过芬兰因暴露了苏联的贪得无厌和无能而得到了中立国和交战双方的尊敬。

同时，丘吉尔依然没有放弃占领遥远且没什么吸引力的纳尔维克港的想法——这是他另一个古怪的想法。他向首相递交了一系列长长的文件，陈述了这一行动将带来的种种好处。大家可能认为战时内阁会因为1915年丘吉尔派遣军舰进军达达尼尔海峡、企图让土耳其退出战争的计划失败而对他现在的提案有所保留，但事实并非如此。又一份海陆两军联合远征作战的高风险计划摆在了人们面前。上一次的挫败在一段时间内摧毁了丘吉尔的事业，同时也让25万人失去了生命，却没有得到任何好处。或许丘吉尔的说服力强大得难以抗拒吧。不过更可能是因为他是战时内阁中唯一一个想要打仗的人，就像是鸽舍里的一只鹰。

丘吉尔早在1939年9月19日，也就是战争刚刚开始16天的时候，就已经提出过他的构想，但战时内阁对此最初的兴趣很快就被对破坏中立国立场的担忧代替了。丘吉尔不情愿地将自己的计划缩减到仅仅是阻挡德国的铁矿石运输，但这依然遭到了拖延，同时也没有得到挪威的允许。

不幸的是，盯上挪威的不止温斯顿·丘吉尔一人。1939年10月3日，希特勒迈出了入侵丹麦和挪威的第一步，此次行动的名称为"威瑟演习作战"。12月14日，他脑海中的计划最终成形，到1940年2月20日，他已经任命1918年曾在芬兰短期作战、拥有在斯堪的纳维亚地区一定战争经验的冯·法尔肯霍斯特将军为行动总指挥。英国则与其形成鲜明对比：战时内阁对这个暂时被称为"威尔弗雷德行动"的计划可谓是一拖再拖，一直拖延了几个月，最终确定了一个乱七八糟的计划，将海军作为主要作战力量，再加上英军的1个旅和法军的1支分遣队协助占领纳尔维克，然后再向瑞典边境进军。

波纳尔中将在他的日记中毫不客气地表达了一名专业军人的意见：

"我明白这一计划出自温斯顿和艾恩赛德这些大师级的战略家……但在我所见过的草率为之的计划中,再没有比这个计划更愚蠢的了——它简直就像在重放加利波利的幻灯片[1]——这一次再没有罗伯逊这样的帝国总参谋长(指陆军元帅威廉·罗伯逊爵士,于1916—1918年担任英军总参谋长)制约温斯顿·丘吉尔的行为了,取而代之的是艾恩赛德这样缺乏军事知识,甚至从来没学习过最基本战略的人在旁边为他横空出世的各种计划呐喊助威……"波纳尔认为任何在斯堪的纳维亚的行动都会不可避免地削弱远征军在法国的军力,而德国正好会趁机发动进攻。

此时,法国总理的更换导致最高战争委员会同意在4月9日启动"威尔弗雷德行动"——小心谨慎的达拉第被没有那么谨慎的保罗·雷诺所替代,后者执意反对《慕尼黑协定》,而前者则是瓜分捷克斯洛伐克毫无悔意的参与者之一。行动的军事层面预兆着灾难:被蒙哥马利将军讥讽为"零钱包"的士兵在挪威海岸线大范围分散着陆,而且军队没有一个总指挥,也没有对决定性打击的规划。正如英国历史上的多次战争一样,皇家海军大规模参战这一事实导致战时内阁忽略了地面上显而易见的风险——古老的大英帝国信任海军做的任何事。

人们对行动的信心高涨,以至于首相张伯伦在4月5日对全国保守党和工会联合会中央理事会的演讲中得意扬扬地保证道:"有一件事是确定的:(希特勒)将错失良机。"

很多年以后,温斯顿·丘吉尔尽力克制地写道:"这是一种错误的表达。"更真实的想法没有被写出来。几乎是在和张伯伦演讲的同一时间,德国海军在中立国挪威的城市卑尔根(Bergen)、特隆赫姆(Trondheim)

---

[1] 1915年协约国灾难性的进攻就聚焦在加利波利:协约国强袭达达尼尔海峡,意欲攻占伊斯坦布尔,但最终失败。丘吉尔是这次行动最公开的支持者。

及纳尔维克登陆。[1]中立国丹麦也受到了侵略,国王被包围在了自己的王宫里。德国占领了主要港口和城市,而英军依然在艰难地守卫着被大雪覆盖且人口稀少的挪威北部。"48小时之内,挪威所有的主要港口都落入了德军的掌握之中。"丘吉尔这样写道,"对无辜而赤手空拳的挪威的猛攻出其不意、凶猛残忍,行动非常精准。"

正如丘吉尔所承认的,盟军的反击十分混乱。对方先发制人,以智取胜,打了英法盟军一个措手不及。不过在海上,英国皇家海军还是占了上风。希特勒对海军的兴趣远不及陆军,因此海军事务永远不会是他最关注的事。在一张战前在小型快艇上视察军舰的照片中,希特勒的头发被风吹得纷乱,脸上一副"旱鸭子"晕船的表情。当海军建议将一艘5万吨的超级战舰以他的名字命名时,他立刻拒绝了,理由是如果以元首的名字命名的战舰被击沉,会打击德军士气;最终这艘战舰被命名为"俾斯麦"(希特勒的预言最终成真:"俾斯麦"在一场漫长的追逐作战后于1941年5月27日被击沉,但在作战过程中它击沉了英国海军的骄傲:"胡德"号战列巡洋舰)。

挪威之战让德国海军损失了3艘巡洋舰、7艘驱逐舰,还有很多战舰受到了严重损坏,这使得希特勒无法在1940年夏天对英国发动进攻。但在陆地上,德军又打了一场短平快的胜仗。在6月的第一周,德国就占领了整个挪威,国王和他的家人搭乘英军的巡洋舰逃往英国。挪威建立了以法西斯政客维德昆·吉斯林陆军少校为首的亲德政府,而自此之后,"吉斯林"也成了通敌卖国者的代名词。

---

[1] 中立不是一个神圣或永久的状态,除了瑞士以外;它只是描述一个国家通过外交策略或是幸运的地理位置可以避免战争或与交战双方都可以进行贸易往来。在第二次世界大战中,这包括了瑞士、瑞典、西班牙、葡萄牙,还有1941年12月7日之前的美国。

# 09

## "以上帝的名义，走吧"

1940年4月中旬，很多人——当然也包括下议院的议员——都知道挪威之战出了大错。英国海军虽然获得了重大胜利，但也不能掩盖德军计划周密、速度飞快、攻击猛烈的进攻让盟军猝不及防这一事实；而盟军显然没有任何能获得胜利的策略。最初的喜悦最终被"一种普遍的不安情绪"所代替，同时在下议院，即便是最忠诚的保守党也开始提出质疑。至少知情人都很清楚，只有在挪威取得胜利的消息才能避免一场巨大的政治危机。这还称不上是政治地震，只能算是震颤，但已经足够拉响警笛、散布传闻了。

即便是丘吉尔在向下议院介绍挪威的战况时，也没有找到恰当的方式。丘吉尔的朋友兼崇拜者哈罗德·尼科尔森在日记里写道："下议院人满为患。温斯顿走进来……他站起来讲话时显然疲惫不堪。他开始时的样子像是在模仿自己演讲一样……我从未见到他状态这么糟糕过。"有人注意到张伯伦首相看到丘吉尔的不佳表现，流露出某种满意的神态。有人推测丘吉尔"太老了"，不适合做海军大臣（他当时66岁，比张伯伦年轻5岁），甚至有人说前首相大卫·劳合·乔治比他们两个中的任何一个都适合当首相，虽然他当时已经77岁了，[1]而且国王恐怕也不会接受这样的任命。

---

[1] 1940年，罗斯福总统只有58岁，希特勒51岁。

即便是在最不好的状态下，丘吉尔对下议院的讲话也比首相简短的、像悼词般的发言要好得多。布洛涅丹·布拉肯称张伯伦为"验尸官"，而哈罗德·尼科尔森则生动地对比了并肩而坐的首相与海军大臣：一个"穿得像是来吊唁"，而另一个"看上去像是中国的财神"。

张伯伦永远不会忘记丘吉尔是一个可能的竞争对手，或许他一直有一种错觉，认为控制丘吉尔的最佳办法就是让他不离开自己的视线。他把丘吉尔带去了巴黎的最高战争委员会参会。会议由新任法国总理保罗·雷诺主持，而结果让二人都大失所望。他们对于启动"皇家海军陆战队"计划依然表示迟疑——丘吉尔计划让水雷顺着莱茵河漂到下游以扰乱德国的河运；此外，由于担心影响巴黎，法国方面依然反对轰炸鲁尔，或者任何其他地方。即便是到了此刻，比利时依然像鸵鸟一样把头埋在沙子里，不想面对危险，因此率先进入比利时这一计划也无法实施。在当天晚些时候，法国提出盟军双方在没有得到对方同意的情况下不能求和——这从一开始就应该是不言自明的。

张伯伦和丘吉尔都没有搞清楚整个巴黎从头到尾都非常清楚的事实：前总理爱德华·达拉第和现任总理保罗·雷诺之间的不和不仅是因为政见不同，还因为女人。达拉第的情人德克鲁索尔侯爵夫人，法国最重要的沙丁鱼罐头商之女[1]，是雷诺的情人波特伯爵夫人，船商家的女儿的死对头。两位女士的家庭都是资产阶级与贵族的结合，而两人的性格也都是不能轻易招惹的那种。她们不仅在时尚上要一争高下，而且在政治上也是如此。丘吉尔很快认为与达拉第相比，和雷诺志趣更加相投，但他不知道爱莲娜·德·波特是一个反英主义者，而且反对战争——他恐怕都不知道她的存在。正是因为波特女士的影响，雷诺才重组了内阁，去除了那些更加坚定的成员，而留下了反对法国为英国打仗的人。法国的"水"比张伯伦、

---

[1] 爱德华·斯皮尔斯少将提到那些讨厌德克鲁索尔（de Cruassol）侯爵夫人的人曾戏称她为"自称比目鱼的沙丁鱼"，当然这种说法出于她名字的双关语（法文 crue sole 与其名 Crussol 谐音，意即比目鱼）。

哈利法克斯和丘吉尔所知道的要深——他们都不是"向女人献殷勤的男人",所以当然很难理解法国的国防部长与总理都要从他们的情人那里获得政治建议,而且还把军事秘密当作枕边风。

但不论如何,此时的法国无论做什么都已救不了挪威。到5月的第一周,事态已经非常明朗,挪威南部被德军占领,而且在德国已经控制了领空的情况下,守住北部地区的可能性也非常低。下议院的议员们对其中的杂乱无章、个人英雄主义、糟糕的规划以及最基本的军事设备的缺乏了解甚少:虽然首相曾让作为老资格大臣的丘吉尔主掌"军事协调委员会",但也很难掩饰上层的混乱以及领导力的薄弱;丘吉尔本人也抱怨"整个团队毫无形状,有6个参谋长、3个大臣,还有伊斯梅将军,这些人都有权力对挪威行动指手画脚",而没有人能对这些人提出要求——除了首相本人,可首相却并不愿意也没有能力这样做;在海军的强烈要求下丘吉尔请求首相批准他接管"军事协调委员会的日常管理工作",直到5月1日,丘吉尔才被授权管理这些参谋长,并成为名副其实的国防大臣。

挪威的连连败退之过并没有落到丘吉尔身上,有可能是因为海军的出色表现,当然也因为他是这场行动中唯一尽全力创建一个理性作战体系的人。批评的声音都指向了首相张伯伦本人以及与他关系最亲密的人——当然有很多人对此表示犹豫——尤其是像掌玺大臣塞缪尔·霍尔爵士、财政大臣约翰·西蒙以及张伯伦的顾问和幕后战略家霍雷斯·威尔森爵士这样的绥靖者——而霍雷斯·威尔森爵士是其中最不知悔改的绥靖者。[1]张伯伦作为至今为止最为自信的政客,显然对突如其来的事件毫无警觉——无论如何,他通常都可以将下议院把控于股掌之间,拥有超过200个席位的支持者,这让他的首相位置固若磐石。

---

[1] 霍雷斯·威尔森爵士是国内文官首长,通常情况下这是一个重要却没什么风险的官职,不需要提供任何外交政策或军事事务上的建议。

没有人能预测到这场嗡嗡嘤嘤的抱怨会演变成5月7日的混乱。反对派要求展开关于挪威局面的辩论。当首相起身讲话的时候，台下嘘声一片，还有人大喊着"错失时机"，这显然让下议院的议员们非常愤怒，对挪威的局面充满了困惑与敌对情绪。面对这种情况，张伯伦发表了一场没有意义的讲话，后来两边有几位议员也都做了同样无用的发言，但如果不是海军元帅罗杰·凯斯的介入，这次会议应该不会对张伯伦造成什么恶劣影响。罗杰·凯斯从1934年起成为北朴次茅斯的保守党议员，是温斯顿·丘吉尔的朋友，也是第一次世界大战期间一位备受争议的海军英雄。凯斯身穿引人注目的海军元帅制服，胸前的六排奖章熠熠发光。他认为同为一战英雄、工党党员J. C. 韦奇伍德的发言对皇家海军是一种冒犯，这让他非常愤怒。不过凯斯手中的武器显然更有力量——他曾经主动请缨带领一支极其落伍的舰队进入特隆海姆湾，意欲夺回城市，阻止德军攻占挪威中部，但各位参谋长都拒绝了他的请求，凯斯对此多次写信强烈抗议，而丘吉尔则用他少有的耐心非常有技巧地避开了这个话题。丘吉尔对凯斯的计划表示谨慎是有道理的，因为它和当年对达达尼尔的策划如出一辙。凯斯本人也参加了达达尼尔战役并表现出众。凯斯向下议院讲述了他自己的版本，并对政府进行了漫长、尖锐、全面且绝对摧毁性的攻击。

凯斯虽然不是一个优秀的演讲者，但却利用了这个局面——他请未来的保守党首相哈罗德·麦克米伦帮他准备了这次演讲，而他直率有力的态度和海军服役经验挑起了下议院现场的情绪，议员们对他所描述的除丘吉尔以外高层指挥的混乱情况表示惊诧。最后，他用一句掷地有声的斥责结束了演讲："140年前，纳尔逊说过'我认为最勇敢的方式才是最安全的'，这句话到今天依然是正确的。"然后在下议院两边雷鸣般的掌声中坐了下来。（在战争时期引用纳尔逊的话不可能出错。）

在他后面发言的是里奥·艾默里。里奥·艾默里身材矮小，头脑却令人敬畏。他是1938年捷克危机中张伯伦宣布要飞到慕尼黑与希特勒会面时

4名坐着表示反对的保守党议员之一。[1]艾默里有一半匈牙利犹太人血统，精通7种语言，曾经担任英军海军大臣和殖民地大臣——即便是首相的死忠支持者都对他毕恭毕敬。艾默里通常也不是一个好的演讲者，但这次，用爱德华·斯皮尔斯的话说，"他愤怒的声音就像是子弹射进了沙袋中，他向安静的下议院丢出了一块和他自己一样大小的石头"，而后说出了英国政坛史上最具摧毁性的结束语：

> 作为政府官员，我们必须能与我们的对手相匹敌，要有战斗精神，有勇气，有谋略，有对胜利的渴望……我们在为了我们的生命、自由，为我们所有人而战；我们不能再像这样被领导了。我之前也引用过奥利弗·克伦威尔的一些话，这次我将引用另一些句子。我不情愿这样做，因为这有关于我的老朋友、老同事，但我认为这些话适用于现在的情况。当克伦威尔认为长期国会不再适合处理国家事务的时候曾经说过："你们已经在这里坐了太久，却没有做出有用的事。我想说，离开吧，让我们结束和你们的关系吧。以上帝的名义，走吧。"

虽然多数党领袖戴维·马杰森集结忠诚的党员支持首相，但这些话的影响仿佛让张伯伦身体上受了伤，就像是无数石头投向了他。张伯伦最大的失败在于他的虚荣——一直以来的成功和短期却密集的追捧培养出的虚荣又因为对谄媚的贪得无厌而加剧——但现在已经十分清楚，他无法再掌控下议院了，哪怕是他自己的政党也失去了控制：这一次的打击是致命的，原因并非来自他的对手——正如温斯顿·丘吉尔曾经说过的"对手的任务就是反对"——而是来自他自己的党派。辩论第一天结束后，当议员们去吃晚餐的时候，大部分人都已经明白，政府必须重建；仅仅是大臣们

---

[1] 另外3个人是丘吉尔、哈罗德·尼科尔森和安东尼·伊登。

的更换已无法挽救目前的局面。而张伯伦本人恐怕也得出了同样的结论。

5月8日，辩论一开始就对政府十分不利，就连通常一直采取支持态度的《泰晤士报》也批判了张伯伦的发言，而另一些小报和左翼报纸则更是言辞激烈。对于一个一直维持着良好的媒体形象的人来说，这无疑是当头棒喝。但接下来的情况更加糟糕。

由于克莱门特·艾德礼因病缺席而代表工党发言的赫伯特·莫里森非常清晰地表明这场辩论之后需要有一次问责投票。"我不会忘记，1931—1939年英国的外交政策一直不停地在犯错……"他指的是首相、财政大臣和空军大臣，"我非常清楚，如果这些人继续任职，我们输掉战争的风险将非常大。"这番话直击张伯伦，相当于工党发出了严肃的警告：如果张伯伦像有些人建议的那样召集联合政府或"国家"政府，他们将不再听命于他。

张伯伦此刻犯下了最终断送了自己事业的错误：他没有充满尊严地保持形象，而是随意地流露出了自己的情感。带着人身攻击给他造成的伤害，他同意进行一次信任度投票。然后他继续说道："我并不回避批评，但我想对我下议院的朋友说，我在下议院是有朋友的，没有公众和议会的支持，政府是没法有效地继续一场战争的……我呼吁我的朋友在今晚支持我。"

哈罗德·尼科尔森发现张伯伦在说到"朋友"一词的时候眼中带着胜利的神情，但事实上在一场关于战争的辩论中强调自己对个人攻击感到愤怒实在是一个巨大的错误，这种虚荣心受挫后所犯的错误让首相的支持者都感到吃惊，张伯伦相当于自断头颅。

劳合·乔治自第一次世界大战起就是张伯伦最大的敌人。他讲话的时候整个下议院一片寂静，就像在观摩一次死刑。乔治满头白发，目光犀利，被称为"威尔士巫师"，在英国政坛已经摸爬滚打50年了。如今他老了，第一次世界大战后为了爬上权力巅峰而使用的贪婪的肆无忌惮的政治手段——比如传闻中的买卖官职以及不停地周旋于女人之间的绯闻伤害了他的名望，但他依然是英国历史上最受人尊敬的战争领袖之一——或许英国历史上没有任何人曾经像他那样负责过那么繁复的立法工作以及激进的改革，也没有任何人在战争中或和平年代做出过那么大胆且影响深远的决定；也许再不会有人能够像他那样在议会拥有如此绝对的权威——哪怕是丘吉尔这样老到的政治家也会对劳合·乔治的演讲充满敬畏。

这位老人为了报复张伯伦已经等待了太多年，但作为一个大师级的政治家、一个口才卓绝的演讲者，他并没有着急，而是用大战时担任首相的专业性精准地列数了政府的每一次失败。然后，他忽略了所有意欲打断他的人，用他柔和的带着威尔士口音的英语对张伯伦发出了致命的一击，要求他辞职：

> 当这位荣耀的绅士做出他的观察时，我并不在场，但是他绝对是提出了一个关乎国家、帝国甚至全世界的问题。他说："我有我的朋友。"问题不在于谁是首相的朋友。事情比这要大得多。首相一定记得无论是战争时期还是和平时期，他都遇到过我们这位可怕的敌人。而他总是被击败。他现在没有立场去呼唤朋友。他需要呼唤牺牲。这个国家已经做好了准备去牺牲，只要它拥有自己的领袖，只要政府清楚自己的目标，只要领导这个国家的人能够做到最好。我在此庄重地请求首相做出牺牲的表率，因为他的辞职才是对我们赢得战争最大的贡献。

在两党对张伯伦的攻击之后，丘吉尔对辩论进行了总结，并不遗余力地为张伯伦进行了辩护。作为政府官员，丘吉尔必须这样做，但凭他在下议院的威望——抛开台下的嘘声和打断不谈——显然要比张伯伦更加适合担任首相一职。在紧张和愤怒情绪之后，斯皮尔斯还记得当政府组织秘书长戴维·马杰森得知保守党中有人投反对票时脸上"难以平息的愤怒"。政府在一片"辞职！辞职！""下台！下台！"的叫喊声中以81票的微弱优势获胜。

对一个拥有超过200个议席的政党来说,只以81票的微弱优势胜出实在与溃败无异,这当然是对政府在战争中所作所为的激烈控诉。首相的忠诚支持者"薯条"钱农[1]看到了坐在发言人席上的张伯伦夫人:"她穿了一身黑色——黑帽子,黑大衣,黑手套,只有大衣里面的一抹紫罗兰不是黑色的。她看上去极其悲伤,低着头,看着角斗场上的狮子在吞噬着她丈夫的鲜血。"斯皮尔斯看到了张伯伦站起身时的表情:冷淡倨傲,甚至是不屑一顾。张伯伦"小心翼翼地避开同事们伸出来的脚,就像平常从财政部座席走到讲台时一样,但身子变得更单薄了,连直挺的身板也佝偻了。大堂传来了他沉重的脚步声。那是一个悲伤而令人同情的身影……在他从所有落空的期望和无谓的努力中醒来后,只剩下孤独"。此刻已经没有人簇拥着他为他叫好了。正如钱农所写,他现在"只是一个为英国付出所有的孤独的小老头"。

格蕾西·菲尔兹1932年的著名歌曲《他死了,但不会倒下》最适合张伯伦在5月8日晚上的状态。他或许"孤独",但他依然珍惜他渺茫的希望:建立"全国"政府,也就是主要党派的联盟。但第二天,他的希望就几乎完全破灭了。布洛涅丹·布拉肯,这位丘吉尔无处不在的政治"调停人",已经就工党是否会接受由张伯伦领导的政府一事向艾德礼探过了口风,并得到了否定的答案,但工党可能会服从由哈利法克斯或者丘吉尔领导的联合政府,当然他们对后者的热情要低很多。

在保守党内部,人们开始越来越倾向于让哈利法克斯代替张伯伦。前者为人可靠且德高望重,受人尊敬,他还是国王和王后[2]的好朋友。国王和王后也希望如果有必要做出改变的话,他能够代替张伯伦担任首相。事实上王室夫妇非常喜欢哈利法克斯,甚至把白金汉宫花园的钥匙给了他,这

---

[1] "薯条"钱农,英国社会名流、作家,曾任英国国会议员的亨利·钱农的别名。——编者注

[2] 未来受人爱戴的"女王妈妈",也就是伊丽莎白二世的母亲。

样他可以在每天早晨穿过花园走到外交部。丘吉尔却是人们传说中的"受损品"——王后不能原谅他曾经对爱德华八世与辛普森夫人结合的大力支持。在这件事上,丘吉尔是随着内心的情感和对国王的同情而行的,他的君权思想胜过了他的谨慎思维。他最大的失误就是会忽略他人的感受——他经常认为自己可以说服和他对话的人——他总是很开心地忽视掉国王和王后对他挥之不去的敌意。他没能观测到国王"天生的腼腆"和钱农所说的"在他长兄面前的卑微感造成的自我防护意识",还有"他对他崇拜的王后的依赖程度"。对于丘吉尔来说,赢得王室夫妇的认可尚需时日,更不用说他自己的党派;很多保守党党员都依然将丘吉尔视为"半个美国人",一个为自己的利益而好战的"野人",认为他应该为从辛普森夫人到加利波利等一系列保守党不喜欢的事情负责。

反对绥靖政策的丘吉尔的支持者在5月9日早晨集会。达夫·库珀、里奥·艾默里、爱德华·斯皮尔斯和哈罗德·尼科尔森都目击了当时的一片混乱:集会者希望说服张伯伦辞职,并任命丘吉尔为他的继任者。与此同时,唐宁街10号,首相张伯伦在能精准掌握保守党意图的戴维·马杰森的帮助下会见了一些后座议员,试图了解抛弃西蒙和霍尔以满足一些不太极端的不满者的可能性。安德鲁·罗伯茨在他为哈利法克斯爵士写的传记《圣狐》中提到,张伯伦甚至让里奥·艾默里在财政大臣和外长之间二选其一,虽然后者意味着要牺牲掉哈利法克斯。张伯伦依然是一个精明且无情的政客,他或许认为向对手党派中最激烈的反对者提供高位让他无法拒绝以达到让其内部产生分裂的目的是一个明智的做法。当然,这条消息的提供者是工党议员休·道尔顿,而他也是从别人那里获得的二手信息,因此未必准确。但如果张伯伦真的提出了这个选择,或者只是建议,那么这就意味着他打算在5月9日早晨一拼到底,并且依然认为自己手里还有几张好牌。或许任何政客都会希望给自己多留几个选择。

然而无论如何,马杰森中午时带来的党内消息已经十分清晰:张伯伦必须下台。马杰森是一个无情的纪律实施者,一个政治施惠人,相当于托利党版"《日本天皇》歌剧中的最高刑事总监科科"。[1]他曾经是张伯伦忠诚而狂热的支持者,绥靖者们恐惧也痛恨他。但他的忠心根本上属于政党,而不是首相,所以当他发现这两天的关于挪威的辩论对党派造成了严重的伤害时,他非常坚定且直接地将这个消息告诉了首相。

张伯伦马上明白了他的意思,如果这位党鞭告诉他政党和其支持者都因为这场矛盾而受到了威胁,那么他的离职便成了必须,而且要在事情不能挽救之前将首相之位让给哈利法克斯——哈利法克斯此刻依然是保守党也是张伯伦的不二人选。

下午早些时候,张伯伦、丘吉尔、哈利法克斯和马杰森与工党最重要的两位领袖克莱门特·艾德礼及亚瑟·格林伍德在唐宁街10号的内阁会议厅进行了会晤,4位保守党成员坐在桌子一侧,两位工党领袖与他们相对而坐。会议中没有什么戏剧性事件,双方也没有激辩,大家都很礼貌,很"英国",只不过艾德礼和格林伍德非常清晰地表示:他们不认为工党会同意加入在张伯伦领导下的国家政府,虽然最终的决定需要等到在伯恩茅斯海边举行的工党年度大会才能做出。他们并没有说更倾向于丘吉尔还是哈利法克斯——这同样需要在年度大会上讨论。之后他们安静地离开了,房间陷入了沉寂。4位保守党成员是时候做出这个无法避免的决定了。

丘吉尔和哈利法克斯之间并没有任何敌意——在两位工党领袖离开后,他们离开首相到花园里喝了一杯茶,享受了片刻"阳光明媚的午后时光"。如果这个说法属实,那么这应该是丘吉尔少有的不喝威士忌苏打而喝茶的休息时间。

那个下午——具体时间大家说法不同——张伯伦、哈利法克斯、丘吉尔和马杰森在内阁会议室再次碰头。张伯伦征求大家意见,应该任命谁作为继任者。丘吉尔的朋友布拉肯和比弗布鲁克已经预见到了这个时刻,

---

[1] 《日本天皇》(*The Mikado*)为1885年首演的英国喜歌剧。这个类比如果推论下去很有意思:哈利法克斯则成了托利党版《日本天皇》歌剧中的官员普巴(Pooh-Bah)。

并建议他保持沉默，这对于一个天生的演讲者，一个雄辩、感性且充满激情的人来说并非易事。丘吉尔对于这个重要时刻的描述非常具有戏剧性，但并不完全准确——他记错了时间，也忽略了马杰森的在场，而事实上后者是一个关键性人物。张伯伦直言他更倾向于任命哈利法克斯，而哈利法克斯也不认为有必要再提及他的希望：战争可以通过谨慎的外交政策来解决——绥靖的最终胜利。

同时，哈利法克斯仿佛在怀疑自己是不是合适人选，是否有能力在下议院控制和影响将成为他的副手的丘吉尔。如安德鲁·罗伯茨所说，哈利法克斯"更适合坐在王位背后，而非王位之上"。当然，哈利法克斯认为自己有责任限制丘吉尔，并向其提供建议，虽然他在当时并没有那样说。他只是在漫长的寂静之后表示，他怀疑自己是否可以在下议院有效地领导国家。

事实上，这并没有丘吉尔想象中那么麻烦。在国难当头之时，总归可以找到一个方法让哈利法克斯在下议院拥有一个席位。国王迟些——事实上迟了整整1天时间——可以宣布哈利法克斯的贵族头衔在战争期间"暂时中止"。但哈利法克斯认为自己既然在战争中不能说了算就无法胜任领导者的位置这一看法，或者对自己有效领导"悬空"的下议院的怀疑，在丘吉尔的印象中只是一段相当长的停顿，至少沉寂了"两分钟以上"，其间，丘吉尔则站起身望向窗外，用宽阔的脊背对着屋里的另外3个男人。

就像布拉肯和比弗布鲁克所说，沉默就是最好的答案。沉默证实了哈利法克斯对自己担任首相的怀疑，也确认了丘吉尔是此时担任首相的正确人选——事实上也是不二人选。人们将哈利法克斯的行为阐释为自我牺牲或"自我克制"，或者确实如此，因为他毕竟是一个雄心勃勃的人，是印度的前总督，他无疑可以坐这个位置，而且事实上他很可能也希望坐这个位置——只是在此时此刻，他不想或不能而已。或许是出于骄傲，又或者是因为他一生都不愿意承认自己的野心。哈利法克斯的一生中，荣誉一直是不请自来，未来也将是这样，而不是他自己去寻求的——总督的职位、嘉德勋章、牛津大学校长——虽然实际上他比表面上呈现出的状态要更有权谋。他甚至可能期待过丘吉尔会失败,而那时他便可以重整破碎的局面,结束战争。无论如何,哈利法克斯什么都没有说,而丘吉尔则将他的沉默当作了认可。用他自己的话说,他认为"责任将落到他的肩上,而且事实上已经落到了他的肩上"。

在更为勇敢而强硬的个性面前,哈利法克斯和张伯伦都退却了,而一直高高在上的政治现实主义者马杰森则决定倒戈,相信自己能说服下议院的保守党放弃他们内心支持的那个人而接受丘吉尔,无论他们有怎样的怀疑和保留。毕竟,如果党纪的决策者马杰森可以更换阵营,别人又有什么理由不同意呢?

丘吉尔打破了沉寂,说他"在国王允可成立政府之前,不会和两个对手党派(工党和规模小很多的自由党)有任何交流",就像拿破仑在他的加冕礼上一样,这也就相当于将王冠戴在了自己的头上。[1]他回到海军部,让整件事自己发酵,或者他只是这么说而已——整个晚上他都在和他的朋友及支持者交流。当然,他是和安东尼·伊登一起吃的晚餐。他告诉安东尼,张伯伦第二天"将建议国王召唤他晋见",同时也请安东尼担任陆军大臣一职。此时伊登眼中的丘吉尔"寡言而冷静"。丘吉尔打电话给他的儿子,告诉他"我明天将被任命为首相"。

5月10日早晨5点,传来了德军进攻荷兰、比利时及法国的新闻,这场被等待已久的袭击终于发生了。卢森堡也遭到了进攻——如果有人能够意识到其中的危险,并朝着这个方向去思考的话,这其实是预示着曼斯坦因将派遣装甲师穿过阿登森林直入色当,而非穿过比利时进攻索姆河的信号。丘吉尔在海军部的公寓中醒来,让两位在任大臣——陆军大臣和空军大臣即刻来见他。听到坏消息后,他吃了一顿非常丰盛的早餐——这是

---

[1] 拿破仑虽然在1804年将教皇带到巴黎,在巴黎圣母院对他进行加冕,但在最后一刻,他从教皇的手中拿过了皇冠,以一个非常夸张的姿势戴在了自己的头上,意味着双方都没有失去至高无上的权力。

特别的事情发生之前的信号。"我们几乎没有睡觉,消息坏得不能再坏了。"塞缪尔·霍尔爵士写道,"但他却边抽着雪茄,边吃着培根鸡蛋,就好像刚刚骑完马回来一样。"

荷兰多个城市受到严重轰炸以及德国伞兵落地的消息接踵而来,然后就是荷兰和比利时的伤亡人数;更重要的是英国和法国军队已经进入了比利时——甘末林的"D计划"已经开始实施。法国人听到德军的进攻消息感到万分错愕,终于同意了丘吉尔在莱茵河布雷的计划。

在唐宁街10号,这个消息让内维尔·张伯伦有了新的想法。他认为自己有责任在"法国战争"中继续担任首相一职,直到战争结束为止。而他到目前为止的忠诚支持者金斯利·伍德则在上午10点之前说服张伯伦放弃了这个灾难性的幻想。

在之后整整一天的大小事务中,大家都能感觉到温斯顿·丘吉尔虽然还未成为首相,却已经接受了政府的掌控权。他带着他的科学顾问弗雷德里克·林德曼一起参加了战时内阁早会,以介绍一种新的防空炮弹自导引(或近炸)引管。这使得艾恩赛德将军生气地问道:"这是适合炫耀这些玩具的时候吗?"他建议外交部向从1918年起一直流亡荷兰的、已81岁的前德国皇帝威廉二世提供庇护。[1]他要求战时内阁将海军元帅罗杰·凯斯派至布鲁塞尔,"为比利时国王提供建议与支持——他们当时私交紧密",这样也就与比利时国王建立了我们现在所说的"幕后关系"。他命令皇家海军帮助转移荷兰的黄金储备,以免落入德军之手。在这天结束以前,荷兰的诸位大臣疲惫不堪地飞到伦敦,申诉德国在毫无警告的情况下对他们进行了袭击,城市惨遭炸毁,大量平民伤亡,并告知荷兰已经打开堤坝,让洪水冲上陆地,以拖住德军的进攻脚步。

下午晚些时候,丘吉尔当选首相的消息虽然还没有登上报纸,但已经

---

[1] 外交部遵从了这个建议,但两天之后,德皇拒绝了英国的邀请,依然留在荷兰,并拥有了一支德国军人组成的仪仗队,直到1941年6月去世。

开始传播开来。首相年轻英俊的私人秘书约翰·科尔维尔在自己的日记中记录了大部分保守党成员对这个消息的反馈：

> 4点45分，艾德礼打电话说他们同意加入一个不是由内维尔·张伯伦担任首相的政府……首相和哈利法克斯需要留在战时内阁，同时至少要对新的战争领袖有所制约。当然，他可能是人心所向的那个充满了干劲与能量的人……但这是一个非常恐怖的冒险，有可能是冲动一时，是不顾后果的刹那的表演……没有什么可以阻挡他做他想做的事——因为他拥有勒索的权力——除非国王使用君权，委派他人；不幸的是，所谓"他人"也只有一个哈利法克斯。这里的每个人对前景都感到绝望。

公平地说，科尔维尔很快就会改变他的想法，而效忠于丘吉尔了。但这就是5月10日时他的心态。丘吉尔夫人当天离开伦敦去参加她姐夫的葬礼，但丘吉尔打电话给她让她尽快回来。国王在下午茶后接见了张伯伦。张伯伦将辞职的意向告知国王，国王感到非常烦恼，认为张伯伦受到了"极其不公正"的待遇，并表示"对这一切的发生感到十分遗憾"。国王不情愿地接受了张伯伦的请辞，并表示哈利法克斯"很明显"是最适合的替代者，并在得知哈利法克斯自动退出之后感到震惊。"那么我明白了，"国王写道，"我只剩下一个人可以任命去组建新的政府了，一个对这个国家有信心的人，那就是温斯顿。"

信使通知丘吉尔晚上6点到白金汉宫晋见国王。丘吉尔夫人那时候也已经回来了。她陪同她的丈夫一起来到白金汉宫，丘吉尔被直接带去见国王。国王请他就座，并说："我想你应该不知道我为什么要你来？"丘吉尔苦笑了一下："先生，我确实不知道为什么。"国王直接请他组建一个新的政府。丘吉尔回答说他会这样做，然后就直接驾车回到了海军部。

从白金汉宫到海军部开车只需要两分钟时间。丘吉尔下车转向他的保镖W. H. 汤普森警员，对他说："你知道为什么我要去白金汉宫吗，汤普森？"汤普森说他知道，并祝贺他得到了"伟大的任务"。丘吉尔顿了顿说："上帝知道这任务有多伟大。我只希望时间还不算太晚。我很害怕已经来不及了。只能尽其所能了。"

"他的眼睛里充满了泪水，"汤普森回忆道，"他转过身去时好像在自言自语着什么。然后他咬住牙关，表情坚定，控制住了自己的情绪，走上了楼梯。"

# 第二部分
# 法国之战

# 10
## "艰难登顶"

用迪斯雷利的话说,丘吉尔用了41年时间才在政界"艰难登顶"。他的父亲伦道夫·丘吉尔曾与首相办公室擦肩而过,而在1940年5月9日之前,看似他也是如此。从来没有人担着这样几乎必败的战争、政治上的误判以及错失的机会等一系列重担登上这个至高的位置。不过他的掌权却可以完全远离政治报复。唯一痛苦的人是张伯伦的绥靖"大祭司"霍雷斯·威尔逊爵士,他也是自沃尔斯利大主教以后最有影响力的幕后操纵者。5月11日早晨,霍雷斯来到唐宁街位于首相隔壁的办公室,发现比弗布鲁克爵士和布洛涅丹·布拉肯正在等他。两个人表情严肃地看着他把雨伞和帽子挂在衣架上。他安静地把书桌上的个人物品装进了公文包中,回到了自己乏味的监督行政事务及推动购买储蓄券的工作中。他的办公室即刻就交给了新的首相私人秘书布拉肯使用。

丘吉尔是政客中很少见的人物——他从来不会忘记自己的朋友或是支持者。安东尼·伊登成了陆军大臣;为反对《慕尼黑协定》而从内阁辞职的达夫·库珀成了新闻大臣;哈罗德·尼科尔森担任新闻部议会秘书(库珀的二把手)。此外,在国王的强烈反对下,丘吉尔依然任命布洛涅丹·布拉肯和比弗布鲁克爵士担任枢密院官员。更夸张的是,丘吉尔还慷慨地让张伯伦夫妇继续住在唐宁街,直到他们有空安排搬家,而丘吉尔和

095

他的夫人则依然住在海军部大臣的公寓里。他让张伯伦留在战时内阁,担任枢密院议长(一个古老的职位,现在是一个荣誉职位),更重要的是依然担任保守党领袖,而哈利法克斯爵士则担任外交大臣。

他也并没有忘记我的亚历山大伯父。亚历山大是丘吉尔不在任的那些年里一直支持着他的一圈子富人中的一位(这个圈子包含了南非金融家亨利·斯特拉科施和比弗布鲁克爵士等),同时也是少有的纳粹德国和绥靖政策的坚定批判者之一。亚历山大在1934年以每年4000英镑——在当时绝对不是小钱[1]——的薪资请丘吉尔担任他的历史影片顾问时绝不可能想到要得到什么回报。丘吉尔当时正处于"政治荒原",几乎看不到什么摆脱困境的希望,而他的生活方式却远远超出了自己的收入水平。无疑亚历山大非常崇拜他丰富的历史知识,但仅靠这点很难解释为什么他会用1万英镑的高价请他写乔治五世生平的电影,也无法解释他用不可思议的价格购买了丘吉尔数部著作的电影改编权。

无论如何,这两个人对对方的尊重超越了丘吉尔对收入的需求。当埃里克森获得了T. E. 劳伦斯[2]的《沙漠中的叛乱》的电影改编权时(劳伦斯认为埃里克森"不可思议地敏感",而且非常理解劳伦斯不希望自己的作品在自己在世的时候被改编的愿望),丘吉尔非常卖力地对剧本提供了建议,甚至还亲笔撰写对话。这些对话在25年后被用在了大卫·林恩的《阿拉伯的劳伦斯》以及1941年的《汉密尔顿夫人》中,剧本中那些爱国主义篇章带着丘吉尔散文明显的文风。亚历山大还给那些与丘吉尔对纳粹德国观点相同的英国情报部门提供欧洲和美国的联络人——他甚至还要雇用丘吉尔的两个女儿戴安娜和莎拉。事实上如果丘吉尔性格粗暴的儿子伦道夫可以被雇用的话,他也愿意把他雇下来。亚历山大从来都没有忘记过丘吉尔是第一个也是最坚强的从头到尾一直反对希特勒的人;而丘吉尔则不会

---

[1] 相当于每年2万美元,算上通货膨胀,相当于今天30万美元的购买力。
[2] 即托马斯·爱德华·劳伦斯,也称"阿拉伯的劳伦斯"。——编者注

忘记亚历山大的慷慨（且极其机智的）支持。

他们都拥有宽容的世界观，且对事情不会持有偏见，丘吉尔自己就是半个美国人，斯特拉科施是奥地利犹太人，比弗布鲁克是加拿大人，布拉肯是个经常扮成英国人或奥地利人的爱尔兰人，而亚历山大则是英国化了的匈牙利犹太人。他们都喜欢美味的食物，上好的雪茄、香槟、白兰地，还有南法风光，都热爱奢侈的生活——无论能否负担得起。他们也都相信，希特勒和纳粹德国是恶魔，并要在绝大部分人都意识到这一点之前战胜他。

1940年5月，很多人还都在抗拒这样的观点，其中包括绥靖信徒、张伯伦的最后一个忠实支持者、美国驻英国大使约瑟夫·肯尼迪——未来美国总统约翰·肯尼迪的父亲。他曾在5月10日的日记中悲观地描述英国沉浸在绝望中。他担忧丘吉尔是一个酒鬼，认为"英国事务落入了一个最有活力，却显然并非拥有最佳判断力的人手中"，并在给妻子罗斯的信中预言，"英国海军部将经历希特勒独裁式的和平"。

在丘吉尔的要求下，亚历山大已经完成了英国第一部未删减的政治宣传片《雄狮拥有翅膀》，由拉尔夫·理查德森扮演片中的英国皇家空军中校，而梅尔·奥勃朗伯母扮演他的妻子（梅尔·奥勃朗并不是十分适合饰演片中空军中校的妻子，但亚历山大当时选角非常着急，需要即刻找到一位明星出演）。当时的情况下，有必要停止亚历山大的另一部电影来加速制作《雄狮拥有翅膀》，但亚历山大和丘吉尔都明白，长久来看，太明显的政治宣传片并不能打击德军，抑或打动美国以及其他中立国。最关键的元素是应该制作一些能在美国获得成功的具有斗志的英国电影，在好莱坞的主场获胜，证明英国电影行业就像英国本身，仍旧生机勃勃。他们的目标并不只是要让人们相信英国轰炸机中队充满了斗志，就像《雄狮拥有翅膀》中肤浅表达的那样，而是想告诉大家，不列颠以及不列颠的生活方式值得人们去捍卫，而且英国同美国有着很多的共同点——不似纳粹德国那些浮夸吹嘘且军国主义的政治宣传电影，它们从来都没有在美国的电影院播放过，并不是因为美国禁止播放这些电影，而是因为没有人愿意去看。

亚历山大为英国做出的最大贡献就是完成了《巴格达大盗》和《森林之王》，以及拍摄了《汉密尔顿夫人》，虽然在好莱坞制作这些电影意味着需要英国政府的容许及支持。

柯尔达家族是一个拥有自上而下的权力体系的家族，因此在那时我们什么都不知道。但无论如何，虽然我还是个孩子，但也已经感知到周围发生了很大的事情，并且吸引了每个人的注意力。

关于这场人们预测了很久的德军入侵战争的新闻带着一种固执的乐观精神，现在回顾起来英国是通过了新闻部的层层审查才发表出来的。《泰晤士报》带着极大的克制报道了甘末林的大四分卫[1]将军的简短消息："前线大范围开展，敌军被击退。"

这条一厢情愿的消息之后，就是比利时终于"抬起了比利时海关附近拦住公路的红白杆"；残酷无比的希特勒在完全没有任何警告或声明的情况下继续攻击了荷兰、比利时和卢森堡——人们天亮前在轰炸声、炮火声、坦克的引擎声和伞兵的着陆声中惊醒；英国士兵进入比利时，受到了"比利时人民的热情欢迎"，大家在自己的车和枪上都装点了鲜花，女孩子们亲吻着英国士兵，而男人们则准备了啤酒、小吃和巧克力，一名东萨里团的士兵说："我们穿过村庄时，人们都表现得非常痴狂。"

在所有人的记忆中，甘末林将军都表现得极其镇定和开心；"D计划"完全按照他的构想实施。法军和英国远征军都按照计划进入了比利时。不过依然有一点隐忧。"现在的新闻都很粗略，"戈特勋爵的参谋长波纳尔中将在5月10日写道，"但我们知道，荷兰、比利时和卢森堡都遭到了袭击……"他最后的总结不太像是一名将军的风格："五月美好的一天。人类却这样愚蠢地将它度过。"

英军第十二枪骑兵团——马匹变成了装甲车——第一个穿过了比利时

---

[1] 四分卫是美式橄榄球中的一个战术位置，是进攻的发动者和战术的组织者。——编者注

边境，并且轻而易举地跨过了埃斯科河和登德尔河，波纳尔曾预测这两条河上的桥应该会被爆破兵和伞兵炸毁。第十二枪骑兵团在5月10日的晚上就抵达了比利时中部的戴尔河，他们的进程只是因为路旁欢呼的平民才有所减缓。

英军抵达戴尔河的时候才感到有些失望。"那条河就是条宽点的小溪，"英国的《第二次世界大战官方军队史》曾这样描述，"而且还非常浅，这显然不会给德军造成任何困难。"5月10日夜晚的新闻给一直在一个村庄挨着一个村庄地向东迁移的戈特将军的总部带来了一些担忧。

德国滑翔机及伞兵部队在黎明发动了一场大胆的进攻，夺下了荷兰南部城市马斯特里赫特的默兹河上的两座桥梁——比利时人本来应该将其摧毁——以及比利时的马其诺防线"埃本-埃马尔要塞"。埃本-埃马尔要塞守卫着默兹河上的两座桥以及附近的阿尔伯特运河上的桥梁，是比利时的第一道防线。德国装甲部队"从突破口一涌而出"，而还在组建中的比利时部队已经开始撤退。"全被那些比利时人搞砸了！"[1]波纳尔尖酸地评论道，现在显然没有了之前的达观镇静。

在比利时边境附近的艾费尔高原上，希特勒的费尔森奈斯特前方指挥部里的氛围则完全不同。元首亲自到指挥部观战。到了晚上，希特勒在一夜未眠及整日焦虑之后终于轻松地长出了一口气。他之后说："我几乎要喜极而泣了；他们上当了！"

他的将军们则更加谨慎一些，"很好的进展"，这是哈尔德在这一天结束之后给出的最高评价了。希特勒是对的，他赌法国和英国会让最精良的部队尽快深入比利时及荷兰中部，而此时冯·克莱斯特将军率领的德军装甲师却已经在他们南方以最快的速度向西边的默兹河行进，接近繁茂的阿登森林。

第二天的天气非常好。希特勒在费尔森奈斯特的树林中欣赏着鸟雀啁

---

[1] 原文为bog it，是对fuck it up的礼貌说法，都是"搞砸了"的意思。

啾，然而西边盟军的焦躁情绪却在升温。北边，荷兰军队依然在动员过程中，完全不能阻挡德军的前进步伐，而比利时和荷兰大部分的空军飞机都已经被德国最初的空袭摧毁在陆地上，此刻，公路上挤满了想要逃跑的难民，这让法军和英军的行进速度受到了进一步阻挡。

德国空军能无情地攻击难民，这使得路面情况更加恶化。一名皇家诺福克军团第二营的士兵后来这样写道：

随着我们向前行进，身边的难民已经数以万计。我记得我们走过一条田间的公路。路上有很多小孩、老人、马车、手推车、独轮推车、驴车，总之一切可以装东西的车子可谓应有尽有。我们不得不到田野里面走。轰炸机来了，炸死了很多难民，然后"梅塞施米特"式战斗机又用枪射击了那些活着的人。我们因为在田野里所以逃过一难——不过那个时候他们本来也没想要把我们怎样……我们看到炸弹把人、车和马炸得飞了起来。太可怕了。我看到人们四肢分家，被炸成了碎片……对那些动物，我们还能做点什么？我们看到一匹马被炸开了膛，我们可以开枪打死它让它少受点罪。但对人，我们不能这样做。我们没法停下来救援……那就是谋杀……我现在都会梦见那个情景。

比难民问题更具威胁性的一个问题是比利时政府要求英国远征军停止使用布鲁塞尔郊区的公路，因为国王刚刚宣布布鲁塞尔为"开放城市"，以避免继续遭受轰炸或抢夺。无疑，国王是被德国轰炸荷兰城镇的消息吓到了，便像法国政府拱手让出巴黎一样让出了布鲁塞尔。然而这对于联盟来说绝非一个好的开始。国王的决定让各方商定第二天在卡斯托城堡召开高级会议，以理清法国、英国以及比利时军队之间的各种误会。不幸的是，戈特将军错过了这次会议——和往常一样，他希望和他的部下们一起作战，而不是留在总部，因此波纳尔中校代替他参会，不过这也没什么不好，因为波纳尔是一个非常聪明且敏锐的观察者。用今天的话说，这就像是一场"峰会"，参会者包括比利时国王、现任法国陆军部长达拉第、东北战线指挥官乔治将军、法国第一集团军指挥官加斯顿·比洛特将军，还有一众级别稍低的将军和副手。比利时国王利奥波德三世携其军事顾问范·奥斯特雷滕参会，人们都认为这位顾问对国王的影响是负面的，因为这位范·奥斯特雷滕先生个性过分屈从，缺乏军事才干，而且秉持失败主义的态度。"过分世故，油腔滑调，观点似是而非……更像是一个侍臣而非军人。"波纳尔这样评论。

虽然国王是在伊顿公学受的教育，却并没有给英国人留下什么好印象。他身材瘦削，长相英俊，态度冰冷而彬彬有礼。但他的表情却和他的父亲一样带着力量。照片上的他骄纵且不耐烦，并没有君王气度。在波纳尔看来，他有点"失魂落魄"。他让范·奥斯特雷滕解释马斯特里赫特的默兹河上桥梁失守的原因，以及比利时如何在戴尔河部署而非和远征军及法国第一和第七集团军组成一条阵线，同时也表示没有与盟军沟通就开放布鲁塞尔是国王的决定。乔治将军和平日里一样充满魅力，但有些心不在焉，也许是因为作为从瑞士到运河的整个法国前线的指挥官，他已经意识到德国规模空前的装甲部队已在毫无阻拦的情况下穿过了被认为是不可能穿越的阿登森林。

乔治从来没有信任过甘末林或者甘末林的想法，而此刻他对"D计划"的最大担忧已成为事实。无论如何，他用两条结论结束了这场会议：第一条会在之后的6周内不断被强调：皇家空军必须马上派出更多战斗机中队——英国战斗机的缺乏很快便成了法国（或比利时）解释每一次地面战争失败的借口。

第二个结论就是乔治将军提出他无法在拉弗特的总部与3支独立的国家军队协作——乔治将军已经开始感觉到决定性的战役不会在比利时发生，而是在更往南的色当——德军会从阿登穿出。他的注意力将集中在那里，因此他提议法国的比洛特将军在比利时代替他与三军合作。

这是一个致命的错误。比洛特已经64岁了，指挥第一集团军的重任已让他不堪重负，更无法想象担任盟军雄心勃勃或鼓舞人心的领袖了。比洛特回到总部听到了这个消息，想到任务的重大和自己能力的薄弱，禁不住在部下面前哭了起来。消息传到万塞讷后，就连平时很少情绪激动的甘末林将军也因为这个决定而感到十分震惊，他认为乔治将军"放弃了战斗"。

但无论如何，参会者都同意了乔治将军的提议，包括代替戈特勋爵出席的波纳尔中校，虽然这意味着远征军从此刻起将接受从甘末林的万塞讷指挥部传到乔治在拉弗特的指挥部，然后再传到比洛特的指挥部的指令。然而仿佛这一切还不够复杂，甘末林将军为了与乔治将军划清界限，还在万塞讷和拉弗特之间建立了蒙特利指挥部，作为他和乔治之间的中转站。由于万塞讷没有无线电，而荷兰和比利时的电话系统又因为德国的进军而即刻瘫痪（路上成千上万的难民中无疑包括了接线员和架线工），很难估算一项命令穿过层层战火传到倒霉的比洛特将军的总部需要多长时间，或者假使他真的想联络戈特将军或是比利时国王，又需要多久才能成功。

还有一个问题困扰着乔治将军。甘末林将军很久以前就坚持法国要派一支军队向北方守住安特卫普，在战争开始时便可以支持荷兰。亨利·吉罗强大的第七军团接受了这个任务，然而从一开始乔治将军和吉罗将军就百般反对。甘末林本来就沉默寡言，而他的总部又像北京的紫禁城一样难以联络（用保罗·雷诺的话说，甘末林与其担任军人，不如当一个主教），但他依然是总指挥官，而且非常固执地要将一支军队派往北方；事实上这是"D计划"中最致命的败笔。

一个未说出的事实是，亨利·吉罗的第七军团是法军的战略储备力量。如果德国人成功突破了盟军的战线，那么就应该由第七军来"堵上突破口"——虽然没有人知道军团将如何从安特卫普赶回来作战，除了甘末林本人和他那些只擅长制订这样野心勃勃且接近详尽的"计划"或者英语中所说的"投机计划"的部下。

"D计划"显然建立在一系列的推测之上，没有人能够猜测到德军的行进速度能有多快，也没人从德国对波兰的入侵中吸取教训。举例来说，戈特将军认为德国人要用两三个星期才能抵达戴尔河，但是事实上他们只用了4天时间。甘末林认为德军如果傻到要穿过阿登森林，就要用上几周的时间，但其实他们2天就到达了色当，12日晚上，德军便接近了默兹河。

到了13日，波纳尔中校开始抱怨比利时国王已经惊慌万分（"看上去已经完全失去了理智"），在法军过桥之前就下令摧毁桥梁。"这是哪门子的同盟！"波纳尔在日记中写道。

然而第二天，比人们所想象的大得多的危机出现了，这场危机造就了远征军甚至是整个法国的命运。

# 11

## 隆美尔跨过默兹河

"最亲爱的露,"埃尔文·隆美尔少将在5月9日给他的妻子的信中写道,"之后的几天里,你会在报纸上看到各种各样的新闻。不要担心。一切都会顺利的。"

隆美尔是步兵出身,1940年2月才开始指挥第七装甲师在莱茵河作战。他没有坦克作战经验,但他曾写过一本关于步兵作战技巧的书籍,翻译成英文后名为《步兵进攻》,这本书备受推崇,在德国就销售了50万本,并引起了希特勒的注意。

因为希特勒对这本书的重视,隆美尔在1938年成了希特勒军事保镖营的指挥官。军事保镖营很大程度上是一支仪式性的部队,真正保护元首的工作是由纳粹党卫军负责国家安全事务的专业人员来承担的。军事保镖营说到底是个场面工作,并不是真刀真枪的战斗,虽然隆美尔在那里从陆军中校升为了少将,但他并不喜欢与那些专横跋扈的簇拥在希特勒身边鞍前马后的纳粹政客为伍。他很快就与希特勒青年团的领袖巴尔杜尔·冯·席拉赫发生了冲突,而后又被希特勒富有权势的私人秘书马丁·鲍曼仇视。无论如何,政治都不是他的归宿:隆美尔不是纳粹,他是一个受过高等训练的军人,一名战争英雄。作为第一次世界大战时的陆军中尉,他获得了功勋勋章(蓝马克斯勋章)——相当于英国的维多利亚十字勋章或美国奖给初级军官的荣誉奖章。或许他被排挤的更重要的原因是他不是普鲁士人，姓氏中没有一个"冯"字，也不戴单片眼镜。人们猜测希特勒可能会和他相处得不错，后来也证明了确实如此。不过他比希特勒还要矮一些，这可能也是一个有利因素。

隆美尔并没有得到在波兰作战的机会，而只是一个看客及元首的军事向导。之后他请求希特勒让他指挥1支装甲师，这样才得以重新返回战场。希特勒喜欢并且尊重军人隆美尔，虽然有些迟疑，但还是让他去了。这次决定将隆美尔送上了他的军事道路，并最终让他成为世界上最伟大的军事领袖之一。

隆美尔成为指挥官的时候，第七装甲师正在从一支"闪电师"转化为装甲师——相比老牌的装甲师，它拥有的坦克部队数量较少，机动步兵营却很多，装备包括各种坦克，其中几乎有一半都是希特勒占领捷克斯洛伐克之后得到的"捷克"38（t）坦克。

隆美尔好像马上就明白了坦克战所需要的战略和他在统率步兵部队时所需要的并无差别：勇气、速度以及大量军火的使用。迅速突袭，攻其不备，还有令对方意想不到的侧翼攻击是他的专长；事实上，他的领导策略在很多方面都和"石墙"杰克逊非常相似，而且和杰克逊一样，隆美尔也总是"在最前方指挥"，无时无刻不向他的部下展现自己对危险的无惧。他是一个天生的领袖，是少见的可以在炮火中表现出绝对冷静的人，而且在一片混乱的战场上依然知道应该做些什么——很难想象第二次世界大战中有哪位将军的部下可以对他们的上司有这样坚定的信心。

隆美尔的第七装甲师属于赫尔曼·霍斯中将第十五装甲军团的一部分，军团的作用是要保护古德里安更强大的第十九装甲军团在色当的右翼进攻——如果不是隆美尔挺进速度惊人，他的装甲师本应只是一场穿插表演。第七装甲师静静地通过了卢森堡，然后分成两队插入阿登森林。比利时阿登军队已经在森林设了路障，并炸毁公路以减缓德军的进程，其大部分轻型武装的阿登军队已经撤回了默兹河，或者是听命向北去加强防守比利时核心区域。隆美尔轻而易举地消灭了剩下的守卫。

没有人比隆美尔更懂得利德尔·哈特的劝诫：无防守的障碍将被即刻攻克。面对眼前的障碍，他将坦克开到路边的田野和树林里，派遣工兵上演了公路维修与架桥的奇迹，并保持着原有的行进速度，大声对每个人喊道："赶快！赶快！"

法军装甲兵和骑兵本计划与对方交锋，而现在只能缓慢地追上来。他们也被阿登地区的障碍拖住了速度，同时也没有预料到隆美尔会这样勇猛——这之后他将被载入史册。隆美尔的纵队并不像法国军队一样由骑兵带领，而是由挎斗摩托领队，坐在挎斗中的士兵手握机枪，随时射击路边的敌人。他命令队伍永远不能停下来或者隐藏起来，而是不惜任何代价向前行进，并向敌人扫射。因为隆美尔相信："胜利属于首先向敌人开火的那一方……停下脚步寻找地方隐蔽而停止开火或者等待后方部队跟上来参加战斗是绝对的错误。"

他自己就是德国工作周期原则的完美典范。他会为自己的部下制定一个目标，而不是走一步算一步地下命令，这样可以让初级军官或者是军士自己决定如何达到目标，并且大量使用德国最高超的武器来击退敌人。

用隆美尔的话说，法国侦察部队——笨拙而落后的轻装甲兵和骑兵部队——连连溃败，"仓皇"撤退。"我今天第一次有时间喘口气，"他在5月11日写信给他的妻子卢卡，"一切都很完美。我们的优势是压倒性的。我总是要大声喊和下命令，嗓子完全哑了。睡了3个小时，偶尔能吃点东西……原谅我只能写这些，我实在太累了。"

一名法国军官在和他活下来的战友们走出森林时，这样描述遭遇德国装甲师后的感受："中午，一些卸了鞍子的马回来了，后面是几个缠着绷带的受了伤的骑兵；其他骑兵为了荣誉都尽可能地骑在马上。大部分动物都瘸了；还有一些受了重伤，等待着精疲力竭后死去；伤势太重的被我们射死了，以免它们遭受更大的痛苦……"

5月12日下午4点，"黄色方案"开始仅仅2天之后，法国守卫阿登的剩余部队跨过默兹河到达西岸,然后及时毁掉了他们身后的桥梁。默兹河在这一区域有120码(约110米)宽,这里的地势很适合莫奈来画油画,却不是一个难以跨越的军事障碍。隆美尔抵达了默兹河在迪南(Dinant)和胡尔(Houx)之间的一段,而他面前的最后一座桥也已经被炸毁了。那天夜里,他的士兵找到了胡尔连接默兹河东岸和一座植被繁茂的小岛的"古老的堤坝"。在黑暗中,他的摩托骑兵静悄悄地步行通过堤坝来到了这座狭长的小岛上。[1]在岛的另一端,他们发现了一扇生了锈的船闸闸门,可以让他们一个个地穿到默兹河的西岸,并在与西岸平行的公路和铁路下方建立一个小小的桥头堡。

截至5月13日黎明,战局的发展让人不可思议。德国装甲部队不仅在56小时内穿过了理论上"不可征服"的阿登森林,而且还跨过了通向巴黎或是英吉利海峡的重要"天然障碍"默兹河。

古德里安的主要装甲部队已经抵达色当,而隆美尔的队伍却最先跨过了默兹河,这应该是他一开始就期待的。

5月13日一整天,隆美尔都在行动。法国人最终开始面对眼前的现实。隆美尔在尝试让橡胶艇从默兹河的几个位置跨河时,曾遭到几次小规模的重火力阻击以及连续不断的炮轰。在那种情况下,烟幕可能会比较有用,但他没有烟幕部队,所以作为替代,他命令手下点燃了离河最近的房屋,平日里平静的河水被炮火激起了白沫。一个德国士兵描述说,当时的默兹河就像是啤酒杯顶上的泡沫;而法国士兵则不出意外地将其比喻成香槟上的泡沫。隆美尔看到"一艘被毁坏的橡胶艇向我们漂来,上面有个伤势很重的人在大喊着救命——那个伙计几乎要淹死了",但没有人能帮他。隆美尔部队的死亡人数在迅速攀升,很多橡胶艇都被摧毁或击沉了。有几辆

---

[1] 法国第九军指挥官考拉普将军曾经因为没有摧毁这道堤坝而备受批判,但就像阿利斯泰尔·霍恩爵士曾在《输掉一场战争》中逻辑清晰地指出的,炸毁这座堤坝有可能造成默兹河水位降低,从而让德国人有好几处合适的地方过河。所有的战争都是艰难的选择,而每个选择都会面临难以预知的后果。

坦克已经到达，因此隆美尔下令他们沿着河东岸上下开动，向对岸的法国部队扫射。这时隆美尔本人已经在亲自指挥他的步兵营渡河了。他乘着第一条船跨到河对岸，"然后组织年轻的士兵们，亲自率领他们进行跨河行动"。之后他再次回到对岸，发现几个工程师正在尝试用8吨重的平底船在默兹河上架起一座桥。他"让他们停了下来，告诉他们要改换成用16吨的平底船"。桥刚一建好，他就冒着枪林弹雨第一个坐着他的八轮信号车冲了上去。用隆美尔自己的话说，西岸的"情况非常不健康"，法国的反击极其猛烈。第七摩托营的指挥官和他的副手已经牺牲了，因此隆美尔亲自上阵，组织剩下的士兵进行反击，和所有伟大的将军一样，他表现出的勇气、镇静和乐观情绪感染了所有人。之后，他走下车，再次步行回到东岸指挥剩下的部队将几辆坦克运过河。他还建造了一座不太安全的小桥头堡，但无论如何那也是桥头堡。

即便没有坦克，隆美尔在5月13日的渡河行动也依然让盟军从上到下的指挥官们仓皇失措。

由于迟缓且失败的沟通机制，隆美尔跨过默兹河的消息5月13日午餐时间才抵达甘末林在万塞讷的"象牙塔"。这份通报在原本将午餐营造为神圣时光的安静的餐厅激起了"激动的情绪"，甘末林起身给第九军的参谋长打了两个电话，而对方回答说一切尽在掌握，"胡尔地区战局可控"。

甘末林和他的部下都在忙着处理看起来更棘手的问题。荷兰人基本上要投降了，而比利时国王也惊慌不已，德国对戴尔河发动的全面进攻已经开始；当天晚上9点30分，乔治将军终于给和他几乎没有说过话的甘末林打了一次电话，承认默兹河"有点让人心烦"。

这话说得过于轻描淡写了。隆美尔在加固他的桥头堡时，38英里（约61千米）之外，古德里安将军的第十九装甲军团正在准备发动"黄色方案"中的一场重击。古德里安让6万人、2.2万辆车以及将近800辆坦克顺利穿过阿登森林而没有被英国人或法国飞机发现这一事迹成了战争神话。当然，他并非没有遇到困难——虽然整个规划认真且详尽，但阿登区域道路狭窄，交通拥挤，同时对于这样一支大规模的部队来说，枪支极其短缺——整个部队只有不到150支枪；但他依然在5月12日夜晚前到达色当，而彼时那里已经成为空城，只有死去的马匹和满街的垃圾。

之后便是一场卓绝的战争表演，是实践中对古德里安在其1937年的著作《注意——装甲军！》中简洁且引起争议的革命性战争理论的印证。河对面的法军不仅占据了更高的地势，而且大部分区域都搭建了防御工事（虽然质量不像预计的那样好——他们没有好好利用冬天的时间），同时拥有更多的兵力和枪支、更好也更多的坦克，但他们从士兵到指挥官再到总指挥官，脑海中都将眼前的战争想象成1914—1918年时的西线战场——他们提前占领以连成一条战线，无论是在默兹河或更北面的戴尔河都是如此。

古德里安对战线或牺牲式的正面进攻都没有任何兴趣；他的座右铭是"运动"。他所有的装甲师都是一支自我行动的迷你部队，要从敌人的战线中寻找突破点，并保持前进，不管对方的侧翼，甚至补给。德国的油罐车一直费力地追赶着坦克的进程，在必要的时候古德里安的油罐车会袭击对方的供给车以获得燃油，有时候还会在平民用的加油站加油。他早期无线电兵的经历不仅让他可以顺利和坦克保持联络，而且还让他的坦克指挥官可以与俯冲轰炸机沟通，摧毁任何挡住他们进程的敌军。

他不仅走在时代的前沿，也走在了他上司的前面，和纳尔逊上将一样对他不认可的命令不屑一顾。他的直接上司陆军一级上将埃瓦尔德·冯·克莱斯特曾经下令对河西岸法军朝向色当的区域进行一次大规模轰炸。古德里安反对这项命令——他希望进行一次之后所说的"地毯式轰炸"，一拨接一拨的轰炸机对他们行进的前方不断轰炸，这对于路面和空中来说都是非常必要的战争策略。

克莱斯特多次要求古德里安遵从命令，但古德里安已与德国空军中将布鲁诺·洛尔泽结盟，确保飞行员无法接收到这一命令，最终让自己的计划得以实现。这是迄今为止最有效的直接支持地面作战的空军战斗策略——应该说是到1944年诺曼底登陆为止——超过1500架战斗机在下午3点前井然有序地对法方进行攻击，由于爆炸后的烟雾浓重，很多飞机都隐藏在了烟雾后面并不可见。同时，古德里安的步兵开始乘着橡胶艇跨过默兹河。

到下午晚些时候，他的工程师已经搭建了一座可以承载德军坦克重量的桥梁；夜幕降临时，法军战线已经开始断裂。由于法国方面对电话过于依赖，而非使用无线电，战争切断电话线路之后，各个支队便无法接收指令或了解其他步兵和炮兵部队的情况了。因此，虽然背后只出现了为数不多的德军和非常少的德国坦克，被打散的防守法军依然备受惊吓，马上扔掉武器，整个炮兵团在一片不可思议的混乱中撤退，这一场面影响到了后方的梯队，使得本应有效的反击化作泡影。对于一直坚信在任何情况下都要组成并保持一条战线的队伍来说，战线的瓦解是灾难性的。5月13日午夜前古德里安带领跨过默兹河的士兵和坦克数量相对较少，就像他的桥头堡的体积一样，但这一努力瓦解了法国第二军团对指挥官和自己的信心，而信心正如时光一样，一旦失去就再也回不来了。

由于失败后的困惑与慌乱，法军领导层从上到下都没有注意到隆美尔在色当北部的突破并不像每个人预期的那样朝向西南部巴黎的方向，而是一直向西，指向英吉利海峡。如今危险的并不是巴黎——那是法国人的噩梦——而是英法联军自己了。

# 12
## "我们被打败了；我们输了这一仗"

5月14日，色当的局面更加严峻，做掩护的法国和英国空军没能破坏掉德国工程师仓促中建造的横跨默兹河的桥梁。古德里安的桥头堡在迅速扩张，隆美尔也在无畏前行。在这一天结束时，他的领头坦克几乎已经到达了默兹河西边15英里（约24千米）处。

战斗一开始就非常激烈——隆美尔和往常一样冲在最前线，他乘坐的坦克突然受到攻击，他也受了轻伤，必须在一阵枪林弹雨中离开坦克。在比利时，法国第七及第一军、英国远征军和比利时军队在戴尔河防线及比利时前线与德军交火，波纳尔将军听说了关于南方战事的消息——消息已经对实际情况做了一些修饰："南方噩耗。德国人已经不可思议地在邻近色当和梅济耶尔（Mézières）地区的一处宽12英里（约19千米）、纵深10英里（约16千米）——或者更宽更深——的巨大空当处跨过了默兹河……戈特今天离开了8小时——在这样的时刻，这实在是太久了，但他有效鼓舞了指挥官们的士气，尤其是在比利时国王以及他的军队惊恐不已的情况下。"戈特喜欢与自己的部队共同作战，这让领导层很难和他取得联络，尤其是在他的总部和他之间的沟通本来已经十分困难的情况下。

那天夜晚，法国科拉普将军带领他的第九军团从默兹河撤军，希望在更远的西部重新组成战线。这是一个致命的错误。撤军"无助且令人困感"。再之后随着德国的5支装甲师打破了本来已经支离破碎的防守，撤退变成了溃败。5月15日早晨7点30分，温斯顿·丘吉尔在海军部公寓被法国总理雷诺的电话惊醒。"我床边的电话响了，是雷诺先生打来的，"丘吉尔说，"他说的是英语，情绪显然很紧张。'我们被打败了，'我没有马上回应，他接着说，'我们被打败了；我们输了这一仗。'"

雷诺可能说了也可能没说通向巴黎的道路已经被打开，但他一定想到了这一点。在这种情况下，任何法国人都会这样想。这也证明了法军最高统帅部的甘末林并不了解古德里安装甲师的真正目的。法国人将巴黎视为全世界中心的思维习惯让即便是甘末林或者乔治这样久经沙场的军队领袖都误读了当时的战局。德国人在1870年曾尝试冲进巴黎，然后1914年再一次尝试——如今，他们距离巴黎已经只有130英里（约209千米），而且并不缺乏平坦的公路。他们还会去哪里呢？

在法军最高统帅部，最急迫的问题不再是盟军是否要阻止德国人攻占布鲁塞尔，而是法国政府是否将不得不即刻放弃巴黎。第二天，甘末林将军甚至告诉雷诺和达拉第，午夜以后，他将"无法保证首都安全"。这场突如其来的闹剧让这两位政客震惊不已，但甘末林对首都安全的悲观情绪以及对德军进军速度的无能为力在前一天就已经露出端倪。不过这并没有影响他和乔治将军尝试消除英国首相的疑虑。甘末林将军告知丘吉尔，他"冷静地审时度势"，这是法国人最好的安慰人心的佳句了。丘吉尔给乔治将军打了一个电话，并认为对方状态冷静，在丘吉尔看来，乔治对色当的战局并不兴奋也不担忧。

剧本《女人》的作者，也是《时代》杂志联合创始人之一亨利·鲁斯的妻子克莱尔·布思，那个春天在欧洲游走，报道了战争的情况；她对这一社会和政治局面的观察虽不连贯却相当敏锐。布思非常正确地指出："英国人对法国人的不喜欢、不信任并不比法国人对英国人的不喜欢、不信任少。"所以这两位法国将军都想要在战局的严重性方面误导英国也就不是什么让人惊讶的事了——无论如何，对一个法国将军来说，没有什么事比告诉英国人他们被德国人打得落花流水而德国的坦克马上就要进入巴黎更加让人感到羞耻了。

巴黎就是巴黎，德国人要攻进来的消息迅速传开，口口相传之后变得更加恐怖。雷诺无疑将这个消息告诉了他的情人波特伯爵夫人，而达拉第则告诉了他的情人克鲁索尔侯爵夫人，她们又告诉了自己的朋友，然后这些朋友又传给自己的朋友。5月15日，那些知道内情的人（政府内部或跟政府有关联的人）已经建议朋友离开巴黎了，而得知消息的犹太人则更是即刻动身。那天中午的巴黎依然美丽晴朗，那是一个完美的春日。通常头脑清晰的克莱尔·布思对"卢森堡花园和丽兹·卡尔顿酒店外面的树林"、人群、喧闹的街道、香榭丽舍大道上咖啡馆里冰块掉到大理石桌面上的声音、优雅的女士和穿着得体的男子……进行了狂热的描写，就像伟大的艺人莫里斯·切瓦利耶唱的那样，"巴黎永远都是巴黎"，但是"巴黎的上流社会变成了流言的温床，几个小时之后，整个巴黎都知道了这个消息"。在优雅与冷淡背后，是对战败越来越强烈的恐惧。无论是火车站还是大街上都挤满了一拨接一拨的逃难者，如今不仅是比利时人，法国人也开始赶着在战争将他们吞没之前逃走。在巴黎，没有人曾经预期过这样的结果，或为之做过准备。

英国的报纸或者是BBC新闻都没有提到任何有关上述事实的消息。甘末林将军轻视也恐惧媒体，无论是法国还是国外的，因此法军最高统帅部发出的公告都非常简短且正面。英国远征军的战争联络员也都受到了严密的控制。在"假战"期间戈特将军对《泰晤士报》的金·费尔比的亲切友善被不带情感的冷静态度所代替，并且鼓励媒体报道"有人情味"的故事。

我的父亲每天几乎都要读一遍所有的报纸。他不喜欢别人在他读报的时候打扰他。读完之后，他把报纸扔在地上，深深地叹了一口气，并自言自语了一句："撒谎。"保姆卢阿姨捡起报纸，选出了其中几份比较受欢迎的——比如《每日快报》或者《每日邮报》——拿到儿童房去，她对里面

113

内容的信任感要比父亲强得多。那些标题吸引了她的目光，她会大声读给我听。当然，在每次战争中，"真相是第一个牺牲品"，这句话可以追溯到公元前5世纪的埃斯库罗斯或者更早。75年后再看英国报纸（哪怕是《泰晤士报》），也证明了他的智慧。

有一些坏消息很难被掩盖。荷兰在5月15日投降了，波纳尔将军带着讽刺的口气写道："（荷兰）当然不可能坚持太久，但5天也实在太短了。"这个消息严重打击了比利时本来就不高的士气，让其陷入了一片混乱。如果对荷兰人公平一点，他们的抵抗事实上是被对鹿特丹的残酷轰炸击垮的，在这场轰炸中，有900名平民丧生，将近9万人流离失所，大火点燃了中世纪的楼宇，整个市中心被夷为平地，这一行为招致了全世界的谴责，就像是1937年的格尔尼卡轰炸一样。但在这场战争的第一个星期，英国报纸的论调依然保持着往常的乐观，5月10日《每日邮报》的大标题写道："同盟国向前进军200英里"，3天后便是"远征军开始行动"。同一天，报纸报道了"比利时军队在阿登森林进行了技术性撤退，抵达了一个更加有利的位置"——这是军队用语中对落荒而逃的另一种表达方式——同时，荷兰的情况也"有所进展"，此时距荷兰投降只剩48小时。

就像战争中经常发生的那样，皇家空军将德国飞机击毁的想法相当狂妄，而在这一阶段英、法对空袭德国城市的报道也是过分夸张。就连风格沉稳的《时代》杂志在5月15日也报道了德军在"（法国）永不停歇的炮火轰炸中慌忙'退却'"，这与实际情况完全相反；而在巴黎受到同等尊重的《时代》则称法军坦克和战斗机证明了自己比敌军要技高一筹。

不幸的是，这些都不是真的。法军老式轰炸机部队曾勇敢地尝试炸毁德军工程师在默兹河上搭建的桥梁，但结果失去了四分之三的轰炸机，而桥梁却完好无缺。英国高级空中打击部队109架"布伦海姆"式轰炸机在一次进攻中失去了45架（同时有两位飞行员得到了2枚死后赠予的维多利亚十字勋章），并且同样没有对桥梁造成任何伤害。英国皇家空军在5月14日的进攻证明，白天进行的对德军重型飞机的正面轰炸是自杀式的，同时还进一步打击了法军的士气，因为皇家空军丢下的大部分炸弹都落在了法军阵地上，而非他们的敌人身上。

5月15日是我们在国内度过的最后一天，我们相信事情进展顺利，或者至少是在可控的范围之内，相信法军依然是卓越超群的军事力量。亚历山大伯父可能知道得更多——他的朋友拥有一些比报纸更可靠的信息资源。他最好的朋友之一罗伯特·范西塔特——20世纪30年代非常坚决的反绥靖主义的副外交大臣、"德国事务办公室"前负责人，如今兼职政府的外交顾问。范西塔特曾经是政权内部一名位高权重、消息灵通的持异见者，在斯坦利·鲍德温和内维尔·张伯伦时期一直反对德国和希特勒的计划，同时他也是丘吉尔的忠实信徒。事实上，范西塔特比国王本人还要保皇主义；在很多人看来，他对德国的反感比丘吉尔更深，这也解释了为什么那些位置高于他的人忽略了他的警告。他是个才能出众的人——不仅利用"城里"的关系赞助了亚历山大的伦敦电影公司，还帮忙撰写了《巴格达大盗》里的很多歌词，同时筛选着柏林的各种情报来源传来的消息。

"假战"的结束并没有减缓亚历山大来往于伦敦和洛杉矶的行程，他中途还会在纽约、里斯本、丹吉尔停留。他和父亲都已经很清楚，在英国完成《巴格达大盗》已经是不可能的事了。这一次，问题并不是出在钱上，亚历山大总是能想出办法筹到钱。这样制作复杂的大部头影片需要高级技术人员，但每天父亲都会发现工作室的员工不是被征兵，就是换到了军备行业去工作。无论他在工作室留到多晚，这部已经投入了40万英镑（当时价值200万美元，至少相当于今天的2400万美元）的电影就这样停滞了。[1]亚历山大总是率真地耸耸肩，说："很多钱——别人的钱，但依然是很多钱。"

父亲隔一段时间就会去巴黎待几天——母亲在老年时肯定这样说过——这确实是可能的。虽然父亲从来没告诉过她实情，但他在巴黎有一

---

[1] 这个投入与《绿野仙踪》的投入相若，大概相当于《乱世佳人》投入的一半还多。

个家——他之前的情人和两个孩子，那是亚历山大叫他转行做电影之前的事，那时候他还是个画家。也许他希望在德国进军巴黎之前他们能得到足够的补给。父亲并不是一个很会保守秘密的人，他只是和他的兄弟们一样，希望能在每段生活之间放下一道屏障。这三兄弟都很擅长让过去成为过去，尤其是在他们的英国伴侣面前——她们几乎不能理解她们的爱人之前是经历了怎样的周折与变化，才在1932年如此意外地来到英国。

另一种可能的解释是，这次短暂的巴黎之行是亚历山大选择让我父亲在最后的时刻转移财产。亚历山大是一个超级现实主义者——他认为和所有的战争一样，这场战争迟早要结束；只要德国没有获得胜利，那么人们还是会去电影院看电影。这样的话，伦敦电影公司在巴黎、柏林、维也纳仍会有票房，现在那些制作纳粹政治宣传电影的欧洲电影工作室会重新开始制作正常的影片，而亚历山大的电影版权会和以前一样值钱，甚至比以前还值钱。同时，应该尽可能多地把钱存在瑞士或美国的银行。没人能比像父亲这样衣着褴褛、戴着顶破帽子，像法国人一样下嘴唇粘着香烟，认识法国的每个画家、雕塑家、知名电影人，而且还会说多国语言（虽然所有语言都会带着匈牙利口音）的艺术家更适合做转移财产这件事了，最重要的是他拥有真实的英国护照和完美的多国签证——这当然要感谢罗伯特·范西塔特先生。甚少有人比父亲更不容易引起怀疑，或者拥有更高的可信度和更多的朋友。

文森特无疑很开心能从《巴格达大盗》的麻烦中逃离几日。无论如何，那确实是一部国际电影。它最早的导演（这部电影拥有几位导演）是路德维希·伯杰，一个德国犹太人，也是20世纪20年代亚历山大在柏林的UFA工作室时的朋友；电影的编剧之一是亚历山大在布达佩斯拉霍斯·比罗学习时的老朋友；电影的作曲是我父亲的老朋友米克洛斯·罗兹萨，他曾经为《四根羽毛》谱过曲；摄影师是父亲在巴黎的乔治·佩里纳尔当画家时的朋友；两名主要的男演员是反纳粹的德国难民，一个是康拉德·维特，另一个是印度人沙布，他是我伯父在拍摄《大象男孩》时在印度"发现"的一个年轻看象人。只有我的伯父亚历山大才能把这些人都聚集在一起，并且期望他们能够制作出一部英语动作电影。显然在巴黎有事情要处理的不只是我的父亲，跟这部片子有关的很多人也都有这样或那样的问题。无论如何，5月15日之前，他回来了，箱子里装满了从玛德琳广场的知名食品店馥颂（Fauchon）买的鹅肝——直到1945年他才得以再度光顾；他还从和平路的卡地亚给我母亲买了一枚美丽的金胸针，胸针是一朵玫瑰花的形状，上面镶嵌了钻石，每一片花瓣上都连接了金制的弹簧，所以可以从花蕾变成盛开的花朵。我父亲对珠宝设计的兴趣和对其他艺术门类一样浓厚，也有朋友在卡地亚的设计工作室工作。这不只是一件珠宝，还是一件艺术品。艺术家多半都健忘，文森特经常会忘记生日或者是纪念日，但却会即兴地做一些非常慷慨的事。这次，应该算是一次先发制人的行为，因为他将让母亲做一件她最不想做的事，这个卡地亚玫瑰是礼物，也是提前的道歉。

英国远征军已经前进到比利时境内的戴尔河，有一名英国军官曾经将戴尔河与泰晤士河相媲美，而其总司令部已经被远远地抛在了后面，只能拼命追赶。5月16日，德国人在一些小规模的冲突中了解到训练有素的英国常规军的密集步枪射击有多么高效——就像1914年他们的父辈在伊普尔（Ypres）和蒙斯（Mons）所领略到的一样。但甘末林将军的"D计划"的核心，即在戴尔河组成一道横向防线，显然已经很难继续维持下去了。英国远征军北边的比利时部队已经摇摇欲坠，南边的法国第一集团军行进速度远远慢于英军，而且在巨大的压力下已经开始想要放弃，撤退到下一道防线森讷（Senne）运河看来是明显的选择。

比利时中部的溪流和运河基本上都是平行的。在之后的几天里，盟军将会在各条河流之间游荡。如果英国远征军的南北邻居们要撤退，英军将会被完全暴露出来，而且每一次撤退都会将比利时更多的土地展现给敌方。撤退到森讷运河意味着失去了卢万；而撤退到埃斯科河（在比利时被称为斯海尔德河）则意味着丢弃布鲁塞尔——在法军和英军中有很多人认为应该在这里而非在戴尔河组织一条防线（戴尔河只是一条浅浅的小溪，而埃斯科河是一条大河）——如果这样，比利时军队就失去了继续战斗的意义。而向西边的利斯河撤退会让盟军回到他们开始进军时的法国边界，同时也可能会失去安特卫普，该地不但是欧洲北部的一个重要港口，也是英国在欧洲大陆的一个永久性战略着眼点。

乔治将军将三军协作的工作交给比洛特将军这一行为已经成了一个巨大的问题。"协作"和指挥不是一回事。比洛特的眼泪是有理由的——他不是一个统帅型的人物。英国人和比利时人都不会听从他的任何命令；事实上他只能指挥他麾下的法国第一集团军。退守到森讷运河是他的命令，对英国远征军来说是非常大的动作，因为要让4个分散的师、1万辆车转移。这一消息让远征军吃惊不已。波纳尔将军派了一名联络官去转达他们需要更加明确的"方针和时间点"，但什么也没得到。

然而，德国的主要攻势发生在70英里（约113千米）以南这个事实并没有传到在比利时平原战斗的盟军或者是英、法民众的耳朵里，更不用说雷诺总理和甘末林将军认为他们已经输了的消息。

# 13

## 这一刻重若千金

5月16日下午,一个比我父亲更加重要的访客从伦敦飞到了巴黎,想要亲自了解当地的情况。温斯顿·丘吉尔之前已经用了两天时间和他的各位参谋长以及战时内阁研究雷诺总理在5月14日清晨打去的那个令人担忧的电话内容,以及在此之后不断传来的灾难警告和要求英国战斗机中队援助的请求。更让人担心的是戈特将军给约翰·迪尔将军——曾经是戈特军团的指挥官,此刻是帝国总参谋部副首领——打去的一通有所保留的电话,戈特告知对方法国正在考虑从比利时撤军,因为德国的装甲部队已经"从梅济耶尔地区"向巴黎方向"深入",这指的是隆美尔的第七装甲师。隆美尔在16日夺取了阿韦讷(Avesnes),之后他写道:"向西面的通道已经打开。"他的坦克很快就能以一天50英里(约80千米)的速度前进。

丘吉尔的种种品质中包含了对灾难的敏感嗅觉以及斗鸡般的战斗本能。从维多利亚女王时代到她的曾孙乔治六世时代,没有人像他一样经历过如此巨大且多样的陆地及海战灾难,也很少有人有他的勇气,或者是像他一样深深地相信进攻是最好的防守。但此次来到最高战争委员会,丘吉尔决定聆听。他对法军的尊重并没有动摇,虽然战时内阁对于向法国派出更多的皇家空军战斗机中队保持谨慎,但一直以来都十分亲法的首相却对雷诺总理在这方面的诉求表示同情,并在清晨派出了4支战斗机中队。

不幸的是，无论是雷诺总理还是甘末林将军都不能理解，英国的战斗机属于一个错综复杂的系统——虽然看上去确实光鲜，但本质上并不比英国南部海岸线上的那些雷达塔，或者是空军辅助人员中那些谋划着之后对战斗机司令部发动进攻、盯着雷达显示屏的年轻女子，又或者是南英格兰那些一夜之间能把被摧毁的"飓风"战斗机或是喷火式战斗机修复如新的维修部门重要（这些被修好的飞机有时会由年轻的女性平民渡船领航员归还给战斗机中队）。这个复杂的系统由千百条埋在地下的电话及电报线路连接，线路外面包着水泥，可以承受炸弹的直击。

丘吉尔本人并不欣赏或理解战斗机指挥体系的复杂性，同样也不能欣赏或理解那些珍贵的战斗机以及他们的飞行员就这样在法国临时的机场被浪费，而不是用空军上将休·道丁在1936年煞费苦心建立起的系统来组织行动。向法国派出更多的"飓风"战斗机——英方没有考虑过派出更加成熟的喷火式战斗机，这种战斗机更难制造，而且起落架窄小，更不适合状况欠佳的路面——在道丁看来是打开了一个没有政客敢关上的水龙头，同时如果德国突然入侵，英国将无力防守。

这次会面于雷诺总理在奥赛码头[1]的"书房"进行。丘吉尔的军事顾问黑斯廷斯·伊斯梅少将看到雷诺、达拉第和甘末林脸上的表情时想道："法国高官们已经被打败了。"窗外的花园里点着一个火堆，官员们用独轮车推着一车车的资料过去扔进火堆里，升起了阵阵浓烟，这个场景显然不会让整个会议的气氛变得轻松愉悦——这应该是法国政府计划离开巴黎的一个征兆。"每一张脸上都写着彻底的沮丧。"就连很少注意到他人的感受的丘吉尔都这样写道。人们都站着——那里没有足够大的会议桌。甘末林将军的旁边是丘吉尔所说的"学生黑板架"，上面的地图显示着"色当地区的一片不大却险要的丘陵"。甘末林用平静的不带感情的语气介绍了当

---

[1] 指法国外交部。法国外交部因位于塞纳河畔的奥赛码头，也被称为"奥赛码头"。——编者注

前的军事战况。德国人已经突破了防线，并且以"从未听闻的速度向亚眠及阿拉斯地区行进，其意图显然是要向阿布维尔地区或周边区域进攻。当然他们也可能要进军巴黎"。显然直到现在甘末林还没弄清楚德国人对阿布维尔的兴趣比巴黎大得多。

甘末林讲了几分钟，之后便是一段相当长的令人不适的寂静——这也是可以理解的。最后，丘吉尔问他们有什么战略储备。"我用法语随意地问，"他回忆说，"战略储备在哪里？"甘末林耸了耸肩说："我们没有。"

丘吉尔"目瞪口呆"，他之后这样说道。虽然人们并不确定他当时是否真的如他的回忆录中写的那样吃惊，但无论如何，他毕竟和伊斯梅将军以及迪尔将军一起从伦敦飞到了这里。伊斯梅从来就没有对甘末林的"D计划"或者是在比利时中部与德国人作战抱有过任何信心，而迪尔则曾经在戈特手下作战，有很多机会近距离了解法国军队的各种弊端。甘末林在他晦涩的《地平线之旅》中曾经提到过，他拥有强大的移动战略储备，但被安置在法国北部，以备在战争初期进入荷兰支持荷兰人防守。但在荷兰抵抗失败之后，吉罗将军的第七军的人力、物力都理应即刻被调往南方以支援节节败退的第九军。法国并不是没有移动战略储备——吉罗不仅拥有最好的炮兵师，还有3个配备了比德国更加重型的坦克、更精良武器的装甲军——他们只是处于错误的位置。

丘吉尔马上提到这一点，甘末林平淡地解释说他无法进行这样的调配，因为比利时的铁路工人正在罢工。"击毙那些罢工者"，丘吉尔回复说，[1]这句话一下子改变了会议的氛围。丘吉尔有可能（或者必然是）想刺激一下甘末林，而不是真的建议让法国军队开始枪杀比利时铁路工人。当然他非常恼火，法国的最高指挥官用了5分钟时间抱怨自己的苦恼，而不是提出解决方案。丘吉尔在地图上看到的是德军装甲师形成的一个狭长的凸

---

[1] 丘吉尔后来否认自己说过这句话，但伊斯梅将军却确认这出自首相之口。

角，他们行进得过于迅速，而步兵部队被远远地落在了后面——这对于进攻德国暴露出来的侧翼来说是一个绝佳的机会，事实上这也是希特勒和他的高级将领所恐惧的。

但甘末林不会这样做。他坚持认为德国的轰炸让法军无力反击——他需要战斗机来掩护步兵，还需要火车运输进行补给。所有在场的法国人最后都同意这个观点：德国的突破是因为缺少英国战斗机，因此必须即刻让英国战斗机中队进行增援。如达拉第所说——或许他的话中提及了一些甘末林不想透露的事实——"如果法国步兵知道有战斗机在保护他们，就不会在德国坦克接近的时候找地方躲藏了。"

这是法国第一次承认法军士气低落，在Ju-87俯冲轰炸机接近的时候不敢坚守阵地，虽然俯冲轰炸机所带来的伤亡远比一次组织完备的炮火封锁要少。事实上法国人哪怕是听到德军坦克接近的传言都会逃跑，俯冲轰炸机的警笛声击垮了他们的神经——德国人非常聪明地在飞机两边的机翼上安装了警笛，也就是他们所说的"杰里科喇叭"，声音尖锐刺耳，让敌方毛骨悚然。这是"叫比咬好使"的经典范例。

如果甘末林阅读了书桌上的信件，他就应该知道事态究竟有多严重。他派了一名军官代替他到色当了解战局，这位军官报告说："军队的混乱程度无法描述，四处都是撤退的士兵。军人失去了他们的领袖，他们都不知道自己的师在哪里。事实比我们的想象要严重得多。"甘末林知道，这样的溃败绝非战斗机的增援就可以改变的，但他依然小心地保持着自己可怕的自以为是的外表。

丘吉尔非常清楚对方要求战斗机增援只是为了掩盖法军在色当的糟糕表现，同时将未能成功抵抗德军的责任转移到英国人的头上。丘吉尔用严谨的军事术语反驳了对方的说法。他指出，装备了点303口径机枪的战斗机并不能阻挡坦克，机枪的子弹落到坦克表面后会被弹回。"要求英国飞机去攻击德国装甲战斗车是没有道理的。这应该由地面行动来完成。"

法国人拥有大量的75毫米大炮，这种著名的大炮可以一炮摧毁德军的任何坦克；而且那些桥梁对轰炸机来说是最难击毁的目标，[1]德国人有很多高射炮来防守——损失会极其惨重。但这些有理有据的言辞没有得到任何效果。虽然甘末林（怕丢了自己的位置）、达拉第（保护甘末林的人）以及雷诺（想让他们两个都走人）有各种不同意见，但在这件事上他们却一致认同英国的战斗机中队要快速到位，才能阻止德军继续向巴黎进军。达拉第认为，如果德国人抵达巴黎，战争就彻底失败了。

丘吉尔已经看穿了目前的形势，不过在那一刻他并没有说出口：如果德国人抵达巴黎，战争不会输——法军足够强大，可以在法国某处形成防线进行防守，而如果防守失利，英国方面也会在必要的情况下独自迎战，而到那时，战斗机中队将会是决定其生死存亡的武器。

争论一直在继续——甘末林保持沉默，仿佛在这些平民和外国人中完全没有他的位置，只想即刻返回万塞讷，在那里没有人会问他一些让他感到不适的问题——丘吉尔最终同意在早晨所说的4支战斗机中队的基础上再增派6支中队，但依然有待战时内阁的批准。虽然除了是个整数之外，10支战斗机中队并不拥有任何特殊的魔法可以扭转战局，但却足以让法国人感到满意。根据丘吉尔的计算，这已经占了防守英国的战斗机中队总数的四分之一——这应该是他自己编出的数字。事实上，空军上将道丁前一天曾对战时内阁说过，他需要50个战斗机中队。丘吉尔显然是想让法国人感到满意，或者至少在此刻让他们闭嘴。这方法确实行之有效。

丘吉尔回到了位于圣奥诺雷街的安宁祥和的英国使馆。他用词谨慎地给战时内阁发了一条消息，请求内阁同意即刻增派6支战斗机中队。他清楚地表明他的增援请求并不是一项军事决定，而是一项政治决定。"长远来看，我们拒绝了他们的请求导致他们战败，对我们来讲并不是好事。"他的一个秘书说："他脑子里依然想着他的书。"首相或许已经想到了人们将

---

[1] 当时作战的飞机只能携带250磅炸药，用之炸桥根本不够。后来人们计算过保证炸毁一座桥梁需要至少250吨炸药。

如何评判这段历史，而英国如果在这个关键的时刻让它唯一的盟友失望也有失颜面。他用了另一个很有力的说法强调："这一刻重若千金"，要给法国人"最后的机会重振勇气和力量"，最后，丘吉尔请战时内阁致电伊斯梅将军在使馆的住所，用印度语告知他们的决定。伊斯梅将军已经确认，如果法国人（或者德国人）窃听电话，用印度语交流是安全的。

当晚11点半，伊斯梅接到了伦敦的来电。答案是"haan"，也就是"同意"。他立即告知首相，而后者则感到很高兴，决定亲自向雷诺总理转达这个好消息，便拉着伊斯梅将军坐上使馆的轿车直奔总理的宅邸。

雷诺已经休息了，这让丘吉尔感到十分惊讶，因为他是一个不眠不休的夜猫子。这两个英国人只能在黑暗的客厅中等着总理起床。丘吉尔不是个喜欢和女性打交道的人，因此他没有注意到房间里有一件裘皮大衣，还有其他一些女人的物件散落在角落里。所以当雷诺最终穿着睡衣来听他的好消息时，他也想不到雷诺的情人波特伯爵夫人正在卧室门后偷听。如果丘吉尔知道雷诺会在多大程度上受到他这位厌恶英国并且反对战争的情人的愿望和意见的影响——这也是联盟关系快速恶化的一大原因——之后3周出现的很多难题也就能迎刃而解了。

# 14

## 1940年5月20日：
## "糟糕透顶的一天"

英国媒体发布的新闻当然没能反映出首相丘吉尔这次戏剧化的出访，或者法军的真实情况。《泰晤士报》通常都是谨慎且准确的，但这次依然受到了法军最高统帅部联合公报的蛊惑，赞扬了法国在色当的"勇敢反击"，以及英国皇家空军对默兹河浮桥的"强劲"轰炸。5月17日，《泰晤士报》报道德国在阿登森林的进攻"与北部地区的重大战役相比规模较小"，这与事实恰恰相反；同时，报纸还将科拉普将军率领的部队描写为"颀长结实、精神抖擞的年轻男子，一两个小时之内就能重整队伍"，但事实是他们都在慌乱撤退，连枪都不要了。

在我汉普斯特德泉水道的家中，《泰晤士报》并没有出现在儿童房里。保姆卢阿姨看过了《每日快报》和《每日邮报》，里面报道了法军了不起的抗击故事以及比利时和荷兰人如何驱赶德军，还有巨大的空战胜利。卢阿姨戴着厚厚的眼镜，仔细阅读着报纸上的内容，还剪下了4名轰炸机机组人员的故事——他们是一次默兹河浮桥轰炸任务的幸存者，却勇敢地主动要求再次回去执行任务，最终他们谁都没有回来，但"桥被成功炸毁了"。这个故事的不同版本出现在所有的"热门"报纸上。卢阿姨不仅大声读出来，还把它插在装着她照顾过的其他孩子的照片的相框一角——她的一个侄子是皇家空军的空中射手，因此她对皇家空军的英雄故事有强烈的兴趣。在那段时间，这样的故事特别多，可能是因为皇家空军比海陆两军都擅长"公关"。不用说，这些媒体肯定不会报道默兹河的轰炸任务为皇家空军带来了历史上最大的伤亡，而基本上没对德军造成任何严重伤害。

英国的目光依然集中在比利时中部，而不是色当法国第九军团的溃败，就连那些信息比一般读者灵通的人对此几乎都一无所知。公众的关注点都在英国远征军所取得的意想不到的胜利上。不仅仅因为他们是"我们的人"，还因为他们在去戴尔河的路途中所经过的一些地方都牵动着英国老一辈人的记忆：蒙斯、伊普尔、帕斯尚戴尔（Passchendaele），26年前，成千上万的英国人曾经在佛兰德斯的伟大战役中失去生命。那些兵团的名字在英国尽人皆知，因为每个团都植根本土：柴郡团，米德尔塞克斯团，西约克郡团，戈登高原团，阿盖尔与萨瑟兰高原团，皇家苏格兰燧发枪手团，皇家诺福克团，南斯塔福德郡团，西约克郡团，舍伍德森林团，兰开郡团，北斯塔福德郡团，皇家威尔士燧发枪手团，康沃尔公爵轻步兵队，苏格兰高地警卫团，皇家东方肯特团，绿色霍华德团，女王皇家西肯特团，格洛斯特郡团，牛津郡和白金汉郡轻步兵团……英国各地还有很多诸如此类的著名兵团，每个团都有自己的历史传统，特殊的制服，还有在地球的各个角落打胜仗的荣誉，其郡政府所在地都有角塔形状的补给站，这还没有算上5个近卫步兵团（掷弹近卫团、冷溪近卫团、苏格兰近卫团、爱尔兰近卫团和威尔士近卫团）以及现在转成坦克或装甲兵团的那些传说中的骑兵团，比如国王的皇家骑兵团、皇家第十二骑兵团、女王湾兵团、皇家第十骑兵团，一个个名字贯穿英国历史，不胜枚举。

在英国，很少有人没有任何亲戚曾在或正在这些兵团中服役，没有一个郡或市不以自己的兵团和它的历史为傲，从泰恩赛德苏格兰旅到达勒姆轻步兵皆是如此。当然，还有很多专家团队，如皇家炮兵、皇家工程师、皇家陆军兵团等，更不用说皇家空军。皇家空军拥有将近40万军人，它的本土性很强，对自己的团队保持着高度的忠诚和地方自豪感。

这些军团中有的军官出身贵族，比如英国近卫步兵三营的一名中尉就是第九代诺森伯兰公爵，还有指挥第六十九营的第十代唐恩子爵，当然还有总指挥官——第六代戈特子爵。除了国民自治军营队有一些混杂之外，远征军基本上保持着老英国军队的状态，步枪射击、军队纪律以及战斗士气都非常重要，到最后一刻也要兵刃相见。

这就是那支在甘末林令下行进到戴尔河的队伍，而且已经收到了撤退到埃斯科河（或斯海尔德河）的命令，因为它北面的比利时军已经在撤退，而南边的法国第一军——如波纳尔将军很有技巧地描述的——也已经"摇摇欲坠"。波纳尔已经预见到布鲁塞尔是无望的，也抱怨了乔治将军将"协调"三军的工作转交给他的比洛特将军，后者并不具有这样的能力或意愿，而结果就是根本不存在实际意义上的指挥者——面对数量巨大、训练有素且装备齐全的敌人，情况确实非常危险。撤退的军队面对的危险最为巨大，而且从布鲁塞尔北部到阿登的整条盟军战线都有可能面临解体——已经有消息称大量比利时士兵弃枪逃亡，混入绝望的难民大军中，把道路塞得水泄不通。之后将有百万人加入这出大规模的逃难悲剧中。在这样的情况下，抛开一些激烈的交锋不谈，远征军能够保持一定的秩序撤退已经是一个奇迹，先是撤到森讷运河，然后是登德尔河，最后是埃斯科河。直到5月19日晚，远征军的队伍依然牢固齐整。

远征军用了3天时间进军到了戴尔河，又用了3天时间撤回。在家中的儿童房里，不止一个人由此想起了一首打油诗，它描述的是乔治三世国王的次子、约克公爵弗雷德里克王子殿下在1793—1794年佛兰德斯战役中那场失败的行动：

哦，约克老公爵，

他有一万人；

他让他们爬上山，

然后再下山。

这是英国王室成员最后一次亲自率兵上阵——当然不是偶然。[1] 1940年5月，远征军遵从了命令，或者更准确地说是遵从了比洛特将军模棱两可地表达出的忧虑。英军伤亡依然被认为"较轻"，大部分源自德军对公路的轰炸，车辆损失较少，除了重型的I号坦克——这种坦克缓慢而笨重，而且武器装备落后，所以比利时铁路工人拒绝将这些坦克装到平板货车上——远征军几乎可以说接近完整无缺地回到了埃斯科河一带。

令人失望的是，埃斯科河也不是比洛特将军在地图上看到之后所想象的那种难以对付的军事障碍。好像没有人告诉他，河水的水位因为"长时间的干燥天气"和上游的水闸关闭而降了几英尺，因此德军步兵若想过河其实并非难事。撤回埃斯科河还造成了一些其他问题——布鲁塞尔及安特卫普的失守——这也让更多的比利时人认为继续反抗并无任何好处，同时也是远征军失去了进军法国北部机会的一个重要战略原因。

更让人担忧的是法国第七军残留部分的命运。第七军跟在远征军后面行动，希望加强更南边的第九军，而此刻第七军已经开始瓦解。法国将军中最精力充沛也最有能力的指挥官之一亨利·吉罗将军——日后将成为戴高乐的对手——在召集其残兵游勇时于指挥车中被德国人抓捕。自此，装备最为精良的法国军队不仅没能被集结起来组织一次有力的反攻，反而变成一盘散沙——这也是乔治将军的又一次重大战术失误。

戈特将军计划在埃斯科河组织的防线断断续续，因为他只有7个师，却要覆盖长达30英里（约48千米）的距离。在一次对戈特将军总部的鲜有拜访中，不幸的比洛特将军对填补南部防线的空当表现出很小的希望，这意味着古德里安的装甲师将很快穿过远征军与诸如勒阿弗尔、布雷斯特、瑟堡等主要港口之间岌岌可危的沟通线路，远征军将在佛兰德斯陷入困境——孤立无援，并缺少装备与供给。古德里安的装甲师已经接

---

[1] 公平一点说，约克公爵后来指挥了英军32年，而且表现良好，虽然偶有腐败行为；不过他最大的兴趣依然是女人和豪赌。

近康布雷（Cambrai），而比洛特坦陈，他没有任何办法可以拖慢他们的进程或者阻挡这支快速前行的机械化队伍向海边进军——德国人将比远征军还要更早接近英吉利海峡。

如果比洛特是希望让戈特将军命令远征军向南加入法国第九军及第七军的残余部队，在索姆河结成一道防线，那么他显然失败了。相反，他在5月19日午夜对戈特的这次令人沮丧的拜访触发了这位英军指挥官的另一个想法：唯一拯救远征军的方法就是进行一场战斗撤退，目的地是敦刻尔克，而后再集体撤离。戈特是最勇敢的将军，也是最不"政治"的将军——这种性格以及他在英军中的外号"胖男孩"或许让法军高级指挥官低估了他的智商——但他并没有忘记他如果认为远征军处于险境，就有权告知自己的政府，保护远征军是他的职责，而非配合法国那一条烦冗的指挥链。

雷诺总理向英国大使罗纳德·坎贝尔爵士抱怨说"英国的将军们一到紧急关头就跑到港口去"，这也无可厚非，但事实上戈特将军是英国将军中少有的第一反应是要留下来战斗的人。他对过去9天内收到的来自比洛特将军的少有的几项命令保有忠诚的态度，但现在比洛特看来是完全没了主意，而如果他带来的消息是准确的，那么戈特的后方和侧翼将很快受到德军的攻击。

戈特将军的参谋长波纳尔将军用"谨慎的措辞"将他的总指挥官的担忧传达给了伦敦的军事行动指挥官，而用波纳尔的话来说，对方的反馈"愚蠢而毫无用处"，还询问为什么远征军不能去布洛涅，这意味着在英国没有人意识到德国人必然会在远征军之前抵达布洛涅，如果向西北行进，戈特将军将让自己部队的右翼暴露在德军装甲师面前。

第二天（用波纳尔的话说是"糟糕透顶的一天"）伴着帝国总参谋长的抵达开始了。"小个子"艾恩赛德带来了让远征军向西南方向的阿拉斯撤退的命令——这意味着丘吉尔相信远征军可以向南移动，而法国第一军可以向北行进，二者会师可以将德军"挤"出去。波纳尔认为这是一种

"丢人现眼（或者说很温斯顿式）的行动方式，而且事实上根本不可能成功"，他是对的。

远征军刚刚在埃斯科河面对西方比自己强大很多的力量稳固了自己的位置，而此刻又要奉命放弃这一还没开始蹲守的位置。幸运的是，德军进攻阿拉斯的消息让这一命令成为一纸空文。每个人都应该很清楚，如果路况良好，从阿拉斯到加来或英吉利海峡只有90英里（约145千米）的路程。

艾恩赛德是一名专业军人，换句话说是一个现实主义者。在出发去戈特爵士位于法比边境附近瓦阿尼镇（Wahagnies）的总部之前，他在日记中记叙道："此刻看上去是有史以来最大的军事灾难。"他到达的时候，一场大规模的法国政治危机已经开始上演。雷诺总理对内阁重新洗牌，夺走了达拉第国防部长的位置——达拉第不情不愿地被挪去了外交部——同时保留了自己内阁总理的位置。达拉第倾尽全力保护自己的门徒甘末林将军，虽然很明显甘末林在"D计划"失败后也不知道该做些什么。而雷诺依然还是简单粗暴地让他直接退休，并让马克西姆·魏刚将军代替了他的位置。魏刚将军被直接从贝鲁特召回，即刻成为总指挥官。

在人们眼中，魏刚将军是一个活跃健旺的人，和甘末林差别很大，但他也已经是73岁高龄了。他的不同之处（除了传闻说他是比利时利奥波德二世国王的私生子之外）在于他多年以来一直忠诚地担任福煦元帅的参谋长，福煦元帅战略超群，和魏刚将军一样沉默寡言。雷诺总理仿佛嫌这样的变化还不算大，又把84岁（而且有人说他老糊涂了）的凡尔登英雄贝当元帅从西班牙召唤回来担任他内阁的副总理[1]，以保护自己不受政敌的攻击——贝当元帅当时正在西班牙担任法国大使——这对法国来说也是决定

---

[1] 菲利普·贝当元帅是一个非常受欢迎的人，一方面因为1916年他在凡尔登战役中获得大胜，另一方面因为他在1917年尼韦勒将军在贵妇径（Chemin des Dames）防守战中落败之后，对法军中爆发的兵变事件坚定却不失人性化的镇压。贝当将军风流成性，但这并没有影响他在法国人心目中的地位。一战时，曾有一名士兵因紧急情况没能找到他，遂去巴黎一家他常出入的酒店寻找，结果在一个房间门外看到将军硕大的军靴摆在一双小巧高雅的女士高跟鞋旁。

命运的一个改变。

　　除了元帅的疯狂崇拜者之外，所有人都认为他年事过高，而且了解他的人也知道他已经疲惫不堪，态度悲观，还非常讨厌英国人。

　　克列孟梭的副手、内政部长乔治·曼德尔将元帅描述为"奄奄一息，仅剩的就是虚荣"。尽管如此，很多人依然赞同贝当元帅的"信仰"：法国完全不必要地被拖入了这场准备十分不充足的战争（在他看来这是拜20世纪30年代的社会主义及犹太政治家所赐），只是为了满足背信弃义的英国人的私欲，而后者只会让法国人战斗和死去。赞同者包括了反动分子及希特勒的崇拜者——法国海军指挥官弗朗索瓦·达尔朗元帅，他一直不停地提醒人们他的曾祖父就是在特拉法加海战中被英国人杀死的。

　　"信仰"是一个准确的用词——对英国的不信任已经嵌入了法国人的"信仰"体系中了，这远远高于任何政治。法国无论何时都是无辜受害者；德国人只是在1870年出现了一下而已，但英国却和法国争战了900年。法国没有一个孩子不是从圣女贞德——在1431年被英国人烧死在刑柱上的英雄——的故事开始学习法国历史的。

　　对一个年事已高的人来说，魏刚将军从贝鲁特到巴黎之行可谓不同寻常：搭乘一架"格伦·马丁"式轰炸机，坐在机身中部炮管下方的一张快要散架的庭院用椅上。飞机落地时几乎撞在地面上。魏刚将军艰难地从那架坏掉的飞机中爬出来，即刻去会见那些他将要与之共事的重要政治和军事人物，向他们表达他的尊重。他对盟军面对的问题并没有任何的解决方案；事实上当他看到标志着各军队所在位置的地图时说："如果我知道情况这么恶劣，就不会来了。"也许这意味着他已经在"考虑他的名誉"而非战争的胜利了。

　　魏刚将军和雷诺总理并不意气相投，甚至完全相反。魏刚是一个毫不掩饰的反叛者，一个"政治将军"，而不是"战斗将军"。雷诺选择他就像是选择贝当一样，只是为了对付他右翼的政敌，也是因为魏刚和福煦的关系甚密，因此雷诺希望福煦的战斗精神可能对魏刚有一些影响，至少在公众的眼中会是如此。但如果他真这样想，那就大错特错了。

艾恩赛德将军受战时内阁委派，来要求戈特将军向南进攻，但尴尬的是他认可戈特拒绝南下的决定；还有让他惊讶的是法国比洛特将军与战争的脱节，戈特一周多以来一直没有收到比洛特将军的指令。艾恩赛德带着波纳尔将军向贝蒂讷（Béthune）出发，希望能在北面找到那位捉摸不定的指挥官，却很快陷入了一片战败的混乱之中。"路上满是难民，"他写道，"有比利时人，也有法国人，乘着各种交通工具。可怜的女人推着婴儿车，一家人坐着马车带着行李。比利时的队伍漫无目标地走着。可怜的家伙们。这场面恐怖极了，把路堵了个水泄不通。"他最后在朗斯（Lens）找到了比洛特将军和布兰查德，就在上一场战争的发生地维米岭。"人们沮丧极了。没有计划，连有关计划的想法都没有。大家都是待宰羔羊。这是一场没有死亡的失败。疲惫至极却无所事事。"

艾恩赛德非常愤怒，对着精疲力竭的比洛特大喊大叫，拉着他制服上衣的一颗纽扣摇晃着他，大声强调着自己的想法。那一定是一幅让人印象深刻的场景，身材魁梧、6尺半高、肩膀宽阔的艾恩赛德朝着两位法国将军怒吼，而对方也愤怒地向他反击，最后并没有任何用处，不会对盟军的新司令魏刚将军产生任何影响，虽然后者承诺第二天亲自来解决问题——这已经比甘末林做的要多了。艾恩赛德计划经过加来回伦敦，而他在加来入住的怡东酒店遭到了德军轰炸，他在睡梦中被炸得飞出了床铺。

# 15

## 致命的山坡

"战争的艺术在于得到山坡另一边的东西。"威灵顿公爵的这句名言用在1940年5月和用在滑铁卢战役之前一样恰当。德军进攻的速度和影响力让法国人惊慌失措,但这并不意味着德军及其元首就一定开心和自信。在盟军这边,温斯顿·丘吉尔坚持错误地相信德国装甲师会耗尽燃油或斗志,而步兵师因为落后装甲师很大距离,也会精疲力竭,以至于给盟军留下反击的好机会。

"山坡另一边的"更谨慎甚至更资深的德军将军们也持有这样的看法,希特勒本人有时候也会这样怀疑。就像一个一开始赢了几局的赌徒,会在谨慎和孤注一掷之间徘徊不定。1939年9月,他将一切都押给了自己的直觉,坚信张伯伦不会因为波兰而宣战。他告诉戈林,他决定玩一次巴卡拉纸牌(这是德国人对"孤注一掷"的另一种说法),而戈林回答说:"我们什么时候没在玩巴卡拉呢,元首?"

这话说得没错。希特勒的直觉并没有欺骗他,但我们不能忘记的是,和全世界一样,希特勒对法军以及法国在世界上的位置有着过度的崇拜。孤立并打败英国远征军——只有法军十分之一规模的军队——对他来说并不像打败法军、为德国1918年11月11日的屈辱投降雪耻那样重要。希特勒依然受到里宾特洛甫的观点的影响,认为伦敦只要有"正确的人"当

133

权，英国就会理性地与德国和平相处，在他脑海中，远征军的命运并不像在英国人——或者在他自己的将军们——头脑中那么糟糕。

早在5月12日和13日，古德里安的装甲师已经开始了快攻，并引起了德军更高层指挥者的担忧。埃瓦尔德·冯·克莱斯特将军——冯·克莱斯特装甲军团的指挥官，也是古德里安的上司——一直希望能拖慢古德里安的进程，一方面认为法国会从马其诺防线后方发动反击——德方预估那边有"30～40个师"为此备战，另一方面是希望步兵师能够赶上坦克的进程。

而对于盟军来说，不幸的是魏刚将军从未有过这样的想法。古德里安认为克莱斯特是在"把德国的胜利让给法国"。他们的分歧愈演愈烈，以至于古德里安威胁如果不能按他的想法继续作战，他就辞职。这一不和闹到A集团军指挥官冯·伦德施泰特那里，然后再到陆军高级司令部，最后连希特勒都知道了。

古德里安终于还是控制住了自己的情绪，双方各自下了台阶，挽回了颜面——他可以继续向西进行"作战侦察"，整个装甲师很快如他所愿恢复了力量和速度，只不过改了个名头而已。但无论如何还是浪费了24小时，就像拿破仑所说，"我们可以恢复空间，却不能恢复时间"。

5月14—15日，突破区域发生了激战，据报道，德军遭受巨大伤亡，而且食物、水源、武器装备及燃油紧缺加剧了问题的严重性。5月15日晚到16日凌晨，德国陆军高级司令部显然有些丧失勇气，命令克莱斯特"停止所有西边的行动"，这导致古德里安再一次怒不可遏。在古德里安看来，他的"快速行进已经变为追赶"，法国人如今已经来不及组织新的师来进行反击了。这一次克莱斯特站在了他这一边。5月16日，装甲部队继续"毫无阻碍地向西行进"。

截至目前，德国坦克部队已经不再扣押战俘了。他们遇到路上撤退的法军时，只是让他们缴械，有时候命令对方将武器在路边堆成一堆，然后用坦克把它们轧毁。已经没有时间聚集战俘或者去纠结如何接受他们投降的法律细节了；古德里安的目标就是要在法军到来之前或者是陆军高级司令部有机会阻止他之前尽快抵达英吉利海峡。

虽然隆美尔的装甲师并不属于冯·克莱斯特装甲军团——他在古德里安的右翼，比古德里安行进速度还要快，仿佛在进行一场奔向大海的赛跑——和古德里安一样，隆美尔对于要求他停止或减慢速度的命令只是置之不理，在充满了难民和法国军人的大道上绝尘而去。而且由于无线电通信的崩溃，他得以自由地不惜任何代价让坦克一路向西快速行进。当敌军坦克出现时，他依然不停下来，只是边继续前行边发动攻击，让对方无法行进。而且无论在哪儿，当他发现法军车辆和逃难的轿车、卡车甚至马车混在一起挡住他的去路时，他直接行进到路边的田野里绕过对方。他在5月17日写的日记中描述了装甲师在科拉普将军的军队瓦解时的经历。

> 成百上千的法国士兵及他们的军官在我们到达时投降了。有些时候，他们还要被赶出我们身旁那些车辆。
>
> 有一名法军中校对此情景感到盛怒不已，我们的队伍超过了他被堵在车流中的车。我询问他的军衔，他的目光中充满了恨意和无用的怒火，在我看来他的性格应该属于比较狂热的类型。当时的交通非常拥堵，我们的队伍经常会被分散开，我想了一下，决定让他跟着我们一起走。罗滕伯格上校追上他时他已经向东走了50码了。上校示意让他坐到坦克里，但他简短地表示拒绝和我们一起走；在要求他三次之后，我们没有别的办法，只能开枪杀了他。

这个关于战争的恐怖故事值得海明威（或者戈雅）作为战争中的小事故描绘一番，当然要包括它残酷且令人惊讶的结尾[1]。德国装甲师在向英吉

---

[1] 也许更让人惊讶的是，一名德国军官竟然将一名法国军官描写为"狂热"的人。一个人可能被看作是狂热的，但总好过一个国家或民族都是狂热的。

利海峡方向行进的过程中，在很多村庄和城镇都发生过类似的故事。法军的分崩离析并不是因为缺少勇敢的军官或士兵，而更应该源自致命的战略误判，战斗意愿的瘫痪，无药可救的悲观情绪，以及顶层的政治阴谋；综上所有，再加上在一些区域法军的装甲装备对于一场现代战争来讲过于落后，尤其是其薄弱且老旧的空军力量。

多年来，法军在飞机方面的投入过于多样化（而且级别太低），在飞机的功用上也毫无策略，即便是在最后一刻从美国购买的现代飞机也不能为法国提供第一等的空军力量。而坦克方面，法国在数量上优于德国，而且型号也更加重型，武器装备更为精良，但坦克的行进性能不佳，在战场上加油方式不合理，而且缺少组织完备的无线电通信系统。这些坦克的设计事实上和法国其他一切装甲力量一样，是为了支持步兵，而不是为了长途行进——法国人从来没有想过去攻击任何人。从建立马其诺防线到组建空军，法国的主流哲学都是为了避免战争，而不是打仗。当这个谨慎的政策失败之后，它很难在一夜之间回到福煦在1914年的终极进攻哲学中——再凶猛的肉搏战也无法阻挡坦克和轰炸机。

而且事实上，过去20年来，无论是左翼还是右翼都没有显示出开战的欲望。确实有些崇拜希特勒和"新"德国的极端右翼分子，也有极端左翼，依然不相信苏联会和其他一些强国一样做出无情且自私的行为支持纳粹德国。

没有法国人会忘记上一次和英国、意大利、俄国以及美国一起战胜德国的情景——即便那一次是以最微弱的优势险胜，但现在更没有人会相信法国在只有英国人当同盟、苏联和美国保持中立的情况下会战赢德国，况且意大利还威胁要加入敌方。

坚持防守的心态无疑让法国失去了进攻的愿望，最终失去了进攻的能力，就像是站在拳击场中央的拳击手，让他的对手肆意攻击自己却全然不进行反抗。在德军进攻的第一个星期，用夏尔·戴高乐上校当时的话说，"我们的命运已经注定。在一直以来信守的致命谬误构成的致命山坡上，军队、国家、法兰西都在以失控的速度下滑"。

极端讽刺的是，在已经为时太晚的时候，戴高乐被召唤担任指挥官，做最后一次拖慢德军装甲师进程的尝试。戴高乐身材高大魁梧，性格严肃认真，他热情又充满讥讽的幽默感很难用英语来表达。戴高乐还是一个虔诚的天主教徒，然而在当时的法军中，教权主义是广受争议的。同时，他也是一个清高的知识分子，一个无所畏惧的武士，戴高乐曾在第一次世界大战中英勇奋战——当年他曾身负重伤，还吸入了毒气，并在凡尔登战役中被捕——在那名留青史的持续10个月的战斗中，德国试图"让法军流尽鲜血"，但最终战争在僵局中结束；仅凡尔登一役就导致了双方75万人死亡[1]——那或许是历史上最血腥的战役。戴高乐曾是凡尔登的胜利者贝当元帅的助手和门徒，他相信机械化的战争会改造整个战场，并且把这一观点大胆地写成了一本书，还受到了整个法国的质疑和赤裸裸的嘲讽；这一事件阻碍了他的晋升，也让他成了很多上级讨厌的人。戴高乐曾经预言，不需要太多的行进速度较快的坦克就可以直捣敌方规划最审慎、最强大的防守线（戴高乐轻蔑地将其描述为"固定的连续不断的前线"），并且可以通过破坏对方的通信网络迅速使其瘫痪，这无异于既攻击了法国的战略，也消除了马其诺防线的意义。古德里安用了不到一周的时间证明了戴高乐理论的正确性。

戴高乐对他前任上司贝当元帅的崇拜也是具有讽刺性的，他用奇特的方式表露了自己的性情。他意识到，这位老先生轻视智商及勇气都低于自己的人，他的虚荣永远不可能被军事荣誉所给予的"苦痛的安抚"满足，他把自己当成了法兰西本身，仿佛二者是一体的。戴高乐对贝当的性格的描述很有洞察力，或者也是一种无意识的自我描述："骄傲而不屑诡计，强劲而远非平庸，雄心勃勃而不趋炎附势，孤独滋养着他对支配一切的激情……"

---

[1] 据估计，凡尔登战役的伤亡人数接近100万，尸体的残骸至今仍在被挖掘出来，目前还看不到尽头。

德军在5月10日发动攻击的第二天，戴高乐就接到命令领导第四装甲师，而这个装甲师到那一刻还不存在，需要从其他队伍拼凑一些零散人员，然后快速将其聚集在拉昂（Laon）。他在万塞讷的最高统帅部受到了可预见的冷遇；5月15日，乔治将军对待他的态度虽然依然傲慢，却温暖得多："你来了，戴高乐！敌人把你这么久以来的想法用在战场上了，现在你有机会行动了。"

戴高乐在拉昂南部的布吕耶尔（Bruyère）建立了自己的指挥部，并马上察觉到敌人应该是在他的侧翼塞尔河一线向西行进。他的侦察行动被"悲惨逃离的难民"和那些被告知缴械投降并"向南撤退以免堵住道路"的士兵拖慢了速度。这一场景让戴高乐感慨万分："看到那些仓皇失措的难民以及溃败的士兵，听说了敌人的傲慢无理，我感到愤怒无比。啊！这太愚蠢了！战争的开始已经糟糕透顶。所以它必须继续下去。因为这个世界是广阔的，如果我活着，我将战斗，也必须战斗下去，直到敌人被打败，直到祖国的污点被洗去。那一天我就已经下定决心要做我该做的事。"

戴高乐是一个天生的领导者。不仅仅因为他在身高上的优势；他冷峻的气概，他坚毅的精神，他对那些不符合他或国家的标准的人的轻视，让他成为统领全局者。戴高乐相信，并且一直相信，"没有伟大，法兰西就不再是法兰西"。

5月17日黎明，他号令他陈旧、简单且未经训练的装甲师开始行动，向蒙科尔内（Montcornet）行进12英里（约19千米），结果在塞尔河遭到德军俯冲轰炸机的持续轰炸。但到当晚，他已经抓捕了130名德国战俘，对已经跨过塞尔河的德军第一装甲师造成了沉重的打击。

19日，他重组了军队，再一次发动攻击。这次是朝向拉昂的北部，但由于没有空军的支持，步兵人数也少得可怜，他无法成功跨过塞尔河，最终乔治将军命令他停止进攻。就连杰出、公正且亲法的军事历史学家阿利斯泰尔·霍恩爵士也批评戴高乐将规模小且低效的军事行动改编成了自己的神话故事，但故事里还是有一些真实成分的（这并没有拖慢古德里安的进程,而且后者甚至懒得向克莱斯特将军汇报这一事件),对于戴高乐来说,这一事件还有其他层面的重要性。在这场大规模的从马其诺防线一直蔓延到英吉利海峡的混战中,他发动了进攻,带来了伤亡,抓捕了战俘,他的部下英勇奋战,因此他有理由相信如果有4~5个法军装甲师向德军装甲师的左翼发动攻击,历史就可能被戏剧性地改写了。他不禁会去"想象他一直梦想着的一支机械化部队可以完成怎样的任务"。他是对的,只不过这样的队伍并不存在。

戴高乐在阿布维尔再次重复了他的表演,让他的师在5天内向西行进了155英里(约250千米),这本身不算什么成绩,只是整个计划的一部分——他的目的是要发起一次英法联军的拼死一战,以摧毁德国在索姆河上的桥头堡。这次行动依然以失败告终,而且造成了双方的大规模伤亡,但这一场为时3天的战役对德军的领导层造成了严重的影响,并让戴高乐拥有了盛名,将他引向了法国内阁,成为国防部的副国务秘书,之后还得到了准将军衔,并维持终身——即便在担任了第五共和国总统之后,人们依然称他为"戴高乐将军",仿佛其他的称谓都是没有必要的。

# 16

# 惊涛骇浪

不幸的是，英国人几乎完全没注意到戴高乐的进攻。《泰晤士报》报道说，远征军从布鲁塞尔撤离（对比利时人来说，这是一个坏消息，但伦敦却不觉得这有多么严重），前线正在进行"新的调整"，这对于掩盖大规模撤退来说是一个聪明的说法——有人觉得这是布洛涅丹·布拉肯在幕后操控。最擅长将灾难描述为喜讯的空军部大吹大擂其在1周内击毁了1266架德军飞机——事实上德国空军在整场战争中才失去了1266架飞机，而且其中有300架还是因为自身故障。一些更受欢迎的报纸报道说，德军的进攻被"击退"了，虽然即便是小报都最终意识到法军和英军在比利时已经不能再组成任何防线，而且德军的主要力量也已经不在那里，而是跨过了默兹河，直接向英吉利海峡行进。眼下不需要有任何战略知识，只是看看报纸头版的地图就可以知道，德军只要抵达海边，远征军和最多1支法国军队以及整个比利时军队就会与法军主力彻底断开，并且被包围，而他们的背后只有大海。

我父亲很擅长看地图。他看了一眼早晨的报纸，气馁地摇了摇头，便去工作室解决《巴格达大盗》的制作问题了——电影的场景搭建占据了德纳姆摄影棚的绝大部分空间；另外父亲还要开始为《汉密尔顿夫人》画草稿。他已经知道，这部电影讲的是纳尔逊上将的故事——剧本还没有完成,而之前他一直认为影片讲的是威灵顿公爵和滑铁卢战役的事,并且在战前已经画了几张布鲁塞尔那场著名舞会所在的舞厅的精细图片。当他把手稿给亚历山大伯父看的时候,亚历山大生气地摇了摇头说:"不,不,文斯凯姆[1],这部电影讲的是那个见鬼的上将,不是那个见鬼的将军——看在上帝的分儿上,撕了这些东西,给我一张尼泊尔宫殿卧室的稿子吧!"

母亲每天晚上从剧院下班回来,显然不想因为这些新闻影响自己的好情绪。而我则侥幸躲过了这个将被称为"后方"的地方——这个称呼再也没有打趣的成分——所经历的分崩离析。亚历山大的另一个朋友克莱尔·布思注意到政府"继续(无用地)鼓励伦敦居民让孩子们撤离,然而那个冬天到春天,很多离开的孩子都搬回了伦敦",并且事实上让小孩撤离的压力远比她想的要大得多。

"花衣魔笛手"行动一经开始,就会像其他一切城市服务计划一样毫无悔意地进行下去——比如贫民窟清理或者是税收。我父亲一直让我在汉普斯特德、德纳姆、约克郡和怀特岛之间转来转去,就这样和当局周旋了好一阵子。当然政府也正忙于转移上百万的都市儿童,把他们送到那些既不欢迎他们也不被他们喜欢的地方。就像克莱尔·布思所预测的那样,事情变得越糟糕,人们越希望把孩子留在身边,而不是让国家把他们送去一个陌生的地方,让陌生人照料。

法国发生的重大事件并没有阻止丘吉尔关注政府所做的即便是最琐碎的事项,也没能让他停止设想未来如何赢得这场战争。戴高乐攻击古德里安侧翼的那天——如果他听说了这件事,一定会感到非常高兴——他的儿子伦道夫从军团放假,到海军部去看望了丘吉尔——因为不想催张伯伦从唐宁街10号搬走,丘吉尔一直住在海军部的房子里。伦道夫回忆了他们父子当时的对话。

---

[1] 父亲匈牙利名字的爱称,诸如此类的如文斯、文斯凯姆,佐尔坦、佐利卡姆等。

我来到我父亲的卧房。他正站在水盆前，用老式的剃须刀刮胡子。他的胡子很硬，他像往常一样把它们刮得一干二净。

温斯顿·丘吉尔说："坐下吧，亲爱的儿子，看看报纸，等我把胡子刮完。"我按照他说的做了。两三分钟后，他半转过身子说："我想我已经想清楚了。"他说完后继续刮胡子。伦道夫·丘吉尔很是惊愕地说："你的意思是说我们可以避免失败？（这听上去还有可能）还是能打败那群浑蛋？（这听上去很不可能）"

温斯顿·丘吉尔把剃须刀扔在了水盆里，转过身说："我当然是说我们能打败他们了。"

伦道夫·丘吉尔说："好啊，我全力支持，但我不知道你怎么能做到。"

这时温斯顿·丘吉尔已经擦干了脸，他转过身激动地对伦道夫·丘吉尔说："我要把美国拉进来。"

这是一个有远见卓识的结论。丘吉尔没想到需要19个月的时间才能让美国卷入这场战争，但他从和罗斯福总统的第一次通信就很清楚地看到，他有责任让对方对盟军产生同情，同时也要用尽一切方法让美国公众相信，英国将奋战到底，而支持英国是符合美国利益的决定——同时英国的作战动机也是值得支持的。他尤其认为英国的电影行业可以帮助他达到那个目的——我伯父在这项事业中已经在扮演一个先驱者的角色——丘吉尔依然有时间读《汉密尔顿夫人》的剧本，还在里面加了一些自己的想法。

然而，美国驻英国大使约瑟夫·P.肯尼迪的悲观主义和孤立主义观念令丘吉尔让美国相信英国会坚持战争到底并要取得胜利的工作难上加难。这两个男人彼此几乎没有任何信任或好感；之前的2年时间，肯尼迪还会到唐宁街10号和内维尔·张伯伦闲聊，而如今这一特殊待遇也不复存在了。让肯尼迪痛苦的是，他认为自己有义务将丘吉尔的信息转达给总统，尤其是因为他本人的信息和建议总是被总统无视，或者是被其待之以标志性的欢快温柔的态度——罗斯福通常喜欢用这种方式回绝那些自认为和他很亲近的人的建议。当肯尼迪写信说他不认为英国有任何胜算时[1]，总统完全没有理会他的观点。他在信件和日记里都不断地提到丘吉尔的酗酒问题——肯尼迪自己是一个坚定的禁酒者，虽然他十分讽刺地拥有一家自己的酒类公司——以及他的样子是多么糟糕或苍白，然而在丘吉尔周围的人会知道事实正相反，危机仿佛让他回到了自己最好的状态。这位大使像一个碎碎念的老太太，从来不会错过去发现一些显示出丘吉尔喝酒的信号，他写道："他身边有一个托盘，上面有各种各样的酒，他正在喝一瓶苏格兰姜汁啤酒，而我的感觉是那绝不是他那晚喝的第一瓶酒。"又或者会提到丘吉尔身边的桌子上放着半杯酒之类的话。

肯尼迪大使可能不知道首相长年以来的习惯就是白天的时候要慢品一杯威士忌苏打，虽然意志没有那么坚定的人在这些时候会希望喝一杯咖啡或茶。但无论是醉还是清醒，任何人都能感受到如今掌权的这个人拥有一个全新的更加强大的人格。丘吉尔给罗斯福总统发了一封电报（"无论在法国发生的这场大战的结果如何，我们将坚决地战斗到最后一刻……"），他停下来看了看英国驻法国最高统帅部联络官斯韦恩将军来电的文本，斯韦恩将军用医生式的谨慎措辞描述了法军的现状（"人们的信心越来越低落，情绪十分低迷……底部的伤开始愈合，但如我所预测的，顶部的伤势要再次化脓了……"）；当听到丘吉尔夫人说战地圣马丁教堂的牧师刚刚进行了一场失败主义的布道时，丘吉尔建议新闻部长应该让这个神职人员戴上手枷。他催促戈特爵士向南部的亚眠进攻，与法军取得联系。最后，在打字员噼噼啪啪地打出了无数的草稿之后，他第一次在BBC对英国人民发表了演说。在这第一次战争演说中，他将可怕的真相告诉了人民。

---

[1] 肯尼迪的原话为"a Chinaman's chance"，直译为"中国佬的机会"，是一种带有侮辱性的说法，意思是微乎其微的胜算，而肯尼迪所说的是连微乎其微的胜算都没有。

一场恐怖的战争正在法国和佛兰德斯展开。德国人通过空袭轰炸和重型坦克的卓越配合突破了法国北部的马其诺防线，其大规模的装甲部队正在劫掠这个被打开国门的国家。在之前的一两天内，那里已经没有了任何防守。德军已经长驱直入，并在一路上散布恐慌。在装甲部队后面是在机动卡车上的步兵，而步兵后面又是装甲部队……我收到了国王陛下的命令，已经召集各党持各种不同观点的男女党员组建新的政府。在过去，我们有观点上的分歧，经常会争吵，但现在，我们已经绑在了一起。无论付出怎样的代价，经历何等痛苦，我们都要将战争进行到底，直到获得胜利，绝不允许自己被奴役或羞辱。如果这是法、英历史上最令人震惊的时刻之一，那么无疑它也是最庄严的时刻。英、法人民要肩并肩，不仅要拯救欧洲，还要拯救全人类免受让人类历史堕入黑暗的独裁霸权的摧毁。在他们背后是一个个破碎的国家和被重击的民族，捷克人、波兰人、挪威人、丹麦人、荷兰人和比利时人——如果我们不能取胜，蛮荒的黑夜将降临在他们周围，希望之星也很难打破那片黑暗——我们必须取胜，我们将会取胜。

我还记得我在夜里听这次演讲的情景。那些严肃的句子让我印象深刻——我身边的人们也都在听。就连我的父亲也好像被感动了。卢阿姨直接哭了出来。我母亲当时可能正在剧院，无论如何我已经不记得当时看到过她在场了。我们坐在餐厅，父亲坐在战前他在巴黎买的德·基里科的画作下面（他在巴黎的时候曾经和德·基里科合用过一间工作室），狗蹲在他的脚边，身旁放着用玻璃瓶装着的白兰地——他不喜欢华丽的窄口酒杯或者球形矮脚大酒杯，切东西也喜欢用他口袋里的折叠刀而不是餐刀。那时候的我对当时的局势一无所知，更不用说这篇在某些程度上面向全英国听众的演讲。实际上这次演讲设定的——聪明地设定的——一个目标是罗斯福总统，同时也是对肯尼迪大使以及保守党和像肯尼迪一样更喜欢内维尔·张伯伦、梦想着绥靖政策能带来与世无争的和平的英国人所提出的质疑的鸿篇巨制式的回答。丘吉尔告诉我们，哪怕我们会失败，也要战斗着失败；我们的敌人不仅仅是德国，而且是历史上"最邪恶最摧毁灵魂的暴行"，这也是当时对纳粹德国最好的形容。

在之后的几天里，报纸上的乐观标题突然转变成了十分沉重的语气，而其背后是残酷的事实。如今真相已经曝光于众人面前。事态十分严峻，而且会越来越糟，比现在糟糕很多，而法军——和我们的远征军一样——正在撤退。虽然丘吉尔过分慷慨地表扬了法国，但那些仔细听了他的演讲的人应该可以找到里面的一些暗示：法国正在经历溃败，而我们很可能要独自作战，此外还有一些措辞谨慎的语句是希望得到美国的帮助。

一天后，美国总统收到了一封更糟糕（也更直白）的个人信件，信中再次强调了现在的政府绝对不会投降，但同时也指出，如果"现在政府的成员离任，由其他人接受加入谈判，您一定不要忽略这个事实：唯一能与德国交战的就是我们的舰队；而如果美国选择让我们听从命运的安排，那么只要那些战斗者倾尽全力去保护那些活着的人民，将没有人有权力苛责这些人……"

这封信比这位"前海军人员"给总统写过的任何信件都要更直率，信中的措辞也是罗斯福总统并不习惯的，几乎是直接的威胁，同时也显示出丘吉尔在某种程度上觉察到戈特爵士不会向南部的亚眠突击加入法军，而用首相自己的话说，"前方就是惊涛骇浪"。丘吉尔并不常表现出自己的抑郁情绪——他称之为"黑狗"，哪怕对他的孩子都是如此（丘吉尔夫人对这种阴暗情绪更为熟悉），但这一次情况不太一样。在丘吉尔的性格中，有一种非常重要的品质就是可以眼都不眨地望向深渊，而不失去勇气。他不相信我们会战败，但他也不想向他的人民隐瞒我们可能失败、结果可能会非常恶劣这一事实。

第一次听丘吉尔演讲的人已经非常清楚——全国上下都非常认真地

聆听了——支持绥靖政策的所有简单的假设、对法军的盲目信任、著名的马其诺防线、远征军的战斗力，还有最重要的对最终可能与希特勒达成某种协议的期待，这一切都被丘吉尔赤裸裸的现实主义一扫而光；现在事实已经十分清晰，英吉利海峡对面正进行着一场大型的历史性战斗——而且很可能会失败。无怪乎托尔金的《指环王》在很长一段时间内引发了历史性的轰动，它所描述的黑暗魔王索伦的军团对一片与英国不无相似之处的平静乐土的侵略，就像是希特勒攻无不克的军队横扫一个个欧洲国家，攻占的城市都是英国、比利时和法国在1914—1918年第一次世界大战时战斗过的地方，还有那些任何曾经到"大陆"去旅行的人都耳熟能详的港口，最终他们朝英吉利海峡进军，快速行进到拿破仑曾经到过的港口城市布洛涅，在那里等待20万兵力登陆英格兰的那一刻。

这显示出丘吉尔在5月20日午夜，也就是在发表了全国演讲并给罗斯福总统写了私人信件之后，是如何看待整个事件的严重性的。他凭借着自己敏锐的洞察力告诉战时内阁，他认为海军部应该集结大量的小型船只，到法国的港口和海湾待命。

# 17 木棒尖

第十二枪骑兵团（威尔士亲王本人的骑兵团）是1940年5月10日跨过法比边境的第一个盟军军团，并在之后穿过欢呼的人群直奔戴尔河。他们的装甲车前哨那天晚上已经抵达了戴尔河——实现了甘末林将军倒霉的"D计划"的第一步。

从那一刻起，第十二枪骑兵团的经历就反映了远征军的大部分经历。用其中一个骑兵的话说，他们有1周的时间都在"逛来逛去"，像装甲侦察兵一样承受着敌军势不可当的力量，经历着德国空军无情的轰炸和机枪扫射，还不得不从一条条他们认为自己可以在撤军的混乱中守住的防线撤退到下一条。他们为了守住沿途的几百条小溪、河流、运河而战斗，在一夜之间从骄傲的远征军前卫变成了被围困的后卫。

第十二枪骑兵团是一支精英队伍，即便是在所有军团中都十分耀眼，历史悠久，获得过无数的战功，在衣着和行动上都与众不同。该团组建于1697年，为了镇压詹姆士二世党人的叛乱，为"轻型龙骑兵团"。[1]兵团不仅攻打过在埃及和滑铁卢的法国人，还被乔治三世授予了"威尔士亲王本人

---

[1] "轻型龙骑兵团"后来演变成骠骑兵团和长矛轻骑兵团；"重型龙骑兵团"是指戴着胸甲并骑乘战马的高大士兵，英国皇家骑兵卫队和法国共和国骑兵卫队仍保留建制。

的骑兵团"这一称号（以未来的摄政王乔治四世之名）。兵团特有的帽徽演变成威尔士亲王嘉德勋章加上三根鸵鸟毛；军士的臂章上则有三根细细的银鸵鸟毛。在1928年，作为一个"常规"团，第十二枪骑兵团交出了他们的马匹，配备了装甲车——对于1914年8月28日在英军历史上最后一支大规模手举长矛冲锋的骑兵中队来说，这是一个非常大的转变。但即便是在装甲车中，第十二枪骑兵团的军官在大部分时间依然是自由的贵族或是上流社会的狩猎运动员，以自己的勇敢、坚定沉着以及和部下之间的传统封建关系为傲。将马匹换成装甲车并没有改变军团的团队精神或骄傲态度。

他们的"莫里斯"装甲车在武器性能及装备上与德国的装甲车相比差得远（和法国的"潘哈德"亦是相去甚远），基本上可以说只是将七棱八角的笨拙的铆接装甲板壳放在15英担（约762千克）的卡车底盘上，顶上开了个盖子，看上去就像是老式的锡浴缸。一辆坦克会配备3个人，1个坐在像棺材一样的装甲舱里的驾驶员，再加上并排坐在他身后敞篷机枪座上的指挥官和机枪手；所配备的是"布朗"式轻机枪和臭名昭著的低效的"博斯"反坦克步枪。这种"莫里斯"装甲车是专门为对抗埃及、伊拉克和阿富汗的反叛部落而设计的，而不是要在欧洲北部抗击德军，它的底盘基本上无法阻挡任何大于步枪子弹的攻击；然而第十二枪骑兵团用高亢的士气弥补了在装甲车辆方面的缺失。

乔治将军在战争开始前就规划了如何让英法部队在他的指挥下紧密配合。在位于比利时边境附近富饶美丽的阿拉斯，法英军事联络特派团已经建立。经过甄选的精通英语的法国军官接受了训练，负责与英国部队进行营级层面的配合，不只是翻译，而是进行有策略的协调服务，以避免英国军队和法国平民之间产生矛盾，并在必要的时候成为法军和英军之间的纽带。在一些情况下，他们会迅速变成英军的一个组成部分，唯一的不同是穿着法国的军装而已。

被选为与第十二枪骑兵团A中队进行联络的军官是库德拉侯爵詹姆斯·亨利·勒贝利·德拉法莱西。第一次世界大战时，还未到法定年龄的库德拉侯爵就加入了法军，并获得了军功十字勋章。两次大战之间，他去了好莱坞，执导了至少5部电影，先后与两位电影明星结婚，第一个是葛洛丽亚·斯旺森，之后是康斯坦斯·班尼特。他与葛洛丽亚·斯旺森的婚姻让他成了世界名人，因为这是第一次一个电影明星和一个欧洲贵族结为连理。库德拉侯爵英俊非凡且勇猛无比，是一个真正的硬汉，却也因为在两片大陆上到处留情而遭人褒贬（莉莲·吉什曾滔滔不绝地形容在洛杉矶马利布海滩上看到他穿着泳裤的样子）。无论如何，亨利·勒贝利·德拉法莱西（英语国家通常都这样称呼他）是担任第十二枪骑兵团联络官的完美人选。[1]他所在的A中队的指挥官是"一个容易兴奋的马球球手"，一个一流的赌徒，一个天生的骑手，而副指挥官则是一位伯爵——德拉法莱西一定是从第一天起就融入了这支队伍。

幸运的是，除了魅力四射、仪表堂堂、举止得体又勇气非凡之外，德拉法莱西还非常注重细节，是报道战争情况的理想人选。他在5月10日去了趟巴黎，不过他行动非常迅速，当晚就已经搭火车回到了阿拉斯，第二天早晨又跨过边境去了比利时。他记录道，比利时对法国的防范是惊人的；然而5月10日，双方突然成了盟友，可边防却很难拆除了——比利时人直到最后都还一直在打"中立"牌，或许最后一刻都拖了很久。去戴尔河与军团会合的旅程是艰难的，需要狡猾、好运气，还需要坚定的决心。布鲁塞尔向东沿线并没有铁路交通，德拉法莱西变成了一个穿着外国军装、拿着旅行箱的搭车客，在遍地都是关于各种间谍、内奸或者是穿着盟军军装甚至装扮成修女的德国伞兵的谣言时，他到前线去寻找第十二枪骑兵团。

每个人关于佛兰德斯这场战斗的记忆都包含了在德军发起进攻后的慌乱中无辜的平民和士兵在错误的地点、错误的时间被草率枪决的故事。"安全比抱歉有意义"，这是英军和法军的共同想法，而最安全的办法就

---

[1] 他的父亲是一个剑术家，曾经夺得两枚奥林匹克金牌，他的侄女就是之后著名的时尚偶像露露·德拉法莱西，参与过无数时尚大片拍摄，也是著名时装设计师伊夫·圣罗兰的缪斯。

是杀掉那些没有和队伍在一起，或无法解释为什么自己孤身一人者。在战地孤身一人永远是有风险的。虽然如此，德拉法莱西还是在5月11日傍晚安全抵达了戴尔河畔的"美丽的绿色谷地"（他是唯一一个形容过这里美景的人），在河对岸他加入了他的军团，一度甚至被身边的炮火和轰炸声震得双耳失聪。

那晚，当他被派去与附近的法国和比利时队伍联络的时候，他的装甲车因为"逃跑的人流"不得不停了下来，"我听到了炸弹掉到地面上时那些疯狂的叫喊声……之后就是近处的爆炸声，还有被吓坏的动物的叫声"。

德国人进军的速度飞快，平民突然间发现自己被包围在作战区内，充满恐惧地离开了自己的家或农场——接下来几周的战争热浪让比利时和法国的百万民众流离失所。不仅是因为德国的军事政策（恐怖政策永远是留给敌方的最后让步立场）造成了这种惊慌情绪，同时难民非故意地阻塞道路也阻断了盟军的通信系统。德军无情地轰炸和扫射难民无疑加重了恐慌情绪，让更多人仓皇出逃。德国人以其一如既往的"严谨"态度烧毁了比利时的村庄，炸掉了比利时的城市，进一步推动了人们逃走的冲动。人们尽可能多地拿着自己的财物，农民带着自己的牲口一起出逃（再怎么说这都是农民最重要的财产），而那些被留下的动物没有东西吃，没有水或奶喝，再加上受伤之后的嘶吼和对痛苦的恐惧，这一切的一切吞没了曾经宁静祥和的西欧乡村。[1]

盟军撤退这个事实并不意味着他们并没有在战斗。甘末林意欲在戴尔河组成的防线迅速瓦解，一方面因为德军的行进速度太快，让组成固定的防线变得不太现实；另一方面他也没有考虑到对方空中力量的卓越超群、"斯图卡"式俯冲轰炸机的精准以及荷兰的抵抗可以在5天之内彻底落败。德拉法莱西对接下来1周的战斗的形容是接连不断的激烈交锋以及迅速攀

---

[1] 当然这都源于不堪回首的残酷战争。盟军也曾让炮兵连躲在农民家由几代人苦心经营的果园中，把坦克和汽车藏在谷仓和马棚里，以躲避德军的轰炸，也会搜刮那些空置的房屋，但他们不会故意轰炸大量的逃难民众，甚至包括儿童，或者在战争的这个阶段以那些没有重大军事意义的城市或小镇为轰炸目标。

升的死亡人数，然而这些都没有打击他的情绪，而且他依然有能力在那些不可思议的地方找到新鲜的烤面包、葡萄酒以及芝士。到5月12日，第十二枪骑兵团已到达戴尔河东部15英里（约24千米）处，而盟军则依然在组建他们的防线——如果防线可以维持下去，在理论上就可以保护布鲁塞尔和伟大的安特卫普港口，它们在卢万古城的东南方向20英里（约32千米）处——1914年8月，德军将著名的卢万大学及其图书馆夷为平地，这场肆意的摧毁行为震惊了世界——而眼下，德军打算让历史重演。

在这个即便对欧洲来说都算是一个小国的三角地带，德国人集中火力不断地进行空袭，完全摧毁了无数小城和乡村。空军完全没有任何对手——比利时没有现代的高射炮，而法国和英国也没有将他们的高射炮带过来，在法国的英国皇家空军以及法国空军的残余力量于100英里（约161千米）以南发起了行动，试图减缓德军从默兹河向西的进攻。Ju–87"斯图卡"式俯冲轰炸机因为其较慢的速度和固定的起落架会轻而易举地被英国战斗机击败，但眼下没有这样的战斗机，再加上好天气助力，这些俯冲轰炸机可以大规模组队，然后一架接一架地精准定位目标城市，将其炸得寸草不留。

"'斯图卡'是轰炸机中的神枪手。"一名"斯图卡"飞行员曾这样回忆。英军也很快明白了隐藏起车辆和枪支的重要性，同时不能在交叉路口或村庄的广场上集合，因为100码之上的空中，"斯图卡"飞行员可以看到哪怕是最小的攻击目标：车辆会在路上扬尘或在地面上留下轨迹，摩托车和装甲车的车轮印会将敌人引到森林或农场，没有放好的炉子或者是露出草垛的反坦克枪筒都会留下影子，哪怕是野外双筒望远镜的镜片反光也会暴露踪迹。

最后，士兵们已经习惯听到这些俯冲式轰炸机地狱般的噪声——更不用说它们机翼下面的警报器，炮弹上还有哨声插片——之后也很快接受了突然间的轰炸带来的怪异的脆弱感。第五边防军团一个士兵曾头朝下跳进一条肮脏的水沟里躲避"斯图卡"的空袭，后来炸弹炸死了一个平民；爆炸后，他站起身来看到一个东西从马路对面滚过来。"谁在这个时候踢足球？"他这样想完才意识到那是那个平民的头颅。

盟军和敌方的初次相遇总是先见到他们向已经攻占的桥梁或村庄行驶的摩托部队前卫。德军的摩托营配备了大量的机关枪，摩托旁边的挎斗中坐着机枪手，他们手持轻型机枪。看到敌人后，德军摩托部队会下车用机枪掩护四散逃开。他们会尽可能突破对方防守，但如果不能，就会派人回去送信，警告后方的坦克、装甲车以及再后面的步兵和炮兵部队前方遇到的情况。如果无法与敌方匹敌，就会呼叫空军支持，比如"斯图卡"轰炸机，又或者是双引擎"海因克尔"111轰炸机，后者是直线平行飞行，并且可以装载更多的炸弹，足够将一个小村庄夷为平地。双方的摩托部队死亡人数都很高——在100~200码的距离内，摩托车对于一个厉害的射击手来说是非常容易的攻击目标，而英军常规部队的射击手标准是非常高的。英国所有对这些战斗的描述中都会提到被击毙的摩托兵躺倒在地，身旁放着他们的机枪，因为比起相对不可靠的无线电系统，英方更需要依靠摩托兵来传递信息，而骑着摩托的士兵对于低空飞行的"斯图卡"或者是德国战斗机上的射击手来说都是完美的目标。

"D计划"谨慎而细致入微——甘末林将军的团队用了将近2年的时间进行完善——但他依然需要依赖对比利时和荷兰抵抗的坚决程度及对时间的粗略估算，同时还将1914—1918年德军被一条固定战线击溃的速度作为前提，而不管如今德军发动攻击的速度有多快。同时，甘末林的"D计划"完全没有考虑德军的B军团可能会在盟军根本还没准备好组建固定防线时就已经抵达比利时中部这种可能性。

第十二枪骑兵团的经历是德军入侵后那些日子所发生的血腥战争的典型写照。兵团进军顺利，距戴尔河东部还有将近25英里（约40千米），其中一支队伍据守蒂雷勒蒙（Tirelemont）北部格特河上的一座小桥，左翼是比利时一个师在"英勇奋战"，右翼是法国的轻装甲骑兵师。[1]第二天，

---

[1] 这些装甲部队和德国的装甲师不同。他们相当于乘坐卡车的步兵师的组成部分，同时拥有一些坦克和装甲车，以支持步兵部队。他们的目的是防守，而非进攻；他们无法进行如克莱斯特装甲军团所进行的远途突破行动。

德拉法莱西受命与战斗卡车一起前进（载着汽油和弹药的卡车，这是一项危险的任务），在成功躲避了3架"斯图卡"轰炸机在600英尺（约183米）上空的机枪扫射之后，德拉法莱西抵达格特河附近，这里有一座铁路桥横跨河流，有一支装甲车部队在这里驻守。德国人隐藏在100码以外的一排树后，并且已经击毙了河对面的几个机枪手，虽然德方也有伤亡。"德军有3辆摩托车被击毁，6人死亡，趴在30码以外的泥地里。"德拉法莱西和他的指挥官朋友在战火中依然保持愉悦，而眼前德军的飞机又炸毁了一个村庄。晚上，比利时开始撤军，随着"震耳欲聋的爆炸声，1英里之外的比利时弹药库被炸毁了"。

夜幕降临前，第十二枪骑兵团接到命令，撤军到通向卢万的高速路上。"我们看到了一幅令人恐惧的场景。德方的轰炸机给这条宽广的大路造成了严重的破坏，眼前已是满目疮痍。满地的卡车、大巴、私家轿车葬身火海。一辆大型的度假巴士被炸到了一间破屋旁，前轮嵌在了残留的屋顶里。它依然燃烧着，如同一个巨大的柴堆，照耀着满地的鲜血和尸体"。

自1940年起，媒体（以及每个等级的英国军人的回忆录）一直都将比利时人描写得十分负面：战斗能力差，很快投降。然而德拉法莱西平铺直叙地描写了德军的入侵给这个毫无准备的小中立国带来的毁灭性伤害——而早在1937年10月，德国就已经严肃地确认了它的中立地位。但和1914年一样，1940年的德国完全忽略了比利时的中立性，对其人民烧杀抢掠，血腥报复，而比利时对德国的唯一"冒犯"只是它的地理位置：它挡在了德国侵略法国的途中。盟军和德国的战争计划都将比利时视为主要战役的战场，而盟军每次的"撤离"都让比利时的一部分暴露于德国人的残忍屠刀之下，这显然不能激发比利时的战斗士气。

那天晚些时候，德拉法莱西报道了更糟的新闻——有3支向南进攻的法国轻骑兵部队已经败退，伤亡惨重，第十二枪骑兵团受命尽可能"拖慢"德军的进攻速度。德拉法莱西在一幢被烧毁的房屋的酒窖中躲避一场轰炸袭击。他感到身边有个人，便打开手电筒查看，发现"几英尺以外有一个被砍死的女人的尸体躺在血泊中，大腿被从根部砍掉了……"他离开的时候，被她的腿绊了一下。早晨，他和第十二枪骑兵团余下的战士静静地待在那里，看着一拨接一拨的德国轰炸机有方法有策略地再一次摧毁了卢万——第一次世界大战后期，这里刚刚在来自全世界的捐赠资金的支持下得以重建——"古老的楼宇瞬间化为一堆堆石块……城市上空升腾起巨大的黑云"。

5月14日晚，第十二枪骑兵团回到了戴尔河西岸——3天前他们刚刚跨过这条河，在皇家工程师炸毁之前穿过了桥梁，德军的一个摩托排也被一并消灭。为了沿袭英军的传统，德拉法莱西的朋友、"冷流"卫队首领弗雷德里克·剑桥勋爵（英国王室成员，已故国王乔治五世的遗孀玛丽王后的侄子）让摩托通信员带给他一瓶"年头久远的白兰地"，附带一张字条，解释了自己太忙，无法与他共享这瓶美酒——弗雷德里克·剑桥勋爵正在卢万的废墟中继续战斗，事实上第二天他就殉职了。

接下来的几天仿佛一片朦胧，只是在一个个被摧毁的小城无止境地战斗。由于一直在比利时艰苦作战，德拉法莱西到5月16日才知道德军已经在南部的色当成功突围。而到那一刻他已经4天4夜没有睡过觉了，所以这个消息对他几乎没有造成任何影响。5月18日，德拉法莱西获悉比利时已战败，盟军正在向丹德河撤军，第十二枪骑兵团再次作为后卫掩护。撤军将他们带到了从当年的滑铁卢战场到17世纪马尔伯勒战役中的很多著名地点，还经过了英军在第一次世界大战中的一些最可怕的作战地。仿佛在这个小国的战斗进行了3个世纪，而每隔几英里就肯定会看到整齐的英军坟墓。在撤退途中，第十二枪骑兵团一直在流血牺牲，装甲车数量也是越来越少，队员们停下来埋葬战友后，继续前行。

德拉法莱西在一次轰炸袭击后描写了这个非常典型的瞬间：

一片红光让我的眼睛顿时失明，而后车子随着巨大的爆炸声飞了起来……我们前面10码之外的装甲车侧翻到深沟里……我们用了5分钟的时间挖路、推车，而就在这时又有一辆装甲车和它的同伴一样翻进了沟里……有两架轰炸机注意到了我们，用机枪不停地朝我们开火，这让我们的工作变得更加艰难了……因为炎热和恐惧，我的上衣被汗水浸湿了……安德鲁（队伍的指挥官）比我们要努力两倍，他最后站直身子，让大家停止作业。所有的设备和武器被搬下了车，少校亲自用手枪击毁了这辆装甲车的引擎，结束了它的生命。

那天夜晚，他们"全速猛扑向那条公路……经过了无数尸体、坏掉的车辆和在火光中的房屋"，跨过丹德河，在布鲁塞尔和法比边境之间约三分之二处的比森瑙（Buissenal）喝了一晚啤酒。

"我在睡梦中听到了上尉让大家起床的命令，"德拉法莱西写道，"我看了看表。我只睡了10分钟。"

  一个小姑娘走进了厨房。她长了一双乌黑的大眼睛，鬈曲而浓密的黑发，身上的小粉裙又脏又皱。她抱着一个婴儿，向我们讨一些牛奶给她的小弟弟喝。我想回去睡觉，但她安静却坚定的小大人似的口气让我无法把目光从她身上移开。她右脚上的鞋子开了口，脚又红又肿，在给牛奶加热的时候，她直直地坐在一把椅子上，抱着那个小婴儿，给我讲她的故事。
  她是从40英里之外的布鲁塞尔徒步走来的，走了一天一夜。她今年11岁，父母都是德国犹太人，住在柏林附近。纳粹掌权后，他们逃到了布鲁塞尔。很快，他们找到了新的工作，生活已经安顿下来，一切都开始在向好的方向发展。后来她的弟弟出生了，战争开始了，然后是德国入侵。他们又开始逃亡了。她告诉我，她的父母都病了，他们躺在附近的一个谷仓里。
  我知道她已经沉着冷静地肩负起了照顾全家的责任。她自己无欲无求，心中想着的只有她的父母和弟弟。她唯一的希望和目标就是到法国的边境去。她应该是认为如果全家人能穿过边境，就可以获得永远的安全。她知道还有30英里的路程，但她实在是一个最了不起的孩子，坚定地相信盟军会阻挡德国人的进攻——至少可以让她走到边境。我没有反驳她。

她问我如果她睡上几个小时，会不会安全。"因为你知道，"她说道，"我特别累，脚很酸。"

我承诺她说不会让她睡过头，我们在清早离开前一定会叫醒她。

这个农场的热心的女主人听到了我们的谈话，端来了一盆热水，让小姑娘洗脚，还给了她一双运动鞋来替换她脚上的那双坏掉的鞋子。我们的厨师给她和她的家人做了三明治。当这个勇敢的孩子离开厨房时，还用极其礼貌的态度向我们表达了感谢，然后带着女王般的尊严抱着怀里的婴儿庄严地走进了黑暗中。

我跟着她走到门口，望着她穿过院子，走进了堆着稻草的谷仓。看着她走进黑夜的样子，她的背影仿佛变成了这些被迫害的人民的精神的化身，代表着人类求生的坚定决心。我突然为自己的疲惫感到羞愧。

一名无线电联络员带来了给我们的命令。我们要在凌晨3点离开，回到丹德河，守住莱西纳以掩护我们的步兵撤退。

房子里面几乎没有地方可以躺下来休息；所有的房间都装满了难民。我裹着毯子，睡在了果园里的一堆稻草下面。

也许因为德拉法莱西是一个欧陆人，所以比起他的英国队友们，他更明白这个年轻女孩未来的命运。他知道德军到来后，接下去就是盖世太保、帝国保安部，还有温斯顿·丘吉尔所说的"纳粹统治下的所有可憎的机构组织"[1]，而德国的犹太难民和那些反纳粹的德国人一定是第一批被清洗并送到集中营的人。他无法为她做任何事，没办法带上她、她的父母和那个婴儿与第十二枪骑兵团一起战斗。他可以猜到当他们落入德国人手中之后会发生什么。德拉法莱西讲的是大悲剧中的一个小悲剧，一个微小的组成部分，是整个西欧经历的悲惨遭遇中的一小面。那个穿着粉裙子、抱着小婴儿的弱小的犹太女孩是一个具有象征意义的同时也是非常真实的英、法30年代外交政策的受害者，是绥靖政策、缓慢的重整军备、美国的孤立主义、错误的战略以及更加错误的战术的牺牲品。他最后一次看到她时，她推着一辆坏了一个轮子的婴儿车，朝着法国的方向走去，四周如同地狱一般："公路一片残破，大树被炸弹炸倒，满地都是被毁坏的车辆和巴士，车身上都是子弹打穿的洞眼。路堤上是四肢不全的马匹的尸体，还有一些人的尸体躺在血泊中。眼前的黑烟越来越浓，火光点燃了图尔奈（Tournai）的天际线。"

德拉法莱西坐在指挥车中，为军团侦察图尔奈的废墟。他发现每座房屋都已经被烧毁，里面一个人都没有，图书馆依然在火光中，街道上都是被炸翻的有轨电车的天线和轰炸留下的瓦砾。他无法停下来和那个穿粉裙子的小姑娘说话。没有一场为她和与她境遇相同的人们准备的敦刻尔克大撤退。

5月20日，第十二枪骑兵团已经跨过了法国边境。此时他们才得知，10天前还是英国远征军总部以及法英军事联络特派团总部所在地的阿拉斯已经遭到德军坦克进攻，整个城市黑烟四起。离阿拉斯几英里之外，德拉法莱西的装甲车遇到了向南行进的法国炮兵和向北行进的步兵卡车造成的交通堵塞——这也是战争中法国指挥系统崩溃的表征——他发现一个沮丧的铁路工人正盯着挡住去路的被掀翻的巨大的火车头。德拉法莱西问他为什么没有人清理铁路轨道，这个工人耸了耸肩回答说："有什么用呢？德国

---

[1] 1940年6月4日，丘吉尔在下议院的演讲。

人把阿拉斯南边的线路都切断了。"

德拉法莱西第一次意识到究竟发生了什么。"那条长长的将我们带到法国心脏地带的轨道"已经被切断，德国人从色当的默兹河突破，切断了北部的法军部队和向西南进军的部队之间的联系，同时让英国远征军除了大海无处可去；此外，比利时军队的残余力量也被围在了比利时西北部的一个小角落里。

德拉法莱西接到命令，到阿拉斯去侦察德军是否控制了这座城市。他发现一队队法国——而非比利时——难民的周围浓烟四起，才意识到德军利用浓烟让坦克开入逃走的平民和车队中。炮火的轰鸣和爆炸声意味着阿拉斯依然在抵抗，但一辆德军坦克开火了，击穿了他们的一辆装甲车，车上的一个士兵受伤了，另一个死亡。下午晚些时候，部队在离阿拉斯不远的地方停下来，将死者埋葬在一个"绿树成荫的静谧的地方……这让人想起英国的景致"。

当晚，德拉法莱西和第一胸甲骑兵团[1]的几辆装甲车一起守卫一个村庄，德拉法莱西才知道第一胸甲骑兵团受到了巨大损失，超过80%的坦克和装甲车被摧毁。外面的传闻说，甘末林将军和在默兹河指挥法国第九军的科拉普将军自杀了。没人相信这个传闻，而且这确实也是假的。但第一胸甲骑兵团的军人们却认为面对现在这一片狼藉，将军确实应该这样做。

午夜，他们接到命令加入阿拉斯的最后守卫战。那座城市依然被包围在巨大的火团中。

---

[1] 胸甲骑兵团是重型骑兵队中的精英队伍，穿戴着胸甲、有顶饰的金属盔甲以及高筒靴，和英国的骑兵团一样，现在转为驾驶坦克和装甲车。

# 18
## 我们可能要完蛋了

第十二枪骑兵团一定不会知道，伦敦战时内阁、法国政府、大四分位将军和英国远征军总部之间的一次战略会议决定了他们的命运。波纳尔将军满意地记录道：5月20日，英军步兵部队在阿拉斯地区用刺刀击退了几次德军的进攻，并预测如果第二天不能成功发起有力的反击，那么"我们可能要完蛋了"。[1]

波纳尔早先已经通过恰当的渠道将自己对远征军现状的悲观看法和帝国总参谋长艾恩赛德将军沟通过，而一天前，艾恩赛德将军也已经将情况汇报给了战时内阁。然而，丘吉尔表示强烈反对——这或许也是波纳尔将军虽然在之后的战争中担任过很多要职，却一直没能提升到中将以上军衔的原因。丘吉尔坚持认为远征军"必须向南部的亚眠进军，与法军会合"，虽然无论首相还是艾恩赛德将军都没有解释这一命令如何与眼下的事实相契合：远征军的两个团在拼命与敌军争夺与亚眠相距50英里（约80千米）的阿拉斯，而德军的坦克已经抵达位于索姆河河口的阿布维尔，于远征军的右翼紧随其步伐。这是他们理应考虑到的。丘吉尔反对撤退到运河港口的

---

[1] 原文用的"foutu"是法语，和英语的"fuck"同义，波纳尔遵循了英语传统，在日记里把脏话都用法语表达。

计划并没有错，但是在不出现奇迹的情况下，远征军——再加上左翼的比利时部队所剩残余以及南部法国第一军的大量剩余部队——即将被三面包抄，而其背后就是大海。在运河的港口，德国人的装甲师一旦抵达阿布维尔，就会向东碾压一个个城市，布洛涅、加来，然后就是敦刻尔克。远征军能率先抵达其中一个就已经非常幸运了。结果是德军犯了一个最大的错误，才让远征军到达了不到50英里以北的敦刻尔克。

远征军将被调往亚眠的传闻已经让比利时人十分不满了。他们要么就在其左翼紧随其脚步行进，然而他们没有车辆，也不能适应外国的食物——那意味着他们要离开自己的国家，要么自己独自行动，在埃斯科河组成防线，但他们恐怕坚持不了多久。舰队上将罗杰·凯斯爵士——丘吉尔与比利时国王的私人联络官——向丘吉尔转达了国王越来越强烈的担忧，丘吉尔要求他一定要与国王共进退。"必须保持我们南部的沟通……"丘吉尔回电说，"要利用你对你的朋友（国王）的影响力，让他与我们的行动保持一致……比利时军队要守住我们向海的侧翼。谁都不能投降。"

从地图上看，德军装甲突击队的"凸角"不到30英里（约48千米）宽，这就解释了在伦敦看地图的人为什么认为可以让法国第三军朝东向亚眠和巴波姆发起攻击，同时让远征军从朗斯向西南行进加入法军，从而让北部的盟军与西部和南部的部队会合。

这也是所谓的"魏刚计划"的核心内容。魏刚将军在5月20日替代甘末林作为总指挥官的那一刻就采用了这个计划。他认为这个计划极其重要，以至于第二天早晨就与比利时国王、戈特爵士以及在伊普尔的比洛特将军开会，反对雷诺总理和担忧自己安全的贝当元帅的建议。巴黎和北部部队之间的沟通基本上被完全切断——德军割断了阿布维尔的电话电缆，而魏刚最初要搭乘火车然后转乘汽车的计划已经不可能了，目前只能在清晨临时找一架军用飞机从布尔歇机场飞到贝蒂讷，同时让一架战斗机随从。然而计划赶不上变化；整个旅程非常艰难——这也预示着盟军和空军的组织很快将变得一片混乱。

在一次又一次的冒险之后，总指挥官终于在空荡荡的军用飞机场降落了，陪伴他的只有他的副官。那里的电话已经被切断了，也没有车来接他。[1]他征用了一辆军用卡车，沿着挤满了比利时和法国难民的路找邮局。那些难民推着各式各样的有轮子的车，上面坐着女人、孩子和动物，还有他们能在短时间内从家里拿出来的一切细软。比利时恐慌的士兵丢弃了武器，也加入了难民的行列，堵在了路上。魏刚终于找到了一家邮局，里面有电话。他打给比洛特将军，传递了这里的信息，然后回到飞机场旁的一家酒店里，点了一份煎蛋饼。用过餐后，他搭上了飞往加来的飞机。飞机在起落架被炸毁后还是安全降落在了刚刚经历轰炸的机场。

下午3点他才到达伊普尔华丽的中世纪风格的市政厅，这意味着盟军司令（以及他的政府）有9小时的时间都对事态一无所知。哪怕是精神矍铄如魏刚将军，但毕竟是73岁的老人，在经过这样一天的劳顿和冒险以及从贝鲁特到伊普尔不舒适的空中旅行之后，可想而知是十分难受了。

魏刚将军到达市政厅之后得知比利时国王因为平民（和他自己的士兵）阻塞交通而迟到了。他刚好有机会和几位等在漂亮的哥特式大堂的比利时政府官员聊上几句（包括外交大臣，也是未来的北约秘书长保罗–亨利·斯巴克）。聪明的魏刚将军很快便意识到国王和政府的意见不一。政府认同魏刚计划；而国王却不愿意离开比利时这个小角落，或者让他的军队这样做。国王在他过分乐观的"军事秘书"范·奥斯特雷滕的陪同下抵达了市政厅。他非常清楚地告诉魏刚将军，比利时军队不会配合法国和英国作战，事实上，就连从埃斯科河转移到利斯河以掩护远征军左翼，国王都十分不情愿。魏刚将军和戈特爵士一样，希望比利时人撤退到更远的伊

---

[1] 他装了警报器和警示灯的车子都已经在夜晚被送上了火车，还差一点被阿布维尔的德军截获，这也是日益混乱的另一个标志。

161

瑟河，这样三军可以在法比边境连成一条直线进行防守，但国王认为他的军队如果要撤退到那么远的地方就有可能解体，会放弃如布鲁日或根特等一系列重要城市，只留下一个狭长的部分。凯斯上将和魏刚将军之间的对话不太顺畅，因为魏刚不会说英语，而凯斯上将说话结结巴巴，魏刚很难听懂他想表达什么，加之当时并没有翻译在场，这再一次证明盟军指挥层面的混乱程度。如果魏刚想和戈特爵士或者是波纳尔交流，没有翻译怎么办呢？但这就是当时的实际情况。

而最终问题得以解决了。筋疲力尽的比洛特将军终于到了。连魏刚都看得出他脸上的"疲惫和焦虑"。但戈特将军并没有来。正在敦刻尔克担任指挥官的性格好斗的法国上将让-马利·查理·阿布里亚尔带来了新消息，加来机场再次遭到轰炸，很快就无法使用了。很明显，盟军的司令有可能会被困在佛兰德斯，无法回到巴黎了。所以魏刚要求他的飞机和随行人员马上飞回布尔歇机场，并接受了阿布里亚尔的好意，搭乘摩托鱼雷艇从敦刻尔克到勒阿弗尔。

即便是这段路程都遇到了风险。敦刻尔克已经遭到了严重的轰炸，围着海峡的木桩在大火中燃烧，有一个储油罐冒着长长的黑烟。为了躲避水雷，摩托艇必须先到多佛，然后从那里去瑟堡而不是勒阿弗尔，因为那天晚上一个新的水雷区刚刚在塞纳河口建成。魏刚直到第二天早晨5点才抵达瑟堡。

魏刚将军其实不需要进行这次令他精疲力竭的从巴黎到伊普尔再返回巴黎的行程。可以理解他因为"没能见到戈特爵士"而感到很遗憾，但戈特爵士直到那天晚些时候才知道会面这件事，即便在那时他都不清楚会面的具体时间。他因为去前线而被耽搁了，在前线他决定要让远征军从埃斯科河撤到法国边境。因此最终只能由比洛特将军向他解释魏刚将军的计划了。

从波纳尔中将的会议记录可以看出，比洛特并没有像魏刚那样坚决地实现从德军"凸角"的两侧夹击，戈特也没有说明要让2支步兵师以及远征军最后的坦克部队对他自己所在的阿拉斯南部发起攻击。[1]同时，戈特也没有讲明，远征军到勒阿弗尔及瑟堡的供应线路已经被切断，每支枪就只有300串子弹，轻武器弹药的供给也不足，同时即便是配给下降一半，余下的食物也只够4天，更不用说如果在阿拉斯不能获得胜利，那么就要回到敦刻尔克撤军，在德军占领布洛涅并用坦克围攻了加来的情况下，敦刻尔克已经是剩下的唯一港口了。比洛特可能已经被法国第一军所遇到的问题以及他对远征军和比利时军队的新责任搞得头昏脑胀了——超过4天的时间，他没有向戈特爵士下达任何命令，甚至都没有和对方联络过，因此他并不知道远征军目前所面对的危险情况，也不能理解戈特爵士告诉他的信息。如果波纳尔的笔记没有错误，那么比洛特和戈特对对方都没有什么印象。如果魏刚和戈特见到面，事情可能会有所不同。魏刚至少是一个能量充沛且现实的人，戈特则本性善战，但比洛特却正相反。

波纳尔的笔记中非常清楚地透露出比利时国王的悲观情绪，他尖锐地指出戈特只要让远征军撤离埃斯科河，比利时军队就别无选择，不管盟军愿不愿意，都将撤回到利斯河。国王非常清楚地表明，"比利时军队的存在就是为了防守，它没有坦克，也没有飞机，同时也从来没有接受过攻击方面的训练或者是配备任何发动进攻的武器"。无论是英国还是法国政府都不希望听到这样的观点。此外，因为没见到魏刚将军，戈特爵士并不知道比利时政府与其国王的观点相左。

而对比洛特将军来说，他已经提出了他的观点："法国第一军不仅'没有能力'发动进攻，甚至没有能力防守。"魏刚将军或戈特爵士所说的任何话恐怕都无法改变他的看法。他对伊普尔会议的看法恐怕再难知晓了，因为他在回总部的路上遇到了车祸，伤势很重，一直昏迷不醒，两天后就去世了。

---

[1] 包括了两个营的Ⅰ号及Ⅱ号"马蒂尔达"步兵坦克的残余，这些坦克因为要从布鲁塞尔"摇摇晃晃"地一路返回，而罢工的比利时铁路工人拒绝将它们装上平板车，所以受到了很大的损害。Ⅰ号坦克在设计时完全没有考虑到远征的可能性。

因此，盟军反击德军进攻的最后一次机会就在5月21日到来，又马上化为泡影。伦敦将继续发来宽泛且全面的阻止德国人继续进攻的计划，而法国政府对此却越来越怀疑。两位主要指挥人员没能见面并制订具体计划，同时远征军的供给最多也只够再进行一次作战的了。

这一切将用最不可思议的方式改变历史。

德国方面，虽然冯·曼斯坦因将军的"黄色行动"计划效果如他所说，德国装甲师向英吉利海峡的快速进攻引起了焦虑，但古德里安和他的上级领导的分歧也愈演愈烈。5月20日，哈尔德将军发现了让克莱斯特的装甲军团尽快向南突击的重要性，这也反映出德方的陆军高级司令部（很有可能也包括希特勒）认为发动全面进攻以彻底战胜法军是第一要务，而非去处理"口袋"里装着的远征军、法国第一军和比利时军队。但对古德里安来说，任何阻碍装甲师向海边进军的决策都是错误的。5月20日，他抵达阿布维尔，切断了远征军的主要供应通道。他决定向东挺进，阻断远征军可能"向大海撤退"的一切通路。像是在马上接近终点的时候被骑士勒住的战马，他感觉巨大的胜利就在眼前。

古德里安比任何人都明白，德国装甲部队的攻击已经让法军瘫痪——德军的坦克战略足以让整个法国军团放弃他们的防线和武器，仓皇撤离。而在德军方面，让坦克放缓进程或停止前进，以便让步兵跟上的想法是没有根据的——坦克已经在心理上战胜了法军，双方的坦克数量完全不成比例，其他类型的装甲车辆以及反坦克武器亦是如此。仅仅是提到德军坦克，就已经打击了法国士兵的士气和斗志，更不用说当坦克出现在他们面前的时候；同时，这些坦克也让法军指挥官狂躁不已。他们所受到的训练以及一直以来的防守理念让他们在防线崩溃后完全不知所措。比洛特将军在遇到最后那场致命的交通事故前已经感到无能为力，而这种状态也传给了其他高级将领，甚至包括同样被事态发展之迅速搞得困惑不已的乔治将军。

拿破仑所说的"胜利往往出现在最危险的时刻"马上就要再次得到证

明：英军在阿拉斯发起反击，这让隆美尔感到十分震惊。隆美尔轻而易举地拿下了康布雷，因此毫无疑问认为自己也能在没太多抵抗的情况下就拿下西北方20英里（约32千米）以外的阿拉斯。然而他与弗兰克军团相遇，也就是哈罗德·弗兰克林少将麾下的队伍。弗兰克林少将受命减轻阿拉斯所受到的德军的压力，7个月来那里一直是远征军的大本营。

阿拉斯离英吉利海峡65英里（约105千米）远，不仅仅面积恰到好处，是一个理想的交通枢纽，同时还是一块平原上的高地。但在军事层面上，这些条件都是相对的。阿拉斯这片高地其实只有海拔123英尺（约37米），曾在1917年5月长达5周的战争中让英军损失了16万人，整座城也被大部分摧毁。这是让1940年5月的希特勒对其产生兴趣的原因之一。

希特勒每天上午11点开始工作，第一件事就是仔细地研究军事地图。一边站着只会说奉承话的武装部队高级司令部的凯特尔将军，另一边是陆军高级司令部严肃呆板、很少出声的哈尔德将军。[1]哈尔德将军的工作就是将希特勒对法国战场的想法翻译成严谨的指挥命令，必要的时候还要提供专业的警告和建议。关于夺取阿拉斯高地的必要性，希特勒和哈尔德并没有分歧——隆美尔也是。

虽然戈特爵士没得到什么认可，但他依然决心要守住阿拉斯，原因和德方要夺取它是一样的。而随着德军装甲师的挺进，步兵将像接力赛一样防卫其侧翼，了解到这一点之后，防守阿拉斯就变得更为重要了。如果英军可以找到德军坦克和步兵之间的空隙，就有可能"插入这个空当"，切断敌人的坦克装甲师并将其摧毁。他选择的地点就是阿拉斯，那里已经经受了4天的不断袭击。他能做到的就是集结一支包含了德拉姆轻步兵第六和第八营以及第四和第七皇家坦克军团的队伍——加在一起不超过2000人和74辆步兵坦克，其中有16辆是Ⅱ号步兵坦克，其枪支火力可以对抗最新型

---

[1] 武装部队高级司令部是德国装甲兵的高级指挥部门；陆军高级司令部是德国军队的高级指挥部门。凯特尔只是一个军队官僚，而哈尔德是传说中德国将军里的头面人物。

的德军坦克。与I号步兵坦克一样，II号"马蒂尔达"坦克行动缓慢、体积笨重，机械及轨道都很容易出故障，但德军的37毫米反坦克子弹只要打到II号的3英寸（约8厘米）厚的装甲上就会弹回来，造不成什么伤害，这让德军的反坦克射击手很为慌张。

隆美尔在5月20日晚已经离阿拉斯不到2英里（约3千米）的距离，和往常一样，他在队伍的最前方，而他的摩托步兵落后太多，无法为坦克提供支持。他乘坐装甲车去与摩托步兵会合，却发现几辆法国轻型装甲车"渗透进了他的通信路径"。他用一个晚上加一个清晨的时间思考对策，但直到5月21日下午3点钟他才能再次发起攻击，第七装甲师进军到阿拉斯东部，左翼由党卫队骷髅总队摩托步兵师进行掩护。

党卫队骷髅总队是武装党卫队中的优质力量，但党卫队并没有得到过精英部队的称号，无论是纪律、训练、军备，都还够不上最好的军队的标准。他们的存在是出于政治原因，经过一系列复杂的妥协，他们服从军队指挥官的命令，但又和党卫队党卫军全国领袖海因里希·希姆莱保持着联系。

他们中的很多年龄较大的军官和军士都参加过第一次世界大战。虽然党卫军非常希望在战场上证明自己英勇善战，但在战争的这个阶段，他们确实缺少德国常规军队的铁的纪律和稳定性。[1]

隆美尔"让他的装甲侦察营加入装甲军团，形成一个箭头，让步枪军团断后"，以保障道路安全，同时不让装甲部队和步兵之间再出现空隙。然而他的步兵还是掉了队，没能快速跟上来，隆美尔不得不再折返回去。这正好形成了戈特爵士所期待的缝隙。

远征军弗兰克军团的第一批坦克在它们该出现的地方——阿拉斯郊区的瓦伊山谷附近——出现了，正好位于德国坦克部队和步兵部队的中间，几乎把正在想办法让步兵从阻塞的交通中脱身的隆美尔和他的救援队陆军

---

[1] "铁的纪律"有时被称为Kadavergehorsam，即"尸体式的服从"。

中尉莫斯特逮个正着，这在拥挤的车辆和人群中引起了一片混乱。隆美尔此时没有在坦克部队前方，那是他在战争中最喜欢的位置。他和莫斯特想方设法重整秩序，让炮兵应对英军的坦克，亲自指挥确定每一支枪的射击目标。英军的进攻被遏制住了，但站在隆美尔身旁的莫斯特被击毙了。而就在几英里之外的德国反坦克射击手因为看到自己的子弹从Ⅱ号"马蒂尔达"坦克身上弹回来而乱了阵脚，最终英军坦克得以突破，击溃了德国的反坦克部队组成的防线。在一片混乱中，党卫队骷髅总队只能撤退，这一屈辱的失败很快就导致了惨烈的后果。

隆美尔最终率领炮兵部队击退了英军的进攻，立下了汗马功劳的88毫米防空炮在之后的战争中将成为德国炮兵部队最难以对付的武器。傍晚之前，隆美尔就已经组织了一次坦克攻击，攻打英军装甲部队的后方。"在这次行动中，（第二十五）装甲部队与敌军的轻重型坦克精锐力量交锋……"隆美尔这样写道，"战斗升级，坦克对坦克，真是一场激战……"在夜幕降临之前，战斗就已经结束了，英法部队依然占领着阿拉斯，但弗兰克军团的88辆坦克已经损失了60辆，戈特爵士的大部分装甲力量被摧毁了。

阿拉斯战役的影响是非常迅速的。作为一名最为勇敢自信的装甲师师长，隆美尔并不习惯被阻挡或拖慢速度。他将在5月21日阿拉斯战役之前的问题归因于受到了5个英国师的攻击，而不仅仅是2个步兵营、2个阵容不齐的军坦克团以及几辆法国"索摩亚"坦克。让他震惊的是敌人在他的坦克面前进攻而不是撤退，还有厚重的Ⅱ号"马蒂尔达"。德方高层很快听闻了他在阿拉斯的战斗，这加重了更高层的指挥官对古德里安"一路向海"战略的怀疑。传统的想法是坦克必须停下来等到步兵和炮兵追赶上来，而隆美尔此次也证明了这是更智慧的策略。

古德里安的装甲师虽然拿下了阿布维尔，切断了远征军的联络线，但戈特爵士分离了隆美尔的坦克和步兵部队、被人们认为最固不可摧的党卫队骷髅总队被英军坦克攻破这些事夺走了人们的关注。新的战况让党卫军及其首脑都感到惊诧无比。

忧虑又重新升腾起来。克莱斯特将他的忧虑反映给了冯·克卢格将军，冯·克卢格又转达给A集团军的冯·伦德施泰特将军，然后再传到哈尔德将军和希特勒耳朵里。大家达成了共识，向西的突破需要停下来，直到阿拉斯的紧急情况得以"清除"。即便是古德里安最坚定的支持者哈尔德也谨慎地写道："决定将会下达到阿拉斯高地。"虽然此时隆美尔已经击溃了英军的据守。

一场迅速的胜利会引起胜利者的忧郁和谨慎确实是鲜有的事。它导致了这场战争中一个决定性的错误。

# 19
## "他们热衷于射击德国人最让人高兴"

"阿拉斯战役是……壮观的战争,"波纳尔将军在他5月22日的日记里这样写道,而下面的话恐怕是首相丘吉尔不能认同的,"我们现在处于一个战术上非常艰难的位置。"

同一天,丘吉尔一早飞到巴黎,想要了解法国政府的意见。会面的氛围没有之前那样焦灼了。大家都很清楚,德国装甲部队的目标是英吉利海峡而非巴黎。丘吉尔和雷诺乘车来到了万塞讷的指挥部,在看到魏刚将军的第一眼,丘吉尔就对他很有好感,认为他"轻松、有活力且性格直率",虽然魏刚将军刚刚经历了24小时的伊普尔和巴黎之间的往返旅程。但这里的阴暗环境恐怕对每个拜访者都有影响——路易五世就死在了这座古堡中,而昂吉恩公爵也是在这里被处决的。[1]在某一个瞬间,首相望向窗外,看到几个军官——应该是甘末林的手下——在院子里"生气地来回踱步"。"这是旧班子的人。"站在他身边的魏刚将军的助手说道。

魏刚——新班子的领头人——赢得尊重不仅是因为他年事已高却依然精神抖擞,还因为他精力充沛地向大家展示的作战方案。他的计划与首相

---

[1] 昂吉恩公爵(又译当甘公爵——编者注),1804年因为叛国罪被拿破仑处决。此事之所以出名是因为启发了塔列朗在被问到处决是不是一种罪行时,他说出了一句名言:"它比罪行糟糕,它是个错误。"

的看法刚好吻合。魏刚也相信，布洛涅、加来和敦刻尔克可以由现在就驻守在那里的军队来守卫——虽然他前一天的加来和敦刻尔克之旅应该令他更为谨慎地对待这个话题——同时，英军应发动一场对"康布雷和阿拉斯地区以及圣昆廷方向"的全面进攻，比利时军队在东边进行掩护，而同时法军从西南部发动攻击，切断德国装甲师。比利时国王已经对他的军队是否能完成这样的任务表示出深深的怀疑，而戈特爵士刚刚在阿拉斯发动了一场攻击，失去了他剩余的大部分坦克，这两点都没有被提及。相反，首相回到伦敦后，因为魏刚的表现而感到欢欣鼓舞，他命令戈特爵士"英军和法国第一军要尽早向西南方的巴波姆和康布雷发动进攻——当然是在明天，共8个师——比利时的骑兵军团在英军的右翼掩护"。[1]

"这又是丘吉尔的计划，"波纳尔将军在收到命令后抱怨道，"难道就没有人能够阻止他把自己当成最高指挥官吗？"波纳尔记录道，在这一时刻，远征军的残余部队仅有"1个骑兵团"，同时他不仅不知道比利时骑兵团在哪里，而且（正确地）怀疑他们的存在是不是为了真正的军事目的。

远征军依然据守着埃斯科河一条较长的战线。波纳尔写道："占据防守位置的有很多老兵，做苦力的国民自治军，皇家工程建筑公司，也就是任何我们可以'抓'到的人……"这些队伍中很多人都没有步枪（他们是来挖沟的，不是来打仗的），也有人根本没有受过射击训练。武器供应已经完全跟不上了，戈特爵士着急地要求皇家空军投递轻武器弹药，然而因为德军在空中占据有利地位，皇家空军无法投递。同时在配给减半的情况下，所剩的食物也只能坚持3天了。

目前始终没有看到如魏刚所说的法国第三军从索姆河向阿拉斯发动进攻来与远征军会合的迹象。身处伦敦的帝国总参谋长艾恩赛德将军在日记里写道：除了魏刚精力充沛的演讲之外，法国的努力依然"只是个计

---

[1] 这有可能是丘吉尔的错误。远征军面向南部与东部，比利时骑兵军团应该在其左翼，而不是右翼。远征军的右翼是古德里安的装甲师，正在向英吉利海峡进军。

划"，暗示幕僚设计的详细精妙的攻击准备应该永远不会发生，这也是英国将军们对法国人做事一直以来的抱怨，计划和实际情况完全脱节，毫无瑕疵的幕僚作业只是一种独立的美好存在。

"我正在尝试把英吉利海峡的这一端整理清楚，为戈特做好准备"，艾恩赛德这样强调，也证明了首相与自己的军事顾问对事态的看法相左。在丘吉尔看来，远征军会有8个师加入法国军队发起的攻击；而艾恩赛德、迪尔、戈特爵士和波纳尔则认为唯一挽救远征军的希望就是下令他们撤退到敦刻尔克，在海军和空军的援助之下返回英国，而且不可能是全部，更不可能带回任何武器装备——坦克、装甲车或任何车辆、枪支、配给，所有这些都需要被销毁或者丢弃。这样的大规模事件在英军历史上从来都没有发生过，哪怕是1915年的加利波利大撤离，或者是1809年圣约翰·摩尔的军队在他英勇牺牲后从西班牙撤退。"夜幕嗅出死亡阴森的气息；草地上，刺刀寒光凛凛……"——这是最著名的英文诗句之一，不知道为什么，大部分男孩子都会在上学的时候背诵它——然而在1940年5月22日，没人能够预料到英国的敦刻尔克大撤退将成为史诗般的历史事件，即便它可以实现，但这概率是相当低的。

第二天，巴黎之行带给丘吉尔的"充沛的精力"开始消退。5月23日早晨，战时内阁的会议记录反映出事态的严峻。"法方（仅仅是在一天前）所同意的计划的顺利执行完全取决于法军发动进攻。而目前完全没有迹象表明他们要这样做。"丘吉尔就像是全心全意爱上了一个人，然而却发现对方没有实现承诺。他马上发了一份口气严厉的电报给雷诺总理，要求"给法国在北方和南方的指挥官以及比利时总部下命令，执行计划，转败为胜"。

这种要求实现的可能性为零（巴黎接到电报后仅仅是耸了耸肩），丘吉尔应该也已经了解了情况，所以在给雷诺发完电报之后，他马上提出了"计划尽可能多地将我们的军人和武器撤回国，将损失降到最低"。

那天晚上7点，又发生了一件糟糕的事。戈特爵士下令阿拉斯残余的

2个师在被包围之前马上撤军,这样相当于将其挤进了一个不到50英里(约80千米)深、30英里(约48千米)宽的口袋里。它的南面是由布兰查德将军指挥的法国第一军,这位将军的能力和不幸的比洛特将军相比也只是稍高有限;东面则是比利时的剩余部队;西边是狭窄的阿河和北运河,两条河都算不上什么重要的军事障碍,而德军的装甲部队和步兵已经沿河赶了上来。

戈特爵士可能还没有充分意识到,他抛弃阿拉斯的决定让法国和英国政府发生了严重的争执,这场干戈一直持续到法国投降很久之后。他漫不经心地给了魏刚一两个借口,把法国制造的这场灾难转嫁到了英国军队身上——撤离阿拉斯以及英国对派遣皇家空军战斗机中队的问题一直犹豫不决,自此成为两国在每次开会时都要不断提及的问题。

在没有证据证明法国除了一份计划之外确实准备发动攻击的情况下,撤离阿拉斯是有理由的决定。而后者在2个月后的不列颠之战中证明是具有决定性意义的。

地面上的战斗十分激烈,轰炸连连,包围着远征军和法国第一军的"口袋"收得越来越紧,两军和平民的空间已经越来越少了。第十二枪骑兵团受命向阿拉斯发动攻击,以掩护英军2个师安全撤离。兵团的亨利·德拉法莱西这样描述5月21日的混乱场景:"逃难的人群已经变成了关乎生死的问题。必须禁止他们在大路上走,阻挡我们的行动……有两次我都必须掏出手枪威胁农民,让他们转身回去。这些倒霉的人已经疯狂了。他们一直向南逃,想躲避那些入侵者,但是正好又撞到他们怀里……"

他看到了60架德国轰炸机同一时间出现在这片区域:"在不断的轰炸声中,地面都在颤抖,空气随着他们的马达声震动着。"围绕着他的是一片恐怖,死了的难民,垂死的家畜,尝试从人群中找到出路的英国和法国装甲车,燃烧的农场和村庄。夜晚,第十二枪骑兵团接到命令要向西北行进——他们的进攻被取消了——新任务更加危险,要勘察德国坦克的位置。

5月22日一整天，他们都在经受轰炸、扫射，被德国坦克炮攻。又有2辆装甲车报废，一些士兵失去了生命，指挥军官和一个部队指挥官受了重伤，最终也牺牲了。那天晚上，德拉法莱西睡在了一间空荡荡的乡村咖啡馆的地板上，天空被贝蒂讷的大火点亮了，剧烈的爆炸声让他一直无法入睡。皇家工程师一座接一座地炸毁了艾尔运河上的桥梁。

外勤安保一等兵阿瑟·格温-布朗曾以更近距离的视角描述过远征军的情况。格温-布朗于1939年12月加入远征军，当时他35岁（对于参军来说，是一个不小的年龄），在此之前他在一家酒店做经理。他曾就读的马尔文学院是英国的中上等寄宿学校，之后就读于牛津的基督教堂学院。他或许很希望跻身上流社会（基督教堂学院是牛津最大也是社会关系最纯净的学院；他还曾当过牛津猎犬师）[1]，但如果真是这样，他的社会阶层也在去一家乡下酒店做经理之后大幅下降了，而在参军时他也没拿到职衔委任状，大概是因为他喜欢的运动只有网球，而不是橄榄球或板球。

格温-布朗在从牛津岁月到参军之前这段时间里，成了美国现代主义作家及文化名流格特鲁德·斯坦因的忠实读者（"玫瑰就是玫瑰就是玫瑰就是玫瑰"这首怪诗的作者）。1939年，英国要选择一些会说法语的人随远征军做战地安保人员，他们需要评估"公民的士气"，同时"检查军队设施的安全性"，并报告可能发生的破坏行为以及敌方的政治宣传活动。他们是穿着制服的"探听者"，而不是学徒版的"詹姆斯·邦德"，每个人配备一把手枪和一辆摩托车，这让他们完全不受常规军队制度的约束，有时候甚至被军事警察当作敌方特工抓起来。

虽然格温-布朗对"立体派"散文写作的尝试让人困惑，但他依然是一

---

[1] 他的上升时期与W. H. 奥登、伊夫林·沃以及运动员哈罗德·阿克顿在同一时期（伊夫林·沃在其《故园风雨后》中曾用"安东尼·布兰奇"这个角色滑稽地模仿过阿克顿），但并没有证据显示他认识这些人，虽然他曾在敦刻尔克的战火中细细地阅读过伊夫林·沃的《衰亡》。

个最少见的观察者，一个受过高等"公立学校"教育的牛津军人。[1]由于大部分时间里，他的小组都与总指挥部一起工作，因此格温-布朗也跟着它从一个城堡撤退到另一个城堡——有一次甚至是在德军攻城几个小时前才离开。在那个时刻，辨别英军总部方位的最准确方法就是看看来往的摩托车的数量——英方无线电通信的缺陷以及比利时加来海峡电话系统的崩溃使得这些穿着高筒靴、戴着皮头盔和长手套的通信员的存在成了战场上或附近的必要配备（他们也很容易受到伤害，因为他们是德军飞行员最喜欢的低空飞行攻击目标）。这些战地安保人员更愿意和士兵混在一起，不喜欢那些冷漠也更光鲜的军队警察。

格温-布朗看到了撤退中的法国和比利时军队在阿韦讷与难民混杂在一起的情景。"难民们推着自己的自行车，带着床上用品和鸟笼"，还有他们坏掉的车子、独轮手推车和疲惫不堪的马匹。格温-布朗甚至看到了一辆每小时行驶3英里（约5千米）的蒸汽压路机出现在了大路上，后面拉着两辆农用拖车，上面坐满了老人和小孩，"在最后那辆拖车上还有两只小狗，而车的尾部还拴了两头牛……4天4夜的时间，坐在露天的拖车上，迎着浓浓的黑烟，听着永不停歇的尖锐的噪声，以每小时3英里的速度从比利时到法国再跨过法国北部的边境，这些家庭就是这样生活的"。

他们现在已经无处可去了。战争到来的速度远高于他们逃离的速度。事实上，他们正在走向战场。法国对比利时难民的态度马上就转为敌对，但无论是比利时人还是法国人，他们都会不断地出现在路上，即便是将军们也不能忽视这个现实，因为他们"已经阻挡住了军事行动的进程"，波纳尔曾这样烦恼地抱怨。

"难民无处不在。成百万上千万的难民……无助，呆若木鸡，无精打采，没有食物……我记得自己经常自问，为什么我没有感到同情呢？"格温-布朗写道。但别人也没有。人太多了，很难再激起同情了，老人、孩

---

[1] 在英国，"公立学校"事实上就是私立寄宿学校，也是最基本的阶级划分标志。

子和病人坐在运畜拖车里，法国人就把他们抛在肮脏的稻草堆上，没有食物，也没有水（也没有火车头），然后德国人的飞机会把他们炸死，虽然每节车厢的车顶上都画着明显的红十字。

法军在色当战役失败后的撤退和这些难民一样悲惨。"他们没有兵器，认为挣扎也是无望的……他们说德国人是不可战胜的……难民虽然令人沮丧，但其他平民至少因为照顾他们而有事可做。但看到失败的四处逃散的法军又是另一回事。我们看到人们坐在自己的商店和咖啡馆里绝望地哭泣，无论男女。"

那些在伦敦甚至是巴黎制订计划的人完全没有意识到这些悲惨的失败的人正在席卷一个本来就非常小且变得越来越小的区域。德军B集团军的攻击已经将比利时西部的盟军赶到了法国边境，进入了一片充满了溪流运河的地貌混乱的地区；同时，克莱斯特的装甲师从色当向北部及西部进攻，将盟军逼入一个逐渐缩小的区域，而千百万从东南来的平民难民无法前行或回家，只能束手就擒，还要不断受到空袭的威胁。就像谢尔曼将军说的——谁又能比他更了解呢？——所有的战争都是地狱，但军队的败北和平民的痛苦夹杂在一起的混乱情况还没有这样集中出现过。虽然在这片日益缩小的区域内依然有很多兵器装备，但并没有得到有效的使用——在这一点上，波纳尔将军或许是对的：如果能让戈特爵士指挥远征军、法国第一军以及比利时军队，可能情况会好些，因为至少他就在战场上，而且希望战斗，而不是将一切留给远方的毫无战斗欲望的乔治将军；不过公平地讲，把法国和比利时军队交给一位英国指挥官去指挥恐怕并非易事。

格温-布朗在看到一支显然是崭新的"巨大的法国机枪……被丢在了战场上，还有其他40多支已经弄得肮脏不堪"时，也有这种感觉。一个精力充沛的指挥官或许可以将这些散落的兵器和弹药收集起来以备他用，但并不存在这样的人。战场上有3支独立的军队，而每一支都有自己的生存或投降的策略。

这位一等兵的看法非常难得地和波纳尔中将的观点相一致，后者针对目前的情形也表达了自己非常让人沮丧但也准确无误的看法：

> 今天上午（大概9点钟），有人报信说德军的一队人和几辆坦克来到了统帅部所在地阿兹布鲁克。我们下令让统帅部搬到卡塞尔，（与昨晚的报告正相反）那里一个德国人也没有。但那里也没有通信信号……我们的情绪跌宕起伏——有时候，大部分时间，事态看上去完全是无望的，我们必然要策划向西北撤退；而突然又云开见日，我们好像又有了一点点机会。这真是令人疲惫。

而从一条河流打到另一条河流的人们的情况比疲惫更糟糕——那就像是激烈而无尽的战争，且几乎没有胜算。无论统帅部或战时内阁有着怎样的计划，在战场上的人们对此一无所知，而且一直就在做着战争伊始所做的事。他们看不到"大局"，也不需要看到。他们只知道眼前的事，除了这个也只能了解到谁在他们的侧翼，以及这些人到底是否可靠。德国人不是地图上的抽象形象，也不是路上糟糕的难民，他们是距自己咫尺之遥的敌人，而战争也被简化为最切近的形式：来复枪、刺刀、手榴弹。

5月21日，也就是魏刚将军进行多舛的伊普尔"发现事实"之旅的那一天，皇家诺福克第二军团[1]的一名二等兵——他的连队在埃斯科河接近比利时的历史名城图尔奈一段被德军的机关枪扫射——看到了他的军团军士长乔治·格里斯多克将军"用手肘撑着爬过一片空地，前面是他的来复枪。他后面还有三四个人。他们在向德军的机枪手的巢穴爬行……我看到他举起枪，至少开了三枪……我记得他从身后取出手榴弹扔了出去"。格里斯多克临时担任指挥官，因为他的上司被枪击中了"腹部、后背和手臂"，

---

[1] 皇家诺福克第二军团也即皇家诺福克军团第二营。当两个数字一起出现时，比如女王第一营／第五营，它意味着第一营和第五营所剩的部队，女王团被合并成了一个营。

他卸下了一扇车门做担架。然后，格里斯多克和3名战士一起摧毁了射中他的长官并给整个军团带来巨大伤亡的敌人的机枪。记录所有军队升级和军衔授予的《伦敦公报》用平淡的语气写道："连队军士长乔治·格里斯多克……双腿严重受伤，右膝粉碎性骨折。尽管如此，他依然到达了他的射击地点，也就是距离敌军机关枪20码的位置……并且准确且迅速地击毙了4名机枪手，并摧毁了他们的武器。"

乔治·格里斯多克爬回原来的地点，在重伤的情况下守护了军团的防线，最终成功撤离到敦刻尔克海滩并返回英国，但在手术后很快就去世了。因为他的"英勇行为"，他死后被授予了维多利亚十字勋章，敦刻尔克大撤退中只有4个人获得了这项荣誉。

官方的英国战争历史著作《法国和佛兰德斯的战争，1913—1940年》是一部关于这场为远征军保留一片阵地的残酷且无情的战争的编年史——远征军是否要向西南行进，与发起一场重要攻击的法军会合，还是要（可能性更大一些）向海边撤退。这是指挥官、战时内阁，最终是丘吉尔需要做出的决定。但无论是什么决定，远征军的存亡都取决于其作战部队的战斗力是否可以阻挡敌人的追赶，从而防止远征军的解体。一支军队一旦开始瓦解为一支支独立的小队伍并失去了斗志，那么投降仅仅是时间问题——这一过程已经在远征军左翼的比利时军队身上发生过一次了，而远征军南边的法国第一军的情况也开始引人担忧，其上层显现出了致命的惰性，而下层则疲惫不堪。这都可以理解——法军已经从北向南，作为主要力量一路征战，并且伤亡惨重，而比利时军队本身就是被迫撤退直至离开了自己的国家。

现在，5月22日，在放弃了埃斯科河，准备在法国边境重新组建防线时，盟军经历了一整天的"艰苦且令人困惑的战斗"——举例来说，女王第一/第六营在2天内死亡400余人（将近50%），皇家西肯特第一营不得不在夜间进行突围，牺牲了将近1个连，由于"恐慌的难民"堵住了去路，拖车无法通过，"34座野战炮丢失或被摧毁"。

即便是士兵都可以看出，如果部队不能守住埃斯科河，那么恐怕也没理由能守住大部分河道都很狭窄的利斯河。但大家并没有气馁，一个非常典型的例子就是皇家爱尔兰第一燧发枪团受命在离利斯河南5英里（约8千米）、贝蒂讷巴塞运河70英里（约113千米）处组建防线。这意味着每个连的100多个步兵要守卫1英里（约1.6千米）的距离，是一项不可能完成的任务。事实上英国官方历史直率地记叙："一个营无法防守7英里。"但无论如何，这是给他们的命令，他们必须遵守。

他们向运河的行进受到了"无数可怜的、疲惫的、背井离乡的人"的阻挡，这些人中有一个"疯狂的母亲，她生病的孩子死在了路边"，不同年龄段的小孩和母亲走失了，还有倒在路中央的老人和马匹，这个景象实在令人悲伤，即便是性格坚毅的士兵，如果不是军令在身，也想停下来施以援手。

他们抵达运河后，才发现河面很窄，两边的堤坝较高，如果不挖深沟，很难进行防守。而且这一段河面上有上百只大船，即便皇家工程师炸毁了全部桥梁，德军仍完全可以用这些船过河。最终，燧发枪团不得不去取一些汽油烧掉这些驳船，还用炸药炸掉了那些钢铁结构的船只。但这两种方法都没有完全成功，因为河水很浅，船只的残骸依然可以露出来。

燧发枪团兵力太少，并没有办法阻挡德军太长时间，但他们引来了第四/第七龙骑兵的一队撤退的军人和军士，还有阿盖尔和萨瑟兰高地营、皇家陆军法令团，以及法国摩托车师的2个连，他们都是从南部几英里之外的另一场战争中幸存的散兵游勇。当时指挥那场战斗的盖伊·高夫准将显示出法国军队的某些价值，虽然他们的高级将领并不认同：

> 那天晚些时候，法国部队的幸存坦克和摩托部队……三五成群地向前行进。虽然他们中没有几个军官……但他们人很好，称得上坚强、勇敢，性格开朗乐观。他们到最危险的地方来帮助我们，展现了同舟共济的精神，同时还给我们提供了武器和葡萄

酒，这是非常难得的。他们伤亡惨重，但依然顽强……他们热衷于射击德国人最让人高兴。

这些人并不是像燧发枪团一样的常规军；他们是法国后备役军人，经常会因为距离太远就开火而暴露了自己的位置，而且因为"对隐藏不屑一顾而遭受了严重的后果"，这对职业军人来说是两大严重失误。不过有趣的是，当时的战局让法国和英国的部队被绑在了一起，他们可以表现得同样出色，而且不会因为严重伤亡或者无法理解对方的语言而失去斗志。

这些混合在一起的士兵在自己的位置驻守了4天4夜，接连不断地与在数量和兵器上都要占优的德军进行战斗，虽然强大的德军白日里不断低空轰炸，夜晚则进行重型炮攻，并且不断尝试跨过运河。最后只有一小部分盟军活着撤退到了敦刻尔克，而正是这样的顽强抵抗不仅保护了远征军，也开始让敌方遭受损失。

阿拉斯的坚定防守（被隆美尔错认为是全方位的进攻）使德军人员和坦克锐减，再加上眼下激烈的组织有序的步兵抵抗，开始让德国陆军高级司令部提高了警惕。元首的国防部副官施蒙特上校不停打电话汇报这些新闻。亚眠和阿布维尔已经落入德国的掌控，克莱斯特的装甲师也正在威胁布洛涅和加来，然而这些胜利已经被怀疑和谨慎淹没了。

数量少得可怜的英国与法国士兵和皇家爱尔兰第二燧发枪团一样在利斯河组成防线，虽然他们可能都不知道，也可能不在乎，但他们将创造历史。

## 第三部分

# 敦刻尔克

# 20

## 加来市民

在伦敦，一条有些模棱两可的警告登上了报纸。丘吉尔亲自挑选的新闻大臣阿尔弗雷德·达夫·库珀（殊勋官员，议员）在首相私人秘书布伦丹·布拉肯的怂恿之下，倾尽全力表达了对事态的乐观情绪。但即便是最粗制滥造的报纸也刊登了德军威胁布洛涅并包围加来的地图。虽然魏刚将军作为新的盟军总指挥官给人的印象很好，并且被报道——与事实完全相反——在法军队伍的最前端战斗（《每日邮报》的标题是"魏刚在战场上指挥作战"），但他承诺的法国从索姆河向远征军、法国第一军及比利时军队所在区域发起的攻击并没有发生。《泰晤士报》以其一贯的冷静口吻报道"英方组建新防线"，卢阿姨的《每日邮报》则以巨大字体的"德国人被击退"为标题，报道了敌军的装甲部队被摧毁或阻断。但哪怕是最容易受骗的读者也能注意到战争通信员的报道与这些最受欢迎的媒体的头条标题之间的差别。内页的故事会很明显地趋于谨慎，除了来自空军部队的永远是胜利的报道：几百架德军飞机被击落，德军指挥部和补给站被夷为平地，仿佛皇家空军在打另一场战争——前线的战士们应该也这样认为，因为他们很少会看到英国皇家空军的影子，却夜以继日地受到德军"斯图卡"的轰炸。

我父亲每天早晨看到报纸都会疲惫地叹一口气。柯尔达家族对布伦丹·布拉肯和达夫·库珀的情感并没有蒙蔽他这个中欧人的眼睛，他能很清晰地分辨什么是政治宣传。卢阿姨一定也感受到了局势在恶化，她让我在祷告时也为远征军祈祷，并且选择在这一刻送给了我一本小小的皮封面的柯林斯版《圣经》。这是她自己的口袋书，仅有一副扑克牌的大小，我现在即便用大倍数的放大镜都看不清上面的字了。这本书是一份昂贵的礼物，书的每一页都镶了金边，纸几乎是半透明的，在跟随了我75年之后，黑色的封面也没有什么损毁的痕迹。她在扉页上签了名，时间是1940年。

我当时不知道，那段时间里，在我父亲楼下凌乱的书桌里存了一本同样重要的东西：英国护照。硬硬的蓝色烫金仿皮封面里面的文件证明了我"生为英国公民"。我之前旅行时的记录都记载在母亲的护照上。

现在，没有人告诉我，我已经有了自己的护照。

英国和法国"海峡港口"之间的关系可以追溯到12世纪。那些港口曾经都属于英国，有时会作为英国财产进行交易。有人告诉亨利八世的长女玛丽女王（因为屠杀清教徒而被称为"血腥玛丽"）加来被法国人占领了，她回答说："我死后，你打开我的身体，会看到我的心脏上刻着'加来'的名字。"

直到战后航空旅行价格降低之前，大部分英国人都是经过海峡从布洛涅、加来及敦刻尔克港口进入法国的。直到19世纪末，所有的港口还都有英文标识，有为那些一日游的英国客人所建的英国风格的酒吧。这些港口在精神上至少有部分"英国血统"，也是那些为了逃债或者是遇到什么不光彩的事之后离开英国的人的避风港，比如在加来去世的纳尔逊深爱的汉密尔顿夫人，还有出狱后的奥斯卡·王尔德。多佛海峡最窄的地方还不到21英里（约34千米）——拿破仑曾经从布洛涅通过望远镜充满渴望地望着多佛白崖的峭壁，而拜伦在多佛曾"掸掉鞋子上来自英格兰的尘土"。

这些对于海峡港口的主人翁般的感受又由于几个世纪的贸易往来和（可能是不愉快的）共有历史而得到了加强——罗丹最野心勃勃的作品就是他的铜肖像雕塑《加来市民》了——1347年国王爱德华三世要求加来最富有的6名市民光脚投降，每个人的脖子上都戴着套索，这些人要被绞死，以换取他宽恕他们的城市。[1]守住这些海峡港口的欲望是出于本能,也是战略性的。只要拥有它们,至少在理论上就有可能支持及补给远征军,而如果事情到了最糟糕的地步,还可以从那里撤退;如果港口失守,远征军也就陷入了困境。

但这些港口的情况都不理想。与勒阿弗尔、瑟堡及布雷斯特相比,它们太小,只能同时容纳有限数量的船只,而且大船都很难进来。但1940年5月21日的远征军是无法偕同他们的军火仓一起抵达那些大港口的,而且对很多不列颠人来说,这些海峡港口仿佛是他们和欧洲大陆的唯一联系,因此有个很著名的关于英国一份报纸标题的笑话,"海峡起了大雾——大陆被切掉了"。

到了20世纪,法国的海峡港口已经失去了曾经重要的商业地位,但很多与英国的贸易依然一如既往地经多佛海峡往来。伦敦的很大一部分用于取暖、电力和煤气的煤炭供应都是从布里斯多尔通过狭窄的海峡进入泰晤士河的。从全球的视角来讲,英国人是否依然"控制这片海域"还有待商榷,但在英国人自己看来,多佛海峡是英国的。这个国家依旧是"嵌在银色大海中的一颗明珠,大海如房间的石墙或是屋前的战壕般守护着它,远离那片没么欢愉的土地的嫉恨",在1940年,莎士比亚《理查二世》中冈特的约翰这几句名言经常被引用。从那位老人的时代到如今,这个海峡从来没有失去过它神秘的地位和战略意义。它是英国的"战壕",没有人不知道那片"没那么欢愉的土地"一直在威胁它。

1588年,亨利八世的次女伊丽莎白一世来到蒂尔伯里(Tilbury)——从利泽德半岛到伦敦一路都点着火,这意味着西班牙无敌舰队终于被发现向英吉利海峡行进——来集结她的队伍,并发表了英国历史上最狂妄的一次演讲:"我知道我拥有脆弱的女性的身体,但我却同时拥有国王的心胸和度量,一个英国国王的心胸和度量,无论是帕尔马还是西班牙又或者是

---

[1] 后在王后的要求下,这6个人得到了赦免。

185

欧洲的任何一个君主都别想侵入我的地盘。"自那以后,这样的激情从来没有消退过,虽然魏刚将军对海峡相当地不屑,算不上错误地将其定位为"一条不错的反坦克战壕"。

对温斯顿·丘吉尔来说,不为争夺海峡港口而战是一件不可思议的事,虽然有4个世纪之隔,他和玛丽女王及伊丽莎白一世应该会在这一点上达成共识。从战略上讲,或许应该集中兵力主要驻守其中一个港口,比如敦刻尔克,因为那里离远征军最近,但大家都知道,丘吉尔哪个港口都不想放弃。早在5月21日,威尔士第二卫队和爱尔兰第二卫队以及警卫旅的两个部分在3艘驱逐舰的掩护下连夜乘"比亚里茨"号和"莫娜女王"号客轮从多佛抵达布洛涅。事实上,威尔士第二卫队依然在培训中,接到"装车"进军多佛的命令的时候,他们正在坎伯利(Camberley)员工学院的松林里进行例行训练。24小时之后,整个营已经在布洛涅为了自己的生命——以及很多其他人的生命——而战斗了;而在抵达法国36小时以后,那些幸存下来的战士就又回到了祖国。

他们到达布洛涅时,德国坦克已经不远了。码头上全是英国、法国、比利时的士兵和平民,甚至还有德国的战俘也在期盼着撤离。一名威尔士卫队的军官记录道:"秩序井然的人群中站着三四个人,身边还有战马——亨利亲王殿下格洛斯特公爵[1]以及指挥官戈特爵士的战马。我很同情那个马夫:他显然非常疲惫而困惑,不知道怎么将战马弄到船上。后来有人跟我说,马在码头上被射死了。"

这段有点残忍的记录其实恰如其分。警卫旅收到的命令是守卫布洛涅,直到"最后一个人打完最后一发子弹",但仅仅是2个步兵营,即便是警卫旅,也不可能守卫整座城市,此外他们也很快明白,即便是最训练有素

---

[1] 亨利亲王殿下格洛斯特公爵是乔治六世国王的少将弟弟,当时担任远征军的首席联络官。在肯尼亚旅行时,他曾和光彩照人的女飞行员贝里尔·马卡姆有一段不光彩的地下绯闻(她是伊萨克·迪内森所著小说《走出非洲》中主角的原型之一,也是海明威大力推崇的著作《夜航西非》的作者)。

的步兵也不能打败一支意志坚定的大型装甲部队。英国的一个重坦克团和另一个步兵营本计划从加来赶到这里支援布洛涅的防守，但却一直都没有到来——这两支队伍在加来被包围——这让一场持久的守卫战变得更加困难。一个法国步兵师应该阻挡住德军向布洛涅南部的进军，但法军指挥官兰克托特将军和第二十警卫旅的福克斯-皮特之间好像并没有什么交流。

威尔士第二卫队应该在布洛涅西北方向7英里（约11千米）处进行周边防御，进入布洛涅的所有主要公路都会通过那里。但即便是在法国步兵、皇家工程师和辅助军事先锋（非技术型步兵，没有受过专业训练）的联合帮助之下，这也是一项不可能完成的任务。威尔士第二卫队尽了最大努力在高地挖好战壕，然而莱恩河将他们和爱尔兰卫队分隔两地，因此这两个营不可能进行联合防守。

布洛涅是一个地形狭窄的港口城市，历史极其悠久。它的主城墙在中世纪建成，当时是为了阻挡英国人的进攻。这里还有法国最高的柱子，以标志拿破仑在此向20万人组成的"英国军队"授予勋章的地点——1803—1804年，这支队伍被隐藏在山川中，等待登上木船抵御英国人的入侵，但英国人并没有来。港口后面是陡然升高的陆地，通向"城墙内的老城——被称为高城或大本营——的道路非常陡峭"。兰克托特将军的总部就设在"大本营"，他在这里组织整个城市的防守，但显然他不知道爱尔兰和威尔士的卫队正在周围试图保护高地，也不清楚他自己的师在通往布洛涅的途中遭到了德军坦克和轰炸机的严重打击，大部分人永远也不可能抵达目的地了。

所以布洛涅其实有两场独立战斗，一场是兰克托特将军在城堡中的小队伍的防守，然而队伍的成员主要都是办事员、打字员和司机；另一场则是英国防守西北部高地（威尔士第二卫队）的失败尝试以及对德国第二装甲师（再加上第一装甲师的支援）的抗击。由于远征军后方总部的撤离——这是在"让没用的人都赶紧离开港口"的宗旨之下的步骤之一——福克斯-皮特和英方没有任何无线电通信，和自己的2个营以及兰克托特将军也是如此，除非是通过骑马的通信员联络。

不出意料，人员匮乏的英军部队遭到德军坦克的侧翼包围。德军开始使用炮兵部队和轰炸机对其进行攻击。英军只能一步步撤退回城，伤亡十分惨重。5月23日晚，德军的坦克、步兵和狙击手攻进城，布洛涅大部分遭到摧毁。港口已经处于德军的大炮、迫击炮、机关枪的轮番攻击之下，但皇家海军依然不断地派遣驱逐舰与岸边的敌方作战，同时接走非战斗部队。1艘法国驱逐舰沉没了，2艘英国驱逐舰的舰长都在自己的舰桥上被杀害了。皇家海军舰艇"基思"号的舰长成功向福克斯-皮特准将传递了消息，通知对方他将让自己的剩余部队上船，而不会再战斗到最后一刻。由于伤员和离队人员数量众多，离码头距离较近的战斗人员可以开始登船了。不过即便如此，依然有453名战斗人员只能遗留下来作为战俘，这些人再加上死伤者，人数超过了整个旅的一半。

舰长无法通知"大本营"里的兰克托特将军撤离的事。所以第二天早晨，兰克托特将军醒来时才发现英国人不见了。将军和他的指挥部工作人员又继续战斗了24小时，之后只能投降。这是盟军之间的又一次冲突（也是一个尴尬事件），超过了魏刚将军对"戈特爵士在'毫无警告也毫无预兆的情况下'抛弃了阿拉斯"这一事件的抱怨，而后者直接从雷诺总理传到了丘吉尔耳朵里，几乎成了大家笃信的事实，分散了公众注意力，并且一直发酵。直到后来人们才知道，因为法国方面完全没有实现自己的承诺——从索姆河进军与北部军队会合——戈特将军才不得不放弃了阿拉斯，向海岸撤退。

被丘吉尔亲自选为自己与雷诺总理联络的"个人代表"爱德华·斯皮尔斯议员——斯皮尔斯再一次因为他奇妙的法语口语而被提拔到了政界高层——迅速乘皇家空军轰炸机来息事宁人。这一次他被迅速提升为少将（事实上他刚刚有时间在第一次世界大战的军服上缝上他的新徽章，而且离开的时候都没来得及领到将军帽）。而整个危机的结局就是魏刚将军对英国方面的疑虑越来越深重。

但这并不意味着否认夺取布洛涅之战带来了严重的后果。威尔士第二卫队和爱尔兰第二卫队受命坚持到仅剩最后一个人和最后一发子弹。而后命令被撤回了。在加来，丘吉尔向守城的军队发出了同样的命令，至少想让法国人看到英国人是实实在在要战斗的，这一次，英国将不会撤军。

虽然夺取布洛涅意味着冯·曼斯坦因将军设计的计划取得了成功，而古德里安将军也出色地实践了计划，然而这没有为德方带来任何喜悦。装甲师在无人发现的情况下穿过了阿登森林，然后跨过默兹河，直接向西抵达英吉利海峡，将法国人切为两个部分，孤立了远征军，组成马蹄形阵势，以便B集团军粉碎比利时军队，所有的这一切都符合了曼斯坦因的承诺，并且都在不到2个星期的时间内实现，同时保证了德军最低限度的伤亡。然而令古德里安耿耿于怀的是，他的一个装甲师被克莱斯特拖慢了5小时。古德里安命令第二装甲师和第一装甲师夺取布洛涅及孤立加来，然而英军在这两个港口城市的反击行动比他预期的要激烈得多——第二十警卫旅的战斗并非徒劳。但古德里安真正想要的是敦刻尔克。他相信，如果克莱斯特没有插手，他此刻已经到达那里了。

德方高层对克莱斯特的装甲集团的胜利持一种奇怪的怀疑和谨慎态度。令哈尔德将军十分愤怒的是，元首依然在担忧法军会向南方进军，显然这是因为德国步兵与装甲师之间拉开了较大的距离，会引发对方反击。哈尔德在日记中对希特勒的担忧进行了急躁的呼喊式的评论（"这就是上层干涉的错误！"），同时还指出了希特勒周围"充斥着紧张的氛围"，显然那些人不像哈尔德这样对德军的工作充满了勇敢的信心。希特勒在决定下一步战略的时候已经显示出极端的焦虑。哈尔德在5月21日的日记中可能反映了他内心的想法："我们的第一大敌人是法国。我们要想办法和英国在瓜分世界的基础上达成共识。"

对于哈尔德将军这样理性务实的军人来说，不太应该出现这样浮夸的地理政治思维。因此他应该是在记录希特勒的想法，并且并不表示认同。很明显，"政权更迭"这一想法——伦敦会找到"正确的人"组建一个新的政府来代替丘吉尔政府，并且在法国被打败后与德国和解——依然在希特勒的脑海中盘旋，而戈林和里宾特洛甫只要能在会议室外找到希特勒就一定会让他的这个想法更加坚定。

人们都很清楚，下一个步骤——"红色方案"——就是要跨过索姆河，在马其诺防线的后方切断法军兵力，最终取得胜利。为了成功达到这个目标，装甲师就要完成自己的任务。其中的一个要素就是要在比利时和荷兰为B集团军解围，这是一个艰巨的任务，但对于训练有素的陆军高级司令部的军官来说，这并非难事。另一个问题就是德国坦克部队在色当到英吉利海峡途中激战之后需要休息，同时他们失去的人员与坦克需要得到补充和修缮。就像是旧日里的战马一样，在长途跋涉之后需要休息和钉掌，坦克也需要定期维护。每个人都知道，骑兵可以被激发出超越极限的斗志和耐力；战争历史已经证明了这一点。在正确的领导下，人可以忍受饥饿，忍受缺水，忍受疲惫，但在同样的情况下，马可能就会死掉，而且爱国主义演讲和进行曲对它们也没有作用。

古德里安是出了名的缺乏耐心，并且脾气暴躁，他对坦克所扮演的角色有着非常固定的想法。正是这些原因拖了他的后腿。他越是争辩，越没有人听他的话。他应该指出——事实上，没有人比他更清楚——一切都已经经过了认真的思考：坦克部队的士兵的训练就包括了每天会在休息前检修坦克，而每个装甲师都配备了自己的移动服务小组，可以帮他们维修坦克，如果必要的话还可以换掉所有的履带。然而，德军高层却非常坚定地将坦克和战马类比。这种谨慎心态也传给了伦德施泰特将军，并深深地刻在了他本来极其客观且专业的军事头脑中。他需要克莱斯特的装甲部队来帮他完成"红色计划"，而他又不希望浪费或摧毁任何坦克以让古德里安证明自己可以拿下所有的港口城市，同时伦德施泰特已经从阿拉斯和现在的布洛涅战役中了解到英军的抵抗力量比法军要强大。

伦德施泰特已经确信法军会失败，他不希望这一胜利战果被与远征军交锋所影响。无论如何，远征军都会向敦刻尔克撤退，他将他的观点告诉了希特勒，而这进一步加重了希特勒的压力。

# 21
## 苦战到底

防守布洛涅的尝试是一次令人悲伤的失败，而防守加来的尝试则是一场悲剧。虽然船依然会进入加来——还包含了给远征军的35万份口粮——然而德国的第一装甲师已经接近了这个城市，并占领了要道。

5月23日晚，首相丘吉尔晋见国王乔治六世，告诉他如果魏刚将军承诺的进攻"没有实现，那么他将命令远征军撤回英国"，这是国王在自己日记中的记录。国王表现得很坦然，但也很恐惧："必须做出这样的命令是让人震惊的，因为那会牺牲无数的生命。"

增援加来的行动中充满了困惑。30日，摩托旅收到命令，要尽快去"救援布洛涅"，然而最后一分钟又被派去加来，因为布洛涅已经沦陷了。摩托旅的指挥官是C. N. 尼霍森，包括"亲王本人的第一步枪旅"、国王第二皇家步枪军团、维多利亚女王第七步枪团，再加上第三皇家坦克营和皇家炮兵反坦克连。整个阵容听上去比实际上要厉害得多。维多利亚女王第七步枪团是一个摩托营，他们被运送过来的时候并没有配备机关枪，很多军人只有一支手枪。大炮、重型机枪、迫击炮、弹药以及其他很多物品在装船的时候都没有注意，有一些掉到了甲板下面找不到了。加来港的电力供应遭到了破坏，法国的码头工人正在罢工，所以只能用船上的起重机来卸载皇家坦克营的坦克，这个工作非常缓慢，甲板上几千个漏油的油桶都已经被卸完了，坦克还没有开始往下卸。由于每辆坦克的枪都被拆掉了，而且还涂了厚厚的油，因而必须花很多时间来擦掉保护油并装上枪。运送皇家第三坦克营的船长没等卸载完毕就想开船，结果在第三坦克营军官的枪口下才停下来。

加来部队收到了各种自相矛盾的命令——轻型坦克和步兵部队准备好之后受命先向西行进支援布洛涅，但当布洛涅失守后，他们又被要求向东掩护装满了口粮的车队到敦刻尔克，然而却发现德军已经封锁了道路。到5月23日，英军已经被命令撤回到加来城墙附近。这堵建于17世纪的城墙如今应该仅仅算是历史名胜，而没有太多实际用途了，此刻遭到了2个装甲师的包围，皇家第三坦克营大量坦克都被损坏或摧毁。5月24日，德军的炮兵部队登上高地包围了加来。整座城市都在颤抖。伤亡数字在迅速攀升。

在正常情况下，正确的决定应该是尽快撤离，然而加来并非一个普通的城市。首先，它比任何一个法国海峡港口城市都更深地与英国历史相关联；其次，放弃加来意味着2个德国装甲师将可以直接攻占敦刻尔克——远征军仅剩的唯一一个可以撤离的港口。5月24日，海军部从加来撤退的提议被丘吉尔直接否决，他对他的军事顾问黑斯廷斯·伊斯梅将军这样写道："这太疯狂了。撤离加来唯一的结果就是将那些现在保卫加来的敌军部队引到敦刻尔克。"之后又长篇大论地将目前的情况向伊斯梅生气地讲了一通："我不明白加来的情况是怎么回事。德军已经挡住了所有的出口，我们的坦克营被困在了城里，因为它们不能应对外围的枪击。但我认为这些敌军并不强势，为什么他们没有遭到攻击？……戈特应该可以让一两个旅打通他的交通路径保证他的军队能得到供给吧。"

丘吉尔很少会指责戈特，后者此刻正非常艰难地让25万兵力向海边撤退，显然没有装甲力量来支援加来。下午，丘吉尔冷静下来，聆听了艾恩赛德将军向战时内阁所做的加来战况报告。"德国坦克已经通过了加来西边的要塞，行进到了城市和大海之间的地带。旅长认为让更多步兵进入加来毫无意义。"

雷诺总理一直在质问丘吉尔，戈特为什么要放弃阿拉斯，这让首相压力很大，因此他不想放弃加来。法国从索姆河向西北部发起的进攻一直都没有发生，同时各种变故层出不穷；比利时国王威胁说要投降，这意味着戈特爵士的左翼完全没有了掩护；魏刚将军也已经表示他可能会放弃巴黎；雷诺总理则向墨索里尼提议，希望和希特勒进行和平协商。在这样的情况下，丘吉尔认为不能像放弃布洛涅一样放弃加来。

5月26日晚，丘吉尔决定，如伊斯梅所记录的："向加来的指挥官尼科尔森发电报，告诉他不能撤退，必须苦战到底……这个决定对我们的影响非常大，尤其是对丘吉尔本人。他在晚餐时不寻常地安静，完全食不知味。我们离开餐桌时，他说：'我觉得我病了。'他在自己的回忆录中也写到了这句话，但他并没有提到自己说话时悲伤的表情。"

丘吉尔给艾恩赛德将军发了他写给尼科尔森的命令的草稿——艾恩赛德帝国总参谋长的位置将被迪尔将军代替——和之前的温和口吻相反，他质问对方"总参谋部是不是充满了失败主义氛围"。"保卫加来对于我们的国家和军队有着最高的重要性……帝国的目光都在加来的保卫战上，而国王的政府也相信你与你勇敢的团队将捍卫祖国的荣誉。"最后，丘吉尔亲自将消息发给了尼科尔森，强调了最重要的一点："绝不能（再次重复不能）撤退，为了如上目的，船将返回多佛……"

在德军永不停歇的炮火和轰炸的攻击下，加来已经是一片废墟；大部分城市都在战火中，到处都黑烟缭绕。英国人撤退到了大本营区域以缩短战线。部队几乎什么都没有了，不仅仅是食物及军火，就连水都没有，因为水管已经爆裂了。然而他们依然在战斗。德军感到震撼和惊讶——他们这么快就抵达了加来，完全没有想到需要打一场硬仗。同时，这也证明了——虽然为时已晚——如果法国和英国真正联合在一起，并且拥有一个精力充沛的指挥官，那么事情将会多么不同。英国的官方历史是这样记录的："国王的皇家步枪军团以及维多利亚步枪团的分队在大本营坚强地战斗，守卫从南边通向老城的三座主要桥梁……英法联合部队占领了一个重要堡垒，而法国在大本营的守卫部队虽然伤亡惨重，却击退了所有的进攻部队。尼科尔森旅长与法国指挥官在那里建立了一个联合指挥部。"

一个德国护卫举着白旗带着加来市长出现了，尼科尔森此刻有了投降的机会，然而他礼貌地拒绝了，表示如果德国人想要加来，那么"只能把它打下来"。5月25日下午，"一个德国军官带来了'休战旗'，身后还有一名被捕的法国上尉和一个比利时士兵"。尼科尔森再次有尊严地用军人的得体方式拒绝了投降：

"答案是否定的，因为英国军队的职责和德国一样，就是要战斗。"

"法国上尉和比利时士兵并没有被蒙上眼睛，也没有被带走。盟军指挥官承诺他们将会有人看守，并且不会与德国人作战。"[1]

可以感受到德国人对尼科尔森的拒绝有些遗憾。第二天清晨，剧烈的轰炸再次击碎了老城，将剩下的英国军队打得七零八落，分散的军人们在瓦砾中继续战斗。5月26日下午，德国人最终进入了大本营，抓捕了尼科尔森旅长。当晚，"战斗停止了，喧嚣终于退去，黑暗笼罩着这座充满废墟与死亡的城市"。

虽然后来古德里安将军拒绝承认加来守卫战是英雄之举，但这并不能改变事实。第三十旅的牺牲进一步加深了德军高层的犹豫与困惑。加来到敦刻尔克的距离不到30英里（约48千米），加来已经攻下，对德军的2个装甲师来说没有任何理由不继续攻打敦刻尔克，而且在那一刻，敦刻尔克并没有做好防守的准备。莱因哈特将军的第四十一装甲团比古德里安第十九装甲团的头部离敦刻尔克更近——距敦刻尔克南部还不到20英里（约32千米）。逻辑上，德军可以——也应该——在5月27日或28日之前就攻下敦刻尔克，让远征军无法撤离。然而，紧跟着一次历史性胜利的往往是一次历史性错误。

---

[1] 这句引文被用英文记录在德国第十装甲师的战争日记里，L. F. 埃利斯曾在《在法国和佛兰德斯的战争》的第167页引用。

"胜利有100个父亲，而失败是一个孤儿。"在过去的75年中，对让英国完成敦刻尔克大撤退的责难不绝于耳，大部分在世的德国将军都自然而然地把罪过归在了希特勒身上，显然希特勒在1945年5月之后也再没有机会去反驳他们了。事实上，希特勒的决策是基于他最高层的将军的谨慎心态做出的——除了他不喜欢的严肃精明的哈尔德——而不是将自己的意志强加在他们的身上。"黄色方案"令人有些不明所以的成功让大家感到很是紧张，而唯一信心满满的古德里安只是个团级指挥官，对更高层的战略并没有什么影响力；他对装甲战斗的效率的激情和信念让大多数高层认为他是一个偏执狂。他们认为，装甲师并不是解决所有问题的答案，即便是曼斯坦因和古德里安在阿登战役中的正确性，也并没有让这些年资高、头脑精明的人有什么好感。

叫停装甲师的想法由来已久。在他们跨过默兹河后，德国将军们（和他们的元首）就已经产生了这个想法，他们非常担忧地望向西方，寻找法军利用装甲师和步兵之间的空隙进行反击的迹象——这是1914年第一次世界大战刚刚开始时阻挡了德军的马恩河战役留下的阴影。然而他们并没有意识到，1940年的法国没有约瑟夫·霞飞将军，而无论是甘末林或是他的继任者魏刚都不可能扮演这个角色。霞飞会集结所有兵力在马其诺防线后面等待敌军到来，在最关键的位置向其发起猛攻。然而这样的人现在并不存在，"马恩河出租车"的故事也将不会再上演——当时巴黎的出租车集体从火车站直接将法国军人送到前线。无论是心理上还是军队状态上，1940年的法国都没有准备好对德军暴露出来的左侧翼发起一场大规模的攻击。

装甲师第二次停止行进看上去是因为英国在阿拉斯意想不到的顽强抵抗，当时这次抵抗被误读为英军的全面反攻。在这两次事件中，希特勒都是只听了伦德施泰特对事态的解读——伦德施泰特虽然是德军高层中最坚持己见也最头脑冷静的将军，但他依然认为法国会有30~40个师进行反攻。他在战前就认识甘末林，对他尊敬有加；他完全没有意识到甘末林在知道德军进军比利时只是个幌子时的无能状态。

德军高层在阿拉斯战役获胜之后命令装甲师停止行进，这让古德里安愤怒不已。第七装甲师的指挥官隆美尔将军在给他的妻子的信中写道："一两天的休息有很多好处。装甲师至今已经有27名军官战死，33名受伤，1500名士兵伤亡。死亡率达到了12%……现在饮食和睡眠恢复了正常。斯里普勒尔（他的助手）已经回来了。接替他的士兵在离我1码处被杀死了。"

之后，古德里安的装甲团匆忙行进到了加来，而伦德施泰特则很快到达敦刻尔克，然而在5月24日，他们又突然接到命令在离敦刻尔克不远的艾尔-圣奥梅尔运河沿途再次停止行进。高层为这个灾难性的决定给出了很多不同的理由，而这一行为让远征军有机会抵达敦刻尔克并开始撤离。对于纳粹德国来说，通常这样的决定有着现实及理论层面的考虑。有些历史学家认为希特勒是担心佛兰德斯的地貌有太多运河和沼泽（他在第一次世界大战的时候已经熟悉了这一带的地形），不适合坦克行进。这有可能是事实，然而对1940年的希特勒来说，很难因为一个纯粹的技术问题而推翻他的将军们的建议（倒是在1942年，希特勒在失去信心时通常会这样表现）。

哈尔德将军在和往常一样抱怨陆军总司令沃尔特·冯·勃劳希契上将和元首之间进行了"十分不悦的会面"，发生了"激烈的争吵"之外，也表示出于"政治"目的，希特勒希望在法国北部而不是佛兰德斯进行决定性的战斗；而为了"掩饰这一政治性战略"，对装甲师下达"停止行进的命令"被归因于地理位置。

很难看出这一伎俩有任何"政治优势"，或者它究竟是想欺骗谁。哈尔德没有再进一步解释，或许他也是在用这种方式表示他一个字也不信。无论如何，"政治"这两个字在纳粹德国的意义和在英国、法国或者美国不同，后者认为政治意味着调和各种不同意见的有秩序的过程。而第三帝国不会容忍任何分歧，"政治"仅仅意味着将希特勒的想法在每一个层面进行实践的政治架构，并且要让德国人民认同且热情地接受。

通常来讲，洞悉希特勒的思维过程是很难的事——他是欺骗他人的高手,但同时也非常善于欺骗自己——而且他可以让自己脑海中的两种明显自相矛盾的想法同时存在。如果仔细分析哈尔德的笔记,可以看出希特勒很显然希望叫停装甲师,而且已经疲于和他人争论,因此就利用他在和将军们辩论时的终极武器:"政治"目的。这是他的必胜法宝。将军们本就无权参与"政治",也没有发表看法的资格,这是希特勒留给自己的领域。在1934年的"长刀之夜"[1],他们就已经放弃了这项权利,当时每一名军人都向希特勒宣誓了自己的忠诚。他们可以在战术上、在地势问题上甚至在战略上与元首争辩,但在"政治"上是不可能的;在法西斯专政的独裁国家,这个词意味着不直接与战场相关的一切。

希特勒内心深处依然在某种程度上相信英国——或者至少是他们的一些主要政治人物[2]——最终会屈服,放掉他们的军队有可能让他们相信自己的良好愿望——显然他的几位将军也是这样想的。同时他也知道,伦德施泰特希望确认装甲师在执行"红色方案"之前保证完整无缺并得到一定休息,因为这将是迫使法军投降的"决定性一战"。

希特勒的决定中绝对不包含任何人道主义的考虑,因此他也会聆听戈林让德国空军在没有装甲师协助的情况下歼灭岸上的远征军的提议,不过对这样的提议他有多大的信心已经很难知道了,因为他已经意识到,即便是最雄心勃勃的周密的空袭计划也要依托于天公作美。敦刻尔克岸边一直轰炸不断,由此可见希特勒没有想要放走远征军的意思,因此他的主要考虑应该是想让装甲师应战之后的关键性战争,而不是把他们调去对付已经在撤离的远征军。

希特勒有时候会被批判插手太多军事决策——虽然他并不比丘吉尔插

---

[1] 又称"蜂鸟行动"、罗姆事件,是发生于纳粹德国的一次清算行动。希特勒在此次事件中清算了其政敌,进一步加强了军方对其的支持。——编者注

[2] 我们现在知道,这些人包括温莎公爵、哈利法克斯和大卫·劳合·乔治。希特勒一定知道,英国的外交大臣哈利法克斯已经和在伦敦的意大利大使商议过让墨索里尼与希特勒商讨和谈的事。

手得多——有时候就像个"纸上谈兵的将军"远离自己的将领。这很值得怀疑。5月24日,他到达伦德施泰特的指挥部研究解决装甲师将如何参与下一步行动,并耐心地聆听了伦德施泰特的想法。虽然伦德施泰特在战后否认,但当时他一定是建议希特勒谨慎行动,因为装甲师此后停止了整整3天的时间,即便有些坦克已经非常接近敦刻尔克,威廉·里特·冯·托马上校都可以看到海滩了。在5月24日,无论希特勒脑海中混杂着怎样的军事和政治考量,装甲师停止行进这一决定——虽然当时看上去并不是这样——都是这场战争中的一个重要转折点,也是导致德国战败的一个致命因素。

# 22

## 海军将官，多佛

在英国的漫长历史中，人们每每在面对失败的时候依赖的就是皇家海军顽强的专业性。5月23日，当人们对魏刚将军担任盟军指挥官还抱有信心的时候，丘吉尔就已经要求制订以备远征军需要从法国撤离的计划了。

这是有远见卓识的举措，但事实上海军的行动比首相还要早。5月15日，德军攻击法国及低地国家5天之后，人们还认为盟军将在比利时境内用甘末林的"D计划"击败德军，《泰晤士报》平淡无味的标题"摩托艇普查"下面写了一段小字的声明。那段话被隐藏在了第3版，夹在了"海军晋升"和艾玛·戈德曼在多伦多去世的消息中间，可能很难引起任何人的注意，除了喜欢读《泰晤士报》的船主和游艇主："海军部要求所有30～100英尺长的机动船只（包括汽船）——无论是自用还是经营用船——的主人14天之内向海军部登记船只详情。"

这意味着英国的每艘小型的汽船或摩托艇，以及泰晤士河上木座椅涂了漆的大型观景船和蒸汽船都在被要求登记之列。从表面上看，这是"扫雷任务"召集令，但人们怀疑30英尺（约9米）的摩托艇怎么去对付德国海军的水雷。

如果说德国冯·曼斯坦因将军是设计切断退路并击溃远征军的设计

师的话，那么挽救远征军的计划的设计师则是英国海军中将伯特伦·拉姆齐。拉姆齐不是霍雷肖·霍恩布洛尔[1]式的高调的海军军官，他是思维缜密的技术派和规划者，因此他后来在1942年的北非战争、1943年的西西里战争以及1944年的诺曼底登陆时成为艾森豪威尔将军十分信任的海军军力规划者也是很自然的事。人们一直批评拉姆齐缺乏耐心、"独裁"、过于追求细节，这在海军军官中并不少见，但他同时也清醒、有远见卓识且善于随机应变。无论如何，他成了英、美两国高级海军军官中的指挥官，能在皇家海军和美国海军这两支敏感而骄傲的队伍之间周旋可绝非易事。

　　拉姆齐对技术的兴趣与皇家海军在世纪之交时充满野心的现代化规划不谋而合。他于19世纪末入伍，后作为下级军官，在皇家海军舰艇"无畏"战舰上供职。出现于1906年的"无畏"战舰让全世界的舰艇相形见绌，并导致了英、德两国之间的海军军备竞赛。拉姆齐之后进入了海军信号学院——无线电报在一夜之间改变了海军战略——而后又到极负盛名的皇家海军军事学院进修。皇家海军军事学院是一所新的充满野心的机构，相对于在战舰甲板上学习海军领导知识的老传统，这座学院的方法是推动智识上的飞跃。在第一次世界大战中，拉姆齐很幸运地在多佛巡逻队担任指挥，之后又到一艘驱逐舰供职——这艘巡逻舰曾在1918年参加过最终落败的奥斯坦德第二次突袭行动（由罗杰·凯斯上将指挥），这让他熟悉大海，熟悉浪潮、港口以及英吉利海峡变幻莫测的浅滩，就像是熟悉自己的双手一般。

　　无论是在大海上还是在海军部，他都是乘风破浪，一路攀升，直到1935年，他成了本国舰队总司令罗杰·贝克豪斯爵士的参谋长。虽然拉姆齐和贝克豪斯一直是朋友，但他们在海军的规条方面有尖锐的冲突。当时还是海军中将的拉姆齐在1938年被拒绝了几个职位之后被列入了退役名单

---

[1] 电影《霍恩布洛尔船长》的主角，正直、勇敢，富有冒险精神。——编者注

中。退役后他一直在研究"重启多佛巡逻队"的计划。1938年末，与他在1903年就相识的老朋友温斯顿·丘吉尔劝他回归海军，在多佛行动中担任副司令官。那时他57岁。他即刻大刀阔斧地上任了。

多佛是一个规模小却十分繁忙的港口。大部分地貌都是人造的，石头的防波堤建于17世纪，倚靠着著名的白崖。[1]随着现代化的进程，小城也在一路扩大，建立了多个码头，有往来海峡的渡船和火车渡轮码头、大型渔船队（多佛比目鱼）的码头、游艇码头、货船区域，到1939年这里已经出现了海军。多佛的面积虽小，却拥有着很高的商业地位——在英吉利海峡隧道建成之前，它是英国离欧洲大陆最近的港口——同时，它对于皇家海军也有重要的意义，因为它面对着海峡最窄的区域，战时控制着北海的进出，那里至今都是"世界上最繁忙的航道"。更重要的是，战时控制了从多佛到加来的海峡区域，就可以让德国战船及潜艇不得不从苏格兰的最北端绕道进入大西洋，或者去挑战英国驱逐舰及多佛港海军将官控制的水雷阵的严酷考验。

如果世界上真的有偶然设立的职位，那么这个多佛指挥官或许就是为拉姆齐而设，或者说他就是为这个职位而生的。虽然英国还处于和平状态，但他并没有在多佛城堡待多久——多佛城堡是英国最大最古老的城堡，城堡里除了历史名胜之外，还有一座在罗马占领不列颠时期修建的灯塔——便一扫20年来被忽略的状态，即刻将多佛作为了战争的立足点。他重新打开了地道的迷宫——这些通向白崖的地道都是为抵抗拿破仑的入侵而做的准备，可以用来储存水雷和燃料。他还为保障港口免受潜艇攻击做了准备，升级了原始的通信系统，建立了现代化的地下操作室，房间中宽大的半圆形桌子上可以标记和跟进所有进出港口的船只，这和道丁将军为宾利修道院的战斗机司令部建立的系统相似。

---

[1] 白崖象征着英国的独立，是其与欧洲大陆分离的标志。白崖也是英国著名战时歌曲《（将有蓝鸟飞过）多佛白崖》的灵感来源。第一个唱这首歌的歌手是薇拉·琳恩。

拉姆齐将自己的办公室设立在悬崖中的一条隧道里，窗户对着英吉利海峡，天气好的时候，他可以看到法国的海岸。然后他开始组建小型船队，其中有一些是老旧的旅游船，然后用这些船去布水雷，以及清除敌人的水雷。他所指挥的并不是战舰，也不是巡洋舰、航空母舰——他的船没有一艘比驱逐舰大，大部分都是要报废的老船，还有一些从市民那里征用的五花八门的船只，包括一艘马恩岛邮船公司的汽船，船身上印着"无忧无虑的度假者"的字样，之前一直在利物浦和道格拉斯之间航行——然而拉姆齐的指挥部依然是皇家海军最重要的指挥部之一。德国人如果真的要入侵，那么这里——或者是这里附近——就将是他们登陆的地点［多佛离法国的加来只有21英里（约34千米），如果开车到伦敦也只有73英里（约117千米）的路程］。很多支军队都是从这里离开祖国前往法国，而拉姆齐上将计划将以最快的速度实现他们的回归，这就是代号为"发电机"的撤退计划。

拉姆齐虽然参与了远征军1939年9月的登陆法国行动，但他条理清晰的头脑中仿佛早已考虑到失败这一可能性。他并不是情绪悲观或者是对陆军部甘末林的计划没有信心，而是海军的专业性导致的自然而然的思维习惯。这是英国对自己海军力量的至高信心的结果。"不列颠统治着海浪"，因此它的海军可以把军队带到任何需要他们的地方，让他们去战斗——然后在必要的时候帮助他们撤退，这在英国历史上也曾经发生过。这也是"海上力量"的其中一种含义。因此，最终导致的结果就是每个法国人虽然没有说出来却都会认为——就像雷诺总理在第一次同斯皮尔斯将军见面时所抱怨的——只要事情不妙，"英国的将军们总是向海港跑"。这也是1939年法军最高统帅部将法国第一军安排在远征军和大海之间的原因。但不管怎么说，每一个海军将领都知道要做好最坏的打算，对拉姆齐来说，他的责任就是要保证无论陆地上发生了什么，他面前的这珍贵的21英里海路不能有威胁。如果远征军需要紧急的供给或是支援，他可以提供；如果需要撤离，他依然可以协助。他要做好准备，以防措手不及。

"营救远征军"这一结果是拉姆齐在戈特爵士决定退守敦刻尔克并准备全军撤退很久以前就已经思考过的。5月15日,拉姆齐已经开始了他的第一步行动,让英国的所有船只和摩托艇听从海军的命令;5月19日,他参加了陆军部的一次非常务实的会议,讨论了"一场大规模的冒险的撤离行动"。参会者决定,"所有可用的船只都听从拉姆齐的指挥——无论是否属于海军"。这距离戈特爵士做出撤退决定或者是丘吉尔同意撤退这个主张还有1个星期的时间,而海军上将拉姆齐已经开始制订他的计划了。

# 23
## 后 方

此时英国大部分民众依然没有察觉到法国的灾难有多严重。虽然很多英国人不认同法国人,但依然因为第一次世界大战而对法国军队抱有很高的评价。在英国民众脑海中,指挥错误、领导无方、斗志萎靡等词无法与法军联系在一起,丘吉尔就更不会这样想了。《泰晤士报》的忠实读者已然知道事态的严重性,然而在海军部召集所有小船和摩托艇的预示般的通知出现5天之后,《泰晤士报》还在告诉它的读者"德国的入侵种下了失败的种子",并在魏刚将军的任命上找到了安慰,提醒读者们他曾是福煦元帅的参谋长。相似的危机在第一次世界大战中也曾经发生过。1914年,霞飞将军在马恩河阻挡住了德国人的进攻;1916年,贝当将军在凡尔登拖住德军,却付出了超过50万法军的生命;1918年,福煦将军抵挡住了德军最后的大规模进攻,这次进攻几乎打破了盟军的防线,英军和法军有将近85万人战死(德军将近70万人死亡)。"我将在巴黎前方战斗,我将在巴黎战斗,我将在巴黎后方战斗。"福煦曾这样呐喊。魏刚是福煦的门徒,当然应该也会这样。《泰晤士报》以及其他更加受欢迎的报纸的读者都在热切期待着法国对驶向大海的德国B集团军装甲部队右侧翼的有力反击。

如果当时我能更聪明一点(但那时我还不到7岁),我应该会意识到还有一些别的事情正在发生。每个周日的下午，我都会被送到亨登（Hendon）郊区的外祖父家喝茶。父亲出于一些我不知道的原因从来没有走进过马斯格罗夫大宅，而我母亲因为每周6个晚上2个白天都有演出，所以周日喜欢在床上休息。这样就只有卢阿姨带着我进行着每周一次的亨登"朝圣"之旅了。我的外祖父奥克塔维厄斯·马斯格罗夫是一个富有的牙科医生，他喜欢穿成像爱德华七世时代的绅士的样子。然而马斯格罗夫家真正的管理者是我的外祖母安妮，外祖父总是要顺从她的意思。大宅里有戴着帽子穿着围裙的爱尔兰佣人，有兼职的园丁及司机，因为我的外祖父母从来不开车。我们叫外祖父"奥基"。他来自英格兰北部，带着非常浓的利物浦口音（熟悉甲壳虫乐队的美国人都能听得出来）。外祖母同样来自利物浦，但长久以来乡音已改。她喜欢说她的父亲"在煤矿"，而奥基则会背着她说："哈，他在煤矿，他去过的地方恨不得连马都会叫'煤矿，煤矿！'"那个时代牙科在英国还刚起步（外祖父对他的所有病人的建议都是"把它们都拔掉，亲爱的！"而他最爱的工具就是钳子），外祖父也因此成了"专业人士"，但他依然保留着一种北方人特有的幽默，喜爱去音乐厅，热爱各式各样的体育运动、葡萄酒和雪茄。他穿着大胆，喜欢格子西装，看上去更像是一个成功的赌马人，而不是牙医，他通常会穿一件丝绒的杏色或紫红色马甲，上面钉着金扣子，戴着金链表，夏天的时候喜欢戴一顶灰色圆顶高帽，其他季节则选择黑色。

父亲对英国的阶级和地域差异不甚了解，但他很快知道了如何拉拢他喜欢的奥基，周六到圣詹姆斯大街的布鲁尼尔餐厅一起吃午餐。他们会在我父亲参加完克里斯蒂或苏富比上午的拍卖会之后见面。"文森特人不坏。"外祖父会若有所思地说，而我父亲对他也是同样的评价。他们在布鲁尼尔吃得很开心，一般会喝一瓶葡萄酒，然后再来一两杯白兰地。我猜这样的午餐是我父亲发明出来在不和外祖母见面的情况下气她的——他总是称她为"那个可恶的老太太"，当然从来都不会让奥基听到。

这两个男人在午餐时讨论什么，大家就不得而知了，但我父亲喜欢安静，而奥基应该非常开心能有几个小时时间远离外祖母的唠叨和跋扈。我有几次跟着父亲一起去用餐，大部分时间他们都保持着友善的安静氛围。他们都参加过第一次世界大战，虽然敌对，但他们从来都没有在我面前讨论过这件事，或者政治，又或者是婚姻。

  外祖母是体面和整洁的代名词，而这两个概念对父亲来说实在难以理解。父亲憎恨整洁，他生活在自己制造的一片混乱中。他所到之处，都是烟灰和画着草稿或记着笔记的废纸团，扔掉的铅笔头，还有零钱。他用波尔卡点的苏尔卡牌领带当腰带，脚上昂贵的定制洛布皮鞋也蒙着灰，为了舒服连鞋带都不系。马斯格罗夫大宅代表着父亲所不喜欢的英国的一切，无论是路面铺的石块还是花园里的神像，又或者是丝绒装饰的家私，彩色玻璃，家具抛光的味道，还有整齐的椅子罩。只要谈到亨登，父亲就会非常真诚地叹一口气说："可怜的奥基。"

  外祖母对母亲嫁了一个当时几乎不会说英语的匈牙利人并不赞同，而且父亲的衣服虽然昂贵，却看上去就像从来没脱下来过一样，对英国中产阶级的习惯规矩又毫不尊重——或者他从来都没有注意到它的存在。

  他们之间关系复杂还有一个原因，就是外祖母是一个典型的"星妈"，她很早就让我母亲登台演出。这是外祖母姊妹相争的一个结果。她的姐姐莫德·玛丽不仅让自己的女儿玛吉·埃文斯在婴儿时就进入了演艺行业，还让她到好莱坞当了童星，成了秀兰·邓波儿的竞争者。（玛吉长大后曾和宾·克罗斯比一起参演《天降财神》。）让我父亲望而却步的最好方法莫过于让他有两个"星妈"当亲戚了。

  奥基的一个邻居有一辆摩托艇，和一些其他的小艇一起停泊在泰晤士河特丁顿（Teddington）的"玛丽娜"，也就是现在所说的私人船坞，我们有几次喝茶的时候碰到过他。我坐过几次他的船。那艘红木的小船刷成了白色，还漆了整齐的蓝边，是一艘行驶缓慢的宽梁船，船身相当坚固。小船大概有25英尺（约7.6米）长，在美国被称作"可住宿游艇"，但事实上船舱内只有一个放着一只烧水壶的小厨房，有一张桌子、两张放着软垫的长凳、两个铺位和一个泵厕。"游艇"听上去很光鲜，但这艘船可没一点光鲜的地方；我们只在灌木丛公园和草莓山附近一带游荡一会儿，而且也只是在天气好的时候。我们带着在福南梅森商店买的柳条篮子，坐在船尾蓝白相间的遮阳伞底下。这种时刻，奥基往往会穿一条白裤子，搭配一件条纹的上衣和一顶草帽，他的邻居则戴着一顶俏皮的鸭舌帽，站在船舵前，让小船慢悠悠地平静地在泰晤士河上的游船、划艇、明轮汽船中间缓缓前行。我猜这艘船除了从平静的特丁顿船坞到平静的泰晤士河上游这段水路之外，恐怕哪里都没去过——很难想象它在大海上航行的样子，更难想象它可以在德军飞机、大炮和鱼雷的攻击下行进。

有一天在喝茶的时候，这位邻居跟我们提到一位海军的士官长（相当于陆军军士长）拿着一个笔记本检查他的小船。看到《泰晤士报》上的消息后，他已经将船只状况汇报给了海军部，但没想到一个真正的海员真的就出现了，而且速度这么快。在那段时间，所有的一切都会被登记，不仅仅是船只，还有私家车、商用车，以及摩托车——政府部门的触角伸到了每个角落，检查酒窖，强制实行粮食配给，征用运动用的武器，要求检查居民后花园建造的防空洞，强迫人们出门戴防毒面具。那是官僚和探听者说了算的时代，所以在海军部登记自己的船只也没什么奇怪的。

由于那时在亨登联络海军部需要寄明信片（那时寄往伦敦的信件要隔夜才能收到），也就可以确定我外祖父的那次茶聚是在5月19日——英军在阿拉斯发动"反攻"的那天，也是法军"在默兹河水坝力挽狂澜"的最后一天，这次战斗阻碍了克莱斯特的装甲军团奔向大海的进程。截至那天，丘吉尔还只当了9天的首相，而且完全没想过要让远征军从敦刻尔克或任何海岸撤军。

"这是要干什么？"奥基的邻居站在船边的甲板上问那个士官长。

"我也不知道，先生。"士官长用非委任军官对平民不动感情的客气态度回答。

"我听说他们在找扫雷舰，我这显然不是啊。"

"我确实不知道，"士官长认真地填写着手里的表格，他带着赞赏的目光看着那艘船，"不过我敢说它吃水应该很浅。"然后他又望向了旁边的摩托艇、熠熠发光的桃花心木快艇和大小不一的帆船，都整齐地拴成一排。"吃水浅是必要条件。"他边说边用一只手指碰了碰帽檐，并不是要告别，而是表示礼貌，然后就去登记下一艘船了。

"吃水浅，"奥基的邻居边看着自己的茶杯边玩味着士官长的话。"他们干吗觉得这个重要？"这是一个好问题。和他的船类似的船只都是为了能在各种不同的溪流和河水中行驶，很多吃水都很浅。而那些用于在大海上航行的船为了在风浪中维持稳定，通常吃水都会比较深。那个时候还没有人知道海军部要从岸边的浅水中把人接回来，更不用说要接回40万远征军。难以想象的是就在10天之后，奥基邻居的船就已经驶在了多佛到敦刻尔克87海里的Y航线上，这比直接横跨的Z航线长了1倍，但在德军占领加来后，拉姆齐不得不做出这样的选择，因为Z航线会让英国的大小船只处在德军的射程之内。奇特的是，虽然后来这艘船已经伤痕累累，海军部依然将它还了回来，由于没有汽油，就一直绑在特丁顿的岸边，一直到战后。1947年时我还亲眼看到过它。

虽然匈牙利是一个内陆国，但我父亲和他的两个兄弟都是"很好的水手"。他们都不会晕船。有时候穿过英吉利海峡或者是在大西洋上行驶，遇到风浪，很多乘客都只能躺在床上，而他们都没有关系。然而我父亲并没有兴趣和我的外祖父母在泰晤士河上游船，他有他的问题要处理。《汉密尔顿夫人》（当时电影并没有名字，只是一个正在撰写的剧本），也就是关于纳尔逊和汉密尔顿女士之间的爱情故事，需要重现特拉法加海战。通常这种情况会用一些小的模型，用挡摄的方式将大海作为前景呈现出来，但从银幕上看效果并不好。由于这部电影是温斯顿·丘吉尔建议拍摄的，亚历山大决定一定要将海军方面的场景拍得尽可能真实。他对"特效"和当时所说的"特技电影"并没有什么兴趣，但也并非不熟悉这些技术，无论如何，当时正在制作中的《巴格达大盗》就是特技电影的一个成功案例，或者说是唯一成功的案例（这部电影后来获得了1940年奥斯卡最佳特效及摄影奖，以及我父亲所获得的最佳美术指导奖）。[1]早在1919年，亚历山大导演过一部儒勒·凡尔纳的未来主义科幻小说改编的电影，还在维也纳执导过《圣经》史诗《参孙和达丽拉》，这都需要非常成熟的特技摄影，尤其是参孙将整个神殿推倒的大场景。

幸运的是，文森特可以参考威廉·卡梅隆·曼泽斯的建议，他是亚历山大专门从好莱坞请来英国指导电影《未来的事》的。同时，亚历山大也想让他帮忙解决《巴格达大盗》所遇到的很多问题。曼泽斯是一个不太好相处的人，但也是一个天才——他应该是帮大卫·塞尔兹尼克将《乱世佳人》无比复杂的制作化零为整的负责人，同时也是好莱坞第一个被冠以"美术总监"[2]名号的人。

他们找到的解决方案——在好莱坞最厉害的视觉特效内德·曼的建议下——是要把船做得更大一些，比之前的大很多。小模型在摄像机前走的线太直，而真正的船会随着风浪颠簸，时俯时仰，会摇荡，会倾斜。他们决定制作像小艇一样大的模型，可以装（或隐藏）两个男人来扬帆、收帆或者开枪，还可以通过放下桅杆或翼梁来假装船被损毁。

我不知道当时是谁想出的主意，让负责道具的人员穿上钓鱼用的橡胶靴子，躲在小船的水平面以下，在一个又大又浅的贮水池里面走动。可能是曼泽斯的点子吧。内德·曼来自印第安纳，他对钓鱼应该不太熟悉，出生在匈牙利大平原上的父亲就更是如此了。不过问题总算是解决了，只是英国并没有那样大的贮水池，而在1940年，在一个要全力投入战争的国家，也不太可能建造一条这样的模型船。能做这个活的技术工人们都在忙

---

[1] 巧合的是，《巴格达大盗》与另一部富有想象力的"特技电影"《绿野仙踪》在同一天上映，更巧的是，两部电影并未形成竞争——它们在票房上都非常成功。

[2] 即艺术指导，负责为动作片设计和装饰布景。曼泽斯（以及之后我的父亲）作为"美术总监"，对整部电影的视觉效果有着直接的影响，经常要绘制一系列重要场景图，以及决定如何打光和摄影。我父亲是从《亨利八世的个人生活》开始负责这项工作的，之后负责了《第三个人》的大部分视觉效果。

着制造"费尔迈尔"机动鱼雷艇，或者是学习如何将他们的木工知识应用在革命性的蚊式战斗轰炸机的生产中。

《汉密尔顿夫人》要求模型船的长度为大约15英尺（约4.6米），非常巧合的是这个长度和敦刻尔克大撤退所用到的最小的船——著名的"塔姆金"号——的长度几乎完全吻合。"塔姆金"号是一艘来自马盖特的重叠搭造的渔船，有一张风帆和一部悬挂马达，这艘船现在保存在伦敦的帝国战争博物馆。

在父亲看来，1940年春天的英国实在没有能力完成这样的工作，更不用说亚历山大在《巴格达大盗》的拍摄中所要求的各种"重拍和添加的场景"，对亚历山大来说，这是一个不断修正和改变的过程，无论代价有多大——而事实上代价是非常大的，因为每个场景都包括了演员、服装和布景，而且对每个人来说都很麻烦（开支也很庞大）。

这次影片的投资方之一是通常来讲都比较谨慎的保德信人寿保险公司，保德信从20世纪30年代起就一直投资亚历山大的电影，显然他们没有从过往的经历中吸取教训。另一个投资方是联美公司，亚历山大是这个公司的导演，同时由于一系列的跨大西洋商业策略而成了股东之一。亚历山大不仅要找到完成电影的方法，还必须取得成功，这其中的一大部分责任就落到了我父亲的肩上。

就算不考虑海峡对面发生的事，在这段时间柯尔达家族的压力就已经很大了。对于战争，亚历山大在私下里会比在公众场合显得更为悲观。他了解也热爱法国，在那里制作过非常成功的电影。法国是他电影的最大海外市场之一（第一名是美国，1933年以前德国也是）。伦敦电影公司在巴黎香榭丽舍大道上的办公室比他在洛克菲勒中心的办公室还要大，在那里工作的人中也有很多都和亚历山大一样为军情六处效力。法国一直以来无论是对他还是对我父亲来说都是第二故乡，1945年以后依然如此，但他比很多人都更加清楚法国面对这场战争时的犹豫不决。他明白法国没有人希望打仗，每个人都不想再重复上一场战争带来的杀戮和毁灭——法兰西毕竟不是一座孤岛，没有一条海峡来分隔她和德国。

英国人或许可以在一段时间内——或者永远——让海军和空军来防守，而美国和苏联则可以袖手旁观，但法国如果像1940年5月——也就是上个星期——那样落败，就将被完全吞没。亚历山大在和法国的朋友倾谈之后，基于1918年奥匈帝国面对失败时的经历得出了法国将面对的结局：失败主义与晕头转向的致命结合，就像是正在经历过山车般的最后一次下坡，然而眼前却没有终点，也没有任何方法停下来或下车。人们只能用那句箴言聊以自慰："一切都自有安排。"相信到最后头脑清醒的人们会做出理智的决定，而事实上时至今日无论是希特勒还是纳粹党或者是整个德国都已经失去理智了。

亚历山大知道这一点。20世纪20年代他曾经在德国工作过。他参加过贝托尔特·布莱希特和库尔特·魏尔编剧的《三分钱歌剧》疯狂的首映式，他看到狂暴的纳粹党党员大声嘶吼，向着台上扔石头和酒瓶，用吼叫声和漫骂声把音乐都淹没了。他心里清楚如果德国赢了，每个人的命运会是怎样，但他并不讨厌德国人，也不认为德国是一个相异的陌生的国度——德语是他的第二语言，在德国的那些岁月即便不是最开心的也是他最多产的时光。他的朋友中有亲纳粹的——比如女艺人莱妮·里芬斯塔尔，还有德国空军恩斯特·乌德特将军——德国剧作家卡尔·楚克迈尔就是以他为原型创作了电影剧本《魔鬼将军》；也有激烈的反纳粹人士——比如演员玛琳·黛德丽和罗蒂·兰雅。对他、我父亲还有二伯佐尔坦来说，德国并不是一个抽象的概念；他们3个人的德语水平和英语或法语相若。他们非常反对纳粹主义，就像反对霍尔蒂统治下的法西斯主义匈牙利一样，但他们对德国人还是充满感情的，这与完全反对德国文化的很多英国人不同。

在这一点上，柯尔达家族并非独一份。自1933年起，德国电影行业的很多从业者都搬到了巴黎、伦敦或者好莱坞，比如奥托·普雷明格和比利·怀尔德。比利·怀尔德在柏林阿德隆酒店的理发师在给他刮胡子的时候劝他离开德国。怀尔德认真地采纳了他的建议，说他马上回酒店收拾行李。理发师摇了摇头，悲伤地说："如果是我就不会那样做，怀尔德先生，我会直接去车站。"

德国一直都在电影制作方面扮演着重要的角色，而且很多人此时依然把它看得十分重要。普雷明格到达洛杉矶之后，有时会在圣莫尼卡大道上一家名叫"蓝色多瑙河"的维也纳餐厅吃晚餐。有一天晚上，他坐在吧台，听到旁边好几个好莱坞的匈牙利人在用匈牙利语聊天。普雷明格越听越生气，最后他用力把酒杯放在了吧台上，转过身去，大声喊道："好了，伙计们，你们现在在美国——说德语吧！"

父亲当然明白那种心态。他无论去到哪里，都还是一个欧洲人。我记得他曾经闷闷不乐地盯着一份《泰晤士报》。他不像亚历山大一样和国家情报部门有种种牵连，但他也是个精明的人，可以看得出政治宣传和真相之间的差别，而且他有很多朋友是法国的制片人，比如乔治·佩里纳尔和雷尼·克莱尔。法国人看到那些开着难民车牌号的车来到巴黎，就知道事情有多糟糕了，[1]而且生性愤世嫉俗的法国人本身就认为政府会对公众撒谎，媒体也会对公众撒谎，因此无论局势看上去如何，事实都会更加糟糕。

我的母亲只要想到战争，就会坚信总有一天会拨云见日，因为英国一直都是这样，除了美国独立战争，而那又是太久之前的事了。她完全没有感到抑郁，反而非常振奋。就连古板如《泰晤士报》的媒体都报道称"成百上千"的敌军飞机被英国皇家空军和法国空军（后者已经不复存在了）击落，5月27日的头条是"远征军防线完好无损"，而事实上它已经支离破碎。文章还赞颂比利时军队的顽强抵抗，虽然他们已经放下武器，并且将在第二天无条件投降。父亲在看到这些完全不存在的盟军胜利的消息时，

---

[1] 法国车牌号的前两位代表着不同的区域——比如75代表巴黎，06代表滨海阿尔卑斯省，因此很容易通过车牌分辨德国人真正进攻到什么地方了，而不是报纸或政府所说的。

总是悲伤地摇摇头，低声地自言自语道："这全是布伦丹在胡扯。"

当然，他是对的。布伦丹·布拉肯是丘吉尔和达夫·库珀最亲密的朋友，他对公众的情绪一直有着非常精准的判断。但他将看到就在那一刻，人们从过度的自信转变为明显的现实主义，政府将尝试用一种新奇的方式来鼓舞人们的士气，赌注就是英国人在面对现实时通常的做法：讲真话。

## 24
## "就当战士们知道他们要回英国老家吧"

5月25日,戈特爵士自己做出了一个重要的决定,让远征军撤离。他让他的1个师先向北面的大海行进,而不是向南,因为他非常清楚,法国人所说的从索姆河向康布雷发动的所谓"魏刚计划"的进攻永远不会发生了。同时,他左翼的比利时军队或是奄奄一息,或是支离破碎。

戈特非常清楚,让远征军生存下去是他的责任。为了减少队伍口粮不必要的消耗,他已经开始让"用不上"的人从敦刻尔克撤离——比如那些没有了枪的射击手[1]就已经失去了用处,而那些非战斗部队也是如此(正规地说就是"通信部队",或者用口语说是"零七八碎的队伍"),更不用说无数皇家空军的那些准备从停机坪和不能再使用的配给站撤退时和自己的队伍失去联络的成员了。

自从加来和布洛涅失守,远征军除了敦刻尔克已经无路可去,就连敦刻尔克也已经被摧毁得如地狱一般。由于不断的猛烈轰炸,电力系统已经

---

[1] 在英国军队中,很多编队都没有"列兵"一级。比如在警卫旅中,列兵被称为"卫兵"(guardsman);在骑兵队(和装甲部队)中,列兵被称为"骑兵"(trooper);在皇家炮兵队伍里,列兵被称为"射击手"(gunner);在皇家工程师队伍中,则称作"工兵"(sapper);在步枪团,称作"步枪手"(rifleman);在燧发枪团则为"燧发枪手";等等。

瘫痪，因此起重机就不能工作；同时水也已经断供，街道上全是瓦砾和碎玻璃。"这是一等一的混乱，"波纳尔将军写道，"事情正从糟糕缓慢地变得更糟糕，就像是一出希腊悲剧……"波纳尔这一次居然变得过于乐观了——事态的变化并不"缓慢"，一切都在飞速恶化。

英军左翼的比利时军队几乎没有传来任何消息，"总是最可靠的"第十二枪骑兵团被派去寻找他们。事实上比利时人为了现实原因已经停止了战斗，而法国的第一军——用他们自己的高级军官的话来说——已经不存在了。和往常一样，亨利·德拉法莱西非常准确地描述了第十二枪骑兵团的装甲车冒着枪林弹雨和不断的轰炸行进了25英里（约40千米）去寻找比利时军队时的混乱场景。他们见到了一个比利时炮兵供给小队，他们的"被吓坏的战马疯狂地转圈，恐惧地嘶叫，往旁边的铁丝网上撞，想要逃走"。交通一片混乱，难民的车辆堵住了道路。第十二枪骑兵团遇到的唯一一支比利时战斗部队也已经在撤退了，很多士兵都没有了武器，事实上每个人都在撤退，除了几个地方的法军依然摆出勇敢却无用的奋战到底的姿态。太阳落山之后，第十二枪骑兵团用了两个小时行进了20英里（约32千米）的路程——没人能使用照明灯，每条路、每块田地、每个村庄都占满了卡车、逃跑的难民、炮兵还有步兵部队，一幅惨败的混乱场面。最后，他们终于可以将这一切汇报给远征军指挥部，而指挥部本身也在受命向西北方撤退。

在停止了一天时间修整车辆、清理武器之后——受过良好训练的正规军的标志——他们接到命令，沿着卢斯运河前进。德拉法莱西在看到通向运河的弗尔讷（Furnes）公路上的场景后感到非常震惊："它让我想起那幅描绘拿破仑从俄国撤退的油画。崭新的卡车，拖拉机，各种口径的枪支，一排排的壕沟和田垄。价值千百万美元的全新的英国设备躺在泥地里……那场景真是恐怖，令人十分沮丧。"一名被卷入撤退狂潮的英国军官后来写道，他曾问一个法国军官什么时候开始进攻，后者回答说："还不到时候，军队已经累坏了。"显然，德军也已经筋疲力尽了，这位英国军官提醒道。"但他们已经因为胜利而醉倒了[1]，我们是清醒地输了。"那个法国人说，"醉汉的力气能敌7个清醒的人。"

公平地说，大部分远征军并没有像法国人或者比利时人那样窘迫，而他们的国家也没有像比利时那样全部被占领，或者像法国那样已经失去了一个重要部分。远征军中没有人失去自己的家园，自己的工作地点，或者自己的农场。对大部分比利时人以及很多法国人来说，战争已经失败了，未来或是未可知，或是一场灾难——在无论是武器、斗志和领导才能都优于自己的敌人面前，这种场景显然不能再激发最后一战的决心。

值得注意的是，虽然英军各个等级的将士对比利时军队极端不满，但事实上比利时在武器落后、领导不佳而且士兵都是被征用的新兵的情况下，还是与冯·博克将军领导的德国B集团军进行了2个星期的搏斗。从军事角度来讲，比利时军队从行动到士气都没什么可圈可点之处，但它（和遭受了更多诋毁的法国第一军和第七军）确实拖慢了冯·博克将军的行进速度，让远征军能够基本上及时抵达敦刻尔克。当自己的国家都已经打退堂鼓，主张撤退时，军队的士气一定会受到致命打击，就像一个被一拳打烂的蛋奶酥，比利时军队也不例外。和英国不同，比利时和法国的军队都不是正规军（也不是兼职的志愿军，就像英国的本土军），他们是临时征来的兵，都非常急切地希望回到故乡，而且对他们来说，战争已经结束了。德国在坦克方面的战略以及他们非常成熟的用来快速集合坦克、调度步兵和炮兵以及空军的无线电技术，让这些传统部队的士兵以及他们的指挥官都叹为观止。

总而言之，德国仿佛永不停息的轰炸机没有任何对手，击碎了那些本来希望在事先准备好的地点进行防守（就像第一次世界大战一样）的军队的一切斗志。士兵们散落在无数难民中，无论是白天还是晚上，无论在何处，他们只要停下来就有被炸死的危险。这场移动的战争不仅暴露了盟军的弱点，还显示出了他们指挥系统的烦冗低效。

---

[1] 法语中Epuisé除了"筋疲力尽"之外，也是对"喝醉"的礼貌的说法。

德方对空中的控制让地面进一步陷入混乱。比利时空军在地面上就已经被摧毁，而法国的空军就像法国政治圈的知情者们预测的那样，在一瞬间就瓦解了，因为空军的飞机早已经过时，没有任何的现代指挥和操控系统。

就连远征军对皇家空军的信心也在骤然下降。无论英国的战斗机有多么先进，地面上的人看到的依然是德国的轰炸机和俯冲式轰炸机夜以继日的不断袭击。他们很少看到天空中有任何缠斗，或者去感激"布莱尼姆"轰炸机中队的巨大损失——比如5月14日，71架皇家空军飞机被派去轰炸德国占领的默兹河上的桥梁，结果有40架被击落，伤亡惨重。人们对第五纵队[1]和德国伞兵有着过于夸张的恐惧——事实上在5月10日，德国伞兵就已经被派去夺取荷兰和比利时的重要桥梁了——因此经常有被迫逃生的英国空军被认为是敌人，甚至有英国本国人也会这样认为，有时候还会有比利时人或法国人威胁要将他们枪决。而且德国空军和英国皇家空军的军服看起来十分相似。讽刺的是，皇家空军在不列颠之战仅仅3个月后就达到了荣耀的巅峰，而如今声誉则跌到了谷底，以至于首相本人都认为必须解决这个问题——由于无处不在的德军飞机，皇家空军的军人遭到愤怒的士兵的粗鲁侵犯。

德拉法莱西描述了德国飞机在白天进行的一次突然袭击："泥土和火焰都向空中喷射。在那3分钟或是更长的时间里，这似乎没完没了。我爬到一堵墙边，屏住呼吸，我的双腿在颤抖，左右两边的房屋都已被夷为平地。200码前的路上，有一支由大概20辆弹药车组成的护航队被无数次地轰炸，爆炸声震耳欲聋。金属碎片和人的身体被炸到了半空中。飞机离开后，车上的弹药爆炸了1个小时，任何人都已经不可能去营救伤者了。"

---

[1] 这个说法来自西班牙内战，法西斯主义者埃米利奥·莫拉将军声明他除了有攻击马德里的4个纵队之外，还有一支"第五纵队"。在1940年，人们都认为德国拥有一支穿着平民服装的队伍（比如最热门的例子就是穿着修女服装的"纳粹党突击队员"），或者是德国资助的狙击手或破坏者。但事实上没有确凿的证据证明这样的队伍存在，虽然事后很多不幸的人因为被认为属于这支队伍而被处决。现泛称隐藏在对方内部的间谍。

德国人用了将近20年的时间来铺排如何一心一意地用日耳曼人的高效率攻击法国和低地国家这一事实让人们感到无比震惊。停机坪被夺取之后，临时组成的团队很快就在那里建立了无线电通信系统以及维修设施；这些工作完成之后，笨重却可靠的Ju-52运输机（德国版的"道格拉斯"DC-3"达科塔"，在美国参战后开始大规模使用）带来了专家、燃油和武器，因此德国空军和战斗部队交互跃进，就像是接力赛中的跑步选手。一支中队先发起进攻，在它回去加油并补充武器的时候，另一支中队便负责进攻，就这样不断地带来了死亡与毁灭。

英国和法国的战略（除了富勒和戴高乐这样的反对者）从来没有预测到对方能如此高效，飞机直接在前线后方待命，并与地面军队不断进行无线电通信，这样团指挥官可以直接调动俯冲式轰炸机，而不是坐等炮兵。盟军本以为向如此近距离的机场提供燃油是不可能的事，然而德军就是这样直接飞了进来。更夸张的是，德方还设计了20升钢制汽油罐，汽油罐内嵌了浇注槽，还有防泄漏的封口盖，后来全世界的军队都采用了这种设计，这样可以迅速、安全、便捷地运输大量的燃料。而在那个时候，其他国家还都在用薄薄的锡制汽油罐，不仅需要配备扳手和漏斗，还像筛子一样漏油。

就连丘吉尔这样的现实主义者也认为德军的坦克会很快用尽他们的燃油供给，完全没有考虑到德国在大量生产这种新型的汽油罐——更没有想到隆美尔的行进速度如此之快，只需要像私家车一样在汽油站加油就可以了。与其说德国的每件武器都精良高超，不如说他们在战争中使用的每一件器械——无论多小——都恰如其分地发挥了自己的作用，如同七巧板里的每一块拼板，一切设计都围绕着整个行动的核心思想。相比之下，法国人在两次大战期间将钱都用在了马其诺防线上，就像金字塔一样壮观而固若金汤，是防守意识的终极表达。而德国人则建立了功能强大的现代战争机器——他们奉行的理念是"移动"，移动的目的是进攻。

5月26日星期天，戈特将军用克制的语句将他的决定告知陆军大臣：

"眼下我们困在了巨大的战场上,绝大多数兵力都和敌人短兵相接。没有足够的场所可以稍事休息。有必要进行部分撤退……""部分"一词实在是过于保守。波纳尔将军更直白地叙述说:"我们是否能到达大海,如何离开,有多少人能活着,这都是由上帝决定的。但目前只能这样做。我们不能就这样待在这里,露于旷野,也没有其他地方可以去。"

截至现在,英国的战时内阁也已经开始变得谨慎,出现了理性的声音。首相记录道:"现有的所有证据表明,法国人可能要垮掉了,我们必须尽其所能让远征军从法国北部脱离困境。"

对丘吉尔来说,那是繁忙的一天。国王在3天前建议将这一天作为全国祈祷日,首相需要在威斯敏斯特教堂逗留10分钟——这是他能走到的最近的地方了。丘吉尔对国王的这个想法并不认同,担心举国祷告会被敌方解读为承认恐惧或失败主义心态。他从来都不是一个经常做礼拜的人——丘吉尔会出于义务参加一些在教堂进行的正式活动,比如婚礼、葬礼、洗礼仪式、加冕礼,但对英国的教会,他只是"从外部支持它,就像是建筑物的飞拱"。和之前的一位首相墨尔本勋爵一样——墨尔本勋爵认为任命主教是他任内最烦人的事(还抱怨说主教们都是为了让他生气才死掉的)——丘吉尔没有宗教信仰的本能[1],也不认为宗教仪式——哪怕是国王和坎特伯雷大主教都参与——能改善英国目前的军事状况。但无论如何,就像丘吉尔夫人提醒他的,无论怎样抱怨,他依然还是要出席。

那一天,他脑海中想得最多的事是他决定让约翰·迪尔将军代替埃德蒙·艾恩赛德将军担任帝国总参谋部参谋长。约翰·迪尔目前担任副参谋长,曾经是远征军的团级指挥官。这对于丘吉尔来说是一个不寻常的决定,因为他喜欢艾恩赛德,认为迪尔不具有想象力,像一只"恐龙"。这个决定可能反映了法国方面对艾恩赛德的负面看法,因为后者从来没有

---

[1] 丘吉尔曾简洁地总结了自己的宗教信仰:"我已经准备好去见我的造物主。我的造物主是否准备好了见我就是另一回事了。"

隐藏过他对法国将军的轻视；或者是因为丘吉尔认为在法国战败之后，德国最终会入侵英国，而那个时候，艾恩赛德的直率机敏更适合将有头脑的人们聚在一起，共商有效的防范战略。如果真是这样的话，他恐怕会失望了——艾恩赛德作为本国军队的指挥官，用不太恰当的方式令他的将军们很是不满；而迪尔也没能成为首相所期待的那种参谋长。幸运的是，关于第二天德国进军到海边的消息盖过了这次草率的领导层更换。

5月26日清晨，丘吉尔面临着更大的挑战。首先是一件令人吃惊的事：雷诺总理发来了电报，告知他当天就要飞来伦敦，"希望与首相单独会面，或者只有一位大臣在场"，这显然标志着法国准备投降。更让人沮丧的消息来自凯斯上将：比利时国王决定"不能抛弃他的军队"而和他的政府一起逃亡，并给乔治六世国王写了一封信来解释他的想法——一封国王给国王的信件。比利时马上就要投降，这意味着远征军在向敦刻尔克撤离的过程中，其左翼已经完全暴露在敌人面前。

雷诺总理飞来伦敦的电报送到了丘吉尔在海军部的住所，当时丘吉尔正在仓促地吃午餐。这个消息虽不能说令人绝望，却也相距不远了。1周前雷诺总理曾经让贝当元帅从马德里返回法国，并加入他的内阁担任副总理。贝当元帅当时正在佛朗哥统治的西班牙担任大使。从那时起事情就已经注定了。贝当是个悲观主义者，为人虚荣，而且非常不喜欢英国人，最重要的是他相信战争已经失败了，而且事实上从一开始就不应该发生。这一切已经影响了法国政府，并且也进一步削弱了雷诺对政府的控制。雷诺虽然已经尽力掩饰，但他的消息反映出了法国的态度已经快速向失败主义转变。

这个电报有两个部分，第一个部分成了之后2周内英法会议的主题：法方认为如果英国不能马上将整个皇家空军的战斗机指挥部投入战争——或者如果美国依然不参战——法国将无法继续战斗。美国的决定当然不是丘吉尔能够左右的，而且他非常怀疑罗斯福总统可以或者愿意向德国宣战。他这样想是有理由的，因为他一直和总统保持着通信，并且经常从肯尼迪大使那里得到这方面的信息。而法国提出的前一个条件意味着要英国放弃对英国本土的防守。

事实上战斗机指挥部是无法在德军攻击下的临时机场进行指挥的，它依赖于复杂的雷达监控系统和防弹的集中通信系统，而这些情况英方并没有向法方透露——雷达是一个机密话题，而且首相本人也不理解英国防空系统的复杂性，在这个系统中，战斗机只是最明显也最耀眼的部分而已。

法国人的第二个要求是马上与墨索里尼沟通，阻止意大利参战，作为回报，英、法会答应墨索里尼对地中海地区的一些要求——雷诺很模糊地暗示了苏伊士、直布罗陀及马耳他的去军事化，同时也提到了意大利要求的法国的突尼斯殖民地可以作为讨论对象。丘吉尔对他口中的"意大利立法者"抱有一定的尊重，他曾经见过墨索里尼，但他不会把地中海地区放在银托盘上双手奉上而只为了换取意大利不参战。

从未来意大利军队的表现来看，担心墨索里尼的参战威胁是一件奇怪的事，但让意大利置身事外总还是有些理由的。这不仅可以解放无所事事地驻守在法意边境的10个法国师，更重要的是不让战争蔓延到地中海地区，因为此时盟军的军力已经被牵扯到（甚至超过）法国北部了。丘吉尔虽然亲法，但依然能注意到雷诺正准备用英国的"钱"——苏伊士、马耳他和直布罗陀——去买与意大利之间的和平，这也是英法外交的悠久传统了。

丘吉尔就法方提出的要求和雷诺进行了争辩，立场很坚定，但维持着很好的态度。他试着提振雷诺的精神，告诉雷诺只要法国北部的情况能够被"清理"，德军的下一个目标应该是进攻英国，而不是攻破法国岌岌可危的防线而向巴黎进军。雷诺并没有信服他的话。他回答说："征服巴黎……是所有德国人的梦想。"他没有错，这也是法国人永远不会改变的逻辑，因此，"他们一定会进攻巴黎"。

不幸的是，这两位国家首脑的对话并没有留下记录。雷诺直到1951年才写下了关于这次会面的回忆，而丘吉尔则是在午餐后直接告诉战时内阁成员他们谈了些什么。战时内阁下午2点就开始开会了，这也意味着这次午餐按照丘吉尔的标准来说十分仓促，也许根据雷诺的标准也是如此。可惜的是，那是一个周日，丘吉尔非常宝贵的（而且观察力很强的）年轻私人秘书约翰·科尔维尔去了牛津，正在与保守党领袖马杰森的女儿盖伊调情——他们在泰晤士河畔一家17世纪的名叫"鳟鱼"的餐厅用餐，我在牛津读书的时候那家餐厅依然很棒——所以我们不知道丘吉尔用什么样的午餐招待的雷诺。无论如何，最终丘吉尔还是直接问雷诺，法国是否得到了和平条约。而雷诺则有些尴尬地回复说，目前还没收到任何消息，但他认为如果他愿意的话，对方也会愿意。

丘吉尔让哈利法克斯、张伯伦和艾德礼在雷诺回巴黎之前到海军部与雷诺见面，讨论这个至关重要的问题——这个问题占据了之后48小时的时间。战时内阁的会议记录适度地记载道："内阁成员们继续讨论了我们是否要和意大利接触"，再没有其他细节了。我们从记录中看到，首相"怀疑和意大利沟通能带来任何进展"，而外交大臣（哈利法克斯爵士）则"倾向于联络意大利"，并认为"墨索里尼"最不愿意看到的就是"希特勒主宰欧洲"。

这是本质上的分歧。哈利法克斯已经与意大利大使朱塞佩·巴斯蒂亚尼尼伯爵见过面，不仅讨论了如何让意大利不卷入战争，还谈到了更重要的问题，就是说服墨索里尼去询问希特勒希望提出怎样的和平条款。用巴斯蒂亚尼尼的外交辞令（哈利法克斯非常谨慎地汇报）来说就是不排除"在有机会的时候讨论关于目前欧洲的更广泛层面的问题"。由于墨索里尼阅读并草签了巴斯蒂亚尼尼提交上来的谈话内容，他应该清楚哈利法克斯是在向他提议，让他重演1938年通过支持慕尼黑会议而让世界远离战争那样的壮举，而这一次则是要在1940年5月将交战双方带到谈判桌前。

这样的"重现"对于虚荣的墨索里尼来说显然是具有诱惑力的，然而他已经答应了希特勒，像台老机器一样破旧不堪的意大利军队只要能进行一些行动——哪怕是任何行动——意大利就即刻参战。而且墨索里尼已经算计出德国会赢，事实上应该说已经赢了，那么如果他能加入德军这一方，应该能分得一杯羹——他唯一担心的是英国和法国在他宣布加入战争之前就投降，这样意大利恐怕什么都得不到，而且更让他忧虑的是，希特勒对意大利是否参战显然漠不关心，德国的将军们也对意大利充满了敌意和轻蔑，更不希望意大利军队的交通运输问题加大他们的麻烦。

有一件事是肯定的：希特勒已经从罗马方面得知哈利法克斯希望议和（他应该会认为战时内阁的其他成员也有同样的想法），"不仅希望停火，而且希望得到一种和解方案来确保欧洲1个世纪的和平"，这是巴斯蒂亚尼尼过度膨胀的期望。同时，希特勒通过罗马听到了来自巴黎的同样的信息，这些消息可能在短时间内干扰了他的判断。

重要的是，丘吉尔让哈利法克斯、张伯伦和艾德礼说服雷诺，让魏刚将军命令远征军向海岸行进，这样法国人就不能再抱怨没有人通知他们，或者英国人再次让他们失望，当然，魏刚不太可能会听从这个命令（而法国人也不会去在意这些事）。同时，丘吉尔命令陆军大臣安东尼·伊登立刻起草命令给戈特爵士，让他向海边行进并开始让远征军准备撤离。

战时内阁在下午5点继续开会。丘吉尔有一刻确实迟疑是否要听从哈利法克斯的建议进行和平协商，当然和雷诺总理的会面也对他产生了影响。首相说："我们和法国的情况不同。一方面，我们依然拥有抵抗和攻击的力量，而他们没有；另一方面，德国可能会给他们提供一些相对合理的和平条款，而对我们则不同。"他不希望最终被逼迫到"一个无能为力的位置，不得不去联络墨索里尼先生，让他去请求希特勒对我们手下留情"。

哈利法克斯不同意他的观点。他认为应该让法国"尝试欧洲均势的可能性"。丘吉尔最讨厌的就是这种模棱两可的外交辞令。哈利法克斯又强调说他"不想看到法国臣服于盖世太保"。

丘吉尔生硬地否决了他的看法，认为这本来就是不可能的。

哈利法克斯回答说他不能肯定。他到此刻还没发现，和他不一样，丘吉尔喜欢辩论，而且会让对手的论点总像网球瞄准罐子一样弹回到他的身上。

他们两个人之间显然已经划清界限——战时内阁中巨大的分歧，哈利法克斯认为自己有责任要让他的同僚都听到他反对继续战争的观点。和首相不同，他完全认同雷诺所说的法国毫无希望的状态，同时他也没有丘吉尔的战争热情，更没有他在战场上反败为胜的精力。

丘吉尔的回复直率而清楚。他认为，"在不知道能从法国撤回多少军力之前不要做任何决定"。他还认为，这次行动"有可能会是一场巨大的失败"，但另一方面，"我们的战士可能会打一场漂亮的仗，我们也可能会撤回很大一部分军队"，"希特勒先生认为他手里握着鞭子。我们能做的唯一一件事就是让他看到他没能征服这个国家"。

当时并不是所有人都推崇这位新首相。外交部常务次官亚历山大·卡多根就在日记里说丘吉尔"太爱长篇大论，过于浪漫和感情用事，而且喜怒无常"，哈利法克斯一定同意他的观点。"老内维尔还是最胜任的"，卡多根总结说。大部分保守党党员也会认同这点。

那天晚上，丘吉尔的军事参谋之一克劳德·伯克利上尉表达了和卡多根不同的看法："雷诺很一般。首相棒极了，亲自出马，完全没有一句警告就让底下人慌乱不已，大声喊着我们永远不会退让。"

晚上7点，丘吉尔下令开始实施"发电机"计划，也即海军中将拉姆齐的远征军撤离计划。

晚些时候，他给戈特爵士发了消息。戈特的部队已经陷入了一片混乱，在去敦刻尔克的路途中遭到了接连不断的攻击，而敦刻尔克的港口已经被至少40名德国机枪手包围。"在这个庄严的时刻，我必须向你表达我最衷心的祝愿。没有人能知道事情会怎样发展。但任何结果都比被围困或饿死要强……就当战士们知道他们要回英国老家吧。从来没用过这样的目标去激励斗志。海军和空军将发动一切力量支持你们。"

# 25
## "发电机"计划

5月26日星期日晚10点，海军中将伯特伦·拉姆齐收到了来自海军部关于开始执行"发电机"计划的命令。拉姆齐是一个极其务实的人——他选择"发电机"作为撤离行动的代号并不是因为它意味着速度或力量，而仅仅是因为他在多佛白崖的办公室离一条有应急发电机的隧道很近。他集结他的军队实施"发电机"计划也是本着这样的实用主义精神。

虽然丘吉尔认为魏刚的进攻计划会在最后一刻实施，但多佛的这位海军中将早就断定撤退在所难免。5月15日，德国人刚刚跨过默兹河，远征军正在比利时的戴尔防线挖掘战壕，拉姆齐就已经开始调查平民的摩托艇，这是聚集所有船只所需的第一步。5月19日，在陆军部召开的会议上，他提出了"冒险进行大规模撤离的问题"。

拉姆齐不仅仅具有远见卓识。他是一名高级海军官员，已经习惯了自己做出决定——船长不能总是等待命令，或者让别人解释他们的命令——某种程度上也像一个海盗。他所指挥的海军军力与他作为多佛海军中将的职位权限严重不符——只有18艘驱逐舰和一些扫雷舰、拖网渔船、武装检察艇以及改装成布雷舰的火车渡轮，但他依然大胆地使用那些驱逐舰，让它们偷偷地在德军的炮火中潜入荷兰的艾默伊登（IJmuiden）港，帮助荷兰王室和政府逃脱险境，同时也抢出了荷兰的黄金储备和大量的钻石。

5月24日，拉姆齐与法国海军副总参谋长奥本将军会面，参会的还有法国北方海军司令阿布里亚尔中将。两位将军在听到拉姆齐的敦刻尔克撤军计划之后都表现出——或者假装表现出——震惊和愤怒。他们把防守敦刻尔克看作是英国的任务。拉姆齐艰难地尝试安抚他们冲冠的怒发，虽然他并没能成功地说服阿布里亚尔——他将一直留在敦刻尔克地下指挥部继续防守，几乎不和他的英国同行交流，这也是彻底的决裂。在所有出了名的强硬的海军高级将领中，阿布里亚尔是最固执的那个，而且和大部分——如果不是全部——法国高级海军官员一样，认为英国是法国的世仇，德意志人只是18世纪早期半路杀出来的一个粗鲁的不受欢迎的海上对手而已。

值得注意的是，拉姆齐在戈特爵士犹豫不决地做出了向海岸撤退的决定的前一天——也就是拉姆齐接到开始执行计划的命令的3天之前——就已经在为"发电机"计划做准备了，并与法国的海军将官进行了讨论。当时的照片记录下了他的状态：冷静且精力充沛，对事情的判断务实，他两脚分开，仿佛正站在舰船的驾驶台上，完全不会被任何言语或情感所撼动——一言以蔽之，他是最适合这个位置的人。拉姆齐拥有非凡的组织能力，才能在接到命令3天之内就组建起一支舰队，不仅包括战船，还包含了所有能够浮起来的东西，比如停泊在伦敦码头的远洋客轮和货船上的救生船，游艇、驳船、游览船、渔船、拖船、渡轮，还有一艘伦敦消防船，加上荷兰宽板平底船，一共超过了800艘。他还得到了几百艘私人船只，其中包括查尔斯·莱托勒自己58英尺（约18米）长的"流浪汉"号游艇——查尔斯·莱托勒是"泰坦尼克"号的二副，他自己在大儿子和一个航海童子军的帮助下将"流浪汉"开到了敦刻尔克海边；还有泰晤士河上的游览船"梅德韦女王"号，这艘船往返敦刻尔克海岸7个来回，带走了7000多人，并且据说击落了3架敌军飞机（该船后来成为夜总会游船）。那些曾经往返马恩岛或者是海峡岛屿的大船还带了穿着白制服的水手去敦刻尔克，水手依旧拿着小银铃铛，通知大家茶水或者饮品、三明治已经准备完毕（只是服务对象是军官，而非头等舱的乘客）。[1]有些大船被改造成了医院舰船，外观漆成了白色，还在船体和烟囱上画了明显的红十字，但这并没有阻止德军对它们的攻击。

在"发电机"计划开始之前，拉姆齐就已经成功地从布洛涅、加来和敦刻尔克撤回了27 936名英国官方战争史中所说的"非战斗部队"成员。这些人中很多都是从敦刻尔克外港的东防波堤登船的。东防波堤是一座石木结构的长堤，尽头是一个木制码头。敦刻尔克在大撤退之前并不是一个现代港口，也并不便于大量人员的撤离。其外港的入口很窄，两边的防波堤呈45度夹角，看上去就像一个巨大的漏斗，喷口朝向大海，向内港行驶时海面越来越宽，然后就是更加狭窄的通向码头的入口，这些码头形成整个城市的一条边。

即便是天气很好的情况下，这个港口也并不容易进入，它需要有经验的引航员和谨慎的船长；如果天气不好——或者在敌军不断的轰炸之下——即便是不大的船只想进入港口也有危险，更不用说港口堆着越来越多的被炸得七零八落的船体碎片了。一艘船在进入内港并被拴在码头后，就不能再移动了——德军的俯冲式轰炸机完全是瓮中捉鳖。在东防波堤停船更为方便和迅速，但东防波堤本身很狭窄而且危险，有0.75英里（约1.2千米）长，限制了登船的人流。此外，英吉利海峡的潮水很大——低潮和高潮差别超过了15英尺（约4.6米），这意味着登船的路程可能要走过一段狭长、险峻、湿滑的跳板，这对于精疲力竭又全身透湿、在炮火中挣扎了多日的军人们来说实在不是一个简单的过程。

拉姆齐在执行"发电机"计划之前的3天时间里了解了很多信息，而这些信息都不太乐观。从多佛到加来的距离只有21英里（约34千米），通

---

[1] 文件记载共有243艘船被德军的水雷、鱼雷、枪炮、炸弹击沉，但真实的数字应该会比这个高很多，因为很多沉入水底的私家船只是没有记录的。沉船时，船上的军人如果在甲板下面通常也会随之沉入大海，比如在"不眠"号驱逐舰被鱼雷击沉后，600名军人也一起沉入了海底。

常去往敦刻尔克都是直接向南到加来，然后向东再行驶21英里，沿着法国海岸线向陆地靠近，以躲避危险的沙洲（这就是所谓的Z航线）。然而加来已经失守，这条航线相当于让拉姆齐的船只直接暴露在敌人的炮火前，因此他只能改变路径。Y航线是指从多佛、拉姆斯盖特（Ramsgate）或希尔内斯（Sheerness）出发沿着英国的海岸线向北方行驶，绕过恐怖的古德温暗沙——多年来成百上千的大小船只都在那里触礁——然后向东朝着奥斯坦德（Ostend）航行，之后再沿着比利时海岸线向西南驶向敦刻尔克——行程71英里（约114千米），而且也可能遭遇德国在北海的潜艇和快速鱼雷艇，同时这条航线需要非常精准的导航来避开英国自己的水雷。

还有一个选择是X航线，可以将行程减少到55英里（约89千米），但要在沙洲之间行驶，还要通过水雷区的狭窄海峡，并且必须借助日光。这些航线对海军的船只来说都没有问题，但普通平民船只的导航设备恐怕不够，而且业余的水手也很难掌控。[1]

需要即刻准备上千张图表来展示这些新航线，并将这些图表派发到每个去敦刻尔克的船主手中，同时还要海军军官准备好准确的航行指导。现在已经不可能在看到加来后再根据罗盘向南行驶，然后再沿着海岸转向敦刻尔克的方向。无论大小船只都可能会遇到海上的各种险境以及德军的全力开火。即便是如英国这样认为自己统治大海的岛国，这也是一项充满挑战的任务。

拉姆齐的另一个问题就是军队的状况——远征军到达敦刻尔克时，已经抛弃了所有车辆，这些车辆和爆炸后的各种碎片一起挡住了道路，整个交通一片混乱。很多士兵都没有了指挥官，有些高级将领已经登船，留下了毫无秩序的乌合之众。在进入敦刻尔克之前必须重整秩序，比如要规定边界，军官和皇家宪兵要确定谁能继续战斗，谁需要被送到岸边。与此同

---

[1] 德国的磁性水雷给拉姆齐出了更大的难题。海军船只拥有新型消磁线圈，但没有时间给平民船只落实消磁。因此，敦刻尔克大撤退过程中，水雷也造成了很多伤亡。拉姆齐建立了5个消磁站，但很多平民船只的主人并不知道。

时，拉姆齐实行了最为重要的一个步骤，即让皇家海军W. G.坦南特上校在5月27日星期一上任敦刻尔克高级海军军官，指挥12名军官和150名水手。从坦南特的照片可以看出，他带着不容置疑的将领风范，点缀着金色镶穗的蓝色军装让他在穿着卡其色军装、疲惫邋遢的士兵中格外耀眼；但坦南特的手下显然认为他需要一些额外的象征物来代表他在敦刻尔克港口的权威，他们用包香烟和巧克力的锡纸制作了SNO（高级海军军官）三个字母，用豌豆汤把它们贴在了他的钢盔上。

不过这似乎是没有必要的。坦南特很快就控制了局面，起到了"SNO"应起的作用。后来他记录道：

> 关于英军和法军在登船之前及其过程中的举止行为，必须说明，早先登船的队伍完全是一盘散沙，显然已经失去了指挥官……很快我们意识到必须让穿着容易辨认的制服的海军军官以及佩带武器的海军队伍来指挥这些士兵登船。必须表彰这些海军军官和士兵为重整秩序所做出的贡献。之后战斗部队抵达海岸，这些困难也就迎刃而解了。

这段记录与很多历史书籍中对敦刻尔克的赞颂式的记载形成了反差，但与蒙哥马利将军后来表达的观点相若。蒙哥马利将军表示，那些从敦刻尔克撤退的军人不应该得到特殊奖牌或肩章，因为那是一场失败，而并非胜利。"我记得，"蒙哥马利写道，"很多人包括我自己看到从敦刻尔克撤回的士兵在伦敦闲逛时都很是反感……他们袖子上缝着彩色的绣章，写着敦刻尔克的字样。他们认为自己是英雄，平民也这样想。但人们不明白，英国军队经历的是一场惨败……"

5月27日星期一，25万远征军、大量的法军都在激战中失势，与从装备和领导上都非常卓越的敌人做殊死搏斗。在之前的几天时间里，他们没有撤退的机会。唯一能让远征军集合在一起的方法就是战斗。如果德国人攻破了英军的防守，那么远征军就会变得七零八落，就像是德军跨过默兹河之后的法军一样。那样的话，远征军将彻底崩溃，而德军便可以直奔最后一个未攻克的港口敦刻尔克，那么整个远征军将被包围，或者被击成碎片，打散成一个个孤立无援的小组，守着自己最后一寸土地，直至弹尽粮绝。而当时，没有任何人能看到"全局"——每个军人只能看到前面战友的后背，或者与他搏斗的敌人。

即便是在顶层的人，对整个事态也并不了解。首先，眼下是几场仗同时在打：陆战越来越野蛮和血腥；空战很难评估；同时还有海战。其次，在最高层，一直存在着某种程度的困惑，人们不愿意面对现实。英方不知道法国人到底在做什么，或者能做什么，更不知道比利时人做了些什么，虽然比利时军队在撤退时就在远征军的左翼。战斗部队已经精疲力竭，人数上远少于敌军，并且断粮数日，还与敌军进行了近2周的激战，夜以继日地经受着轰炸袭击。把他们聚集在一起的是2个最传统但也最重要的因素——军规和对自己队伍的忠诚，这与17世纪中期并没有两样。

对大撤退的颂扬几乎盖过了此前战斗的惨烈。休·塞巴格-蒙特菲奥里在他具有权威性的著作中估计，在一个旅的2500人中（他选择的例子是三军团第二师第四旅，包括皇家苏格兰军团第一营、皇家诺福克军团第二营，以及兰开郡燧发枪手团第一营和第八营），仅有650人回到英国，这意味着在1940年5月10日—6月1日，有四分之三的军人失去了生命，或者受了重伤，又或者被敌军抓捕。没有什么理由认为第四旅是个特例。这个比例可以和第一次世界大战中最惨烈的战役相比拟了，意味着远征军向敦刻尔克撤退的过程中，战斗有多么激烈。

虽然德国装甲师依然是远征军面临的主要问题，但里尔（Lille）和敦刻尔克之间的乡村地带已然成了最激烈也最传统的步兵战场。一马平川的地表布满了大大小小的河流和壕沟，每座桥上都发生着殊死搏斗——又或者在敌军到达之前已经被摧毁。同时这片地区有很多小村庄和农场，大部分建筑都是用当地的石材建造的，在包含了刺刀、手枪、步枪、机枪、手榴弹、大炮甚至是更先进的现代武器坦克的近距离战斗中，这样的条件对于防守方来说很有利。

关于这里发生的战斗的记录和第一次世界大战很相似。"他们从四面八方袭来，对剩下的人进行扫荡"，一名士兵回忆说。

> 德国步兵在坦克后面结队行进。坦克成了他们的盾牌……我和几个人一起撤退。我真的是第一次用"博斯"反坦克步枪。那是个恐怖的武器。开枪的时候你必须紧紧抓住它，否则你的肩膀会脱臼。我开枪射击了一辆50码之外正要过桥的坦克，我没有射偏。枪击中了坦克——但只打掉了一块漆。也就是这样。子弹弹飞了，声音就像一个乒乓球。之后一个长官说："扔了那个见鬼的东西，伙计，赶紧离开那儿。"

同样是这个无名氏下士，记录了自己看到一具德军尸体时对那套装束的羡慕之情："他穿着军靴，扎了腰带，一边挂着弹药罐，但他不是被砍倒的。他的装束不像我们……我们不仅人少……我们还什么都没有。"

一名士兵记得看到过一名被炸成两段的英国士兵的尸体：连接两个部分的只有肠子；达勒姆轻步兵第九营的士兵记得曾尝试抱起一名英国士兵的尸体，但发现"只抱起了他的上半截身体，下半截留在了原地，只是军服把他的身体连在了一起……我们像对待其他人一样把他带走了，并在一个花园挖了一个坑，把他埋了"。这些人的斗志真的令人震惊，很多人只是接受过一部分训练的兼职士兵，而并非正规军。

德军在装甲设备上的优势依然是十分重要的，而且远征军在5月21日守卫阿拉斯的时候失去了大部分体积较小的装甲车。但英国步兵依然英勇作战，耗费了德军很大的力量。当然，每场战争都会带来损失和伤亡，只是德国步兵走到此时相对还算轻松：A集团军跨过默兹河，攻破了法军薄弱的防守，伤亡很少；而由于荷兰军队的迅速崩溃和比利时军队的低落士气，B集团军也没有什么损失。而如今，德军遭遇了英国的核心正规军和国民自治军，不禁感到痛恨不已。

5月27日发生了一起臭名昭著的事件。德国纳粹党卫队第三骷髅师在之前的10天战斗中已经声名狼藉——它拒绝了法属摩洛哥部队的投降请求，并处决了所有军人，这是纳粹疯狂的种族歧视的一个例证，屠杀的举动让一些受过良好教育的德军高级将领都感到惊讶。这支骷髅师原由集中营守卫组成，目前属于A集团军。它一方面抱有种族优越感，另一方面又觉得低人一等。他们感到自己和德国军队一样优于旁人，但又卑于自己因为不是正规军而遭到一些高级将领的轻视。他们不仅拥有不同的肩章，还经历了不必要的伤亡。所以一旦有平民挡住他们的去路或者显示出对他们的憎恨，他们会毫不犹豫地开枪。

骷髅师的指挥官是党卫队上校西奥多·艾克。他是党卫队中的一个重要角色，是纳粹集中营系统的创建者之一，也是集中营臭名昭著的督察员。1934年的"长刀之夜"，他在监狱中主持处决了纳粹冲锋队凶残的领袖恩斯特·罗姆，这次行动确立了党卫队在纳粹党内至高无上的地位。

即便是在武装党卫队内部，艾克也是出了名的残忍。而且他和他的军队认为自己是一支精英部队，可以忽视所有的战争规则。这让德国的正规军非常反感。当5月21日英国在阿拉斯发起反击后，他们不得不撤退，而且在之后的几天他们经历了被认为是"过度"的伤亡，这让他们感到非常屈辱。

因此在5月27日，当他们面对皇家诺福克军团第二营、兰开郡燧发枪手团第一营和第八营以及皇家苏格兰军团第一营时当然不会有什么骑士风度。英方虽然人数远不敌德军，却依然英勇抗战——党卫队骷髅师失去了4名军官和150名士兵，近500人受伤。但英军的队伍最终依然还是被击成碎片。皇家诺福克军团的两支中队在一个名叫"天堂村"的不幸的小村庄附近一栋两层高的农舍周围挖壕固守，从正午前一直激战到下午5点，结果子弹打光了。德国人的坦克和大炮毁掉了农舍，把英军这2个损失惨重的中队逼到了牛棚。最终他们被迫拿着白旗，举手投降。

党卫队骷髅师很快证明了他们对战争规则的蔑视。英方的99名军人被带到谷仓所在的院子里，倒在了他们的机枪下；那些还有生命迹象的人也被用手枪直击头颅，或被步枪枪柄打死，只有2名战士奇迹般地活了下来，在夜间逃跑，躲在一个猪圈里，后来被法国的一个农场家庭冒险营救；然而，他们后来还是被德军士兵发现，送去了战俘营。

下令屠杀的党卫队军官是冲锋队大队长弗里茨·诺克雷恩，那天已经杀害了20名皇家苏格兰军团的军人，并把他们的尸体藏在了一片乱葬岗中。战后，他在受审时声称皇家诺福克军团使用了1899年和1907年《海牙公约》禁用的"达姆-达姆弹"，但这应该不太真实，因为在第二次世界大战中，英国军队使用的所有轻武器弹药都是全金属外壳弹。[1]

5月28日星期二，也就是大屠杀的第二天，由更加臭名昭著的希特勒前任司机保镖、曾经的街头小混混赛普·迪特里希领导的阿道夫·希特勒护卫队第一师在沃尔穆特（Wormhoudt）屠杀了弹尽粮绝的皇家沃维克郡第二军团、柴郡第四军团以及皇家炮兵团的80名军官和士兵以及一些法国士兵。迪特里希——后来在党卫队内的职位相当于陆军一级上将——与希特勒关系很近，应该是唯一一个可以直接提及他的人，甚至还将他称为"阿戴"（阿道夫的爱称）。他在纳粹党逐渐获得权力那段时间因为在酒吧打架和街头施暴而出了名。他显然不会阻止自己的军官处决战俘，事实上他的手下后在1945年1月——在4年东线战场肆无忌惮的战争罪行之后——重演了这一幕，杀害了84名在比利时马尔梅迪坦克大决战中投降的美国人。

关于对屠杀战俘的抨击以不紧不慢的速度随着指挥层级一路向上传

---

[1] 弗里茨·诺克雷恩于1949年被判有罪，并被绞死。

递，而当要进行追责的时候，武装党卫队将之汇报给了希姆莱而不是陆军高级司令部，而在任何情况下艾克和迪特里希都是不能碰触的人。因此这两次"事故"最终还是被德军堆积如山的文件所掩埋。

就算是冯·伦德施泰特这样强势的陆军元帅也知道对什么事应该视而不见。

# 26
## "战斗，在这儿或是在别的地方"

这些屠杀的消息并没有传到英国，甚至没有传到戈特的总指挥部。远征军的各个队伍之间的通信已经完全瘫痪，而远征军和伦敦之间的联络也只能通过不清楚、不可靠的电话线路。伦敦只知道军队正在向敦刻尔克撤退。

在伦敦，战时内阁在5月27日所产生的分歧只有内部的小圈子知道。丘吉尔的私人秘书约翰·科尔维尔站得离他的新老板很近，看到他记录道："有迹象显示出哈利法克斯成了一个失败主义者"，但就算是丘吉尔的老朋友和心腹、《每日快报》和《标准晚报》的老板比弗布鲁克，虽然知晓内阁发生的每一件事，也没有透露一个字。就算是罗马或柏林的人都比伦敦的人更清楚首相和外交大臣之间的分歧。当然，罗马和柏林希望这是一次传统的"内阁危机"，哈利法克斯能在内阁拥有很强的支持，但事实上他并没有——他内心的疑虑是针对个人的，是道德性的，或者是哲学上的，就连前首相也就是现在的枢密院院长、被贬损者称为"旧伞"的内维尔·张伯伦都并不支持他的想法。

张伯伦变回了在走向绥靖之前的那个强硬的不留情面的政治家，对哈利法克斯关于让法国人自己弄清楚希特勒对和平协定的想法——如果能保留尊严当然更好的提议没有什么好感，更不想答应法国人要更多战斗机和英国军队的提议。或许张伯伦因为以前和达拉第在捷克危机中合作过——

他就像是张伯伦这个堂吉诃德身边的桑丘一样——这让他对整个法国都没有什么好印象,不过他现在是一个现实政治的倡导者,无论如何他从来都不在意法国,更不用说捷克人,或者是波兰人,德国人也是一样,无论德国的领导人是不是希特勒。张伯伦对外交政策有一点兴趣,但不喜欢外国人,这一点可以说非常具有英国特色。令人感到不可思议的是,张伯伦变成了丘吉尔的铁杆支持者——他非常强硬地否认了法国人关于被英国人抛弃的说法,并批判了法国人自称的全力战斗。他并不支持哈利法克斯;事实上,人们感到他像某种海洋动物一样用硬壳在保护自己。当然,如果希特勒认为英国的内阁正在酝酿一场叛乱的话,他就完全错了——眼下只有一个人在和丘吉尔的心意——或者他自己的——进行抗争。当然,这或许已经足够让"发电机"计划落败。

不过"发电机"计划还没有开始实施。公众并没有做好接受坏消息的准备——每天与万塞讷指挥部的沟通保持着乐观的论调,这与事实情况形成了鲜明对比,更不用说魏刚将军、雷诺总理和法国政府的想法了。5月28日的《泰晤士报》刊登了指挥部的官方看法,标题是:"远征军与法国坦克合作,前线固不可破",并且重复了第一次世界大战的陈词滥调,"法国在瓦朗谢讷两次击退德军之后,撤回到之前准备好的地点",曾经经历过第一次世界大战的读者们应该还记得"迅猛后退"这样的委婉说法。

更受欢迎的报纸称德军已经在自杀式的进攻中损失了将近50万军人,或者有60万,还有大部分的飞机。事实上从5月10日到法国投降,德军的伤亡数字只有15万,其中2.7万人阵亡。事实与法国军队官方新闻的差距实在太大,以至于新闻大臣达夫·库珀很担心英国公众"此刻是否准备好接受现实"。丘吉尔的回答是"比利时投降的消息对公众接受现实大有帮助"。

事实上,大部分英国人都没有他们的领导人想象的那样轻信新闻。他们已经从报纸的地图上得出了自己的结论,很明显远征军三面受困,而背后就是大海,再加上英国人对法国人本能的不信任,当然还有至少在南英格兰的人们都能看到，很多小船都被迅速集中在了熟悉的河流和港口。

新闻部依然用伊夫林·沃在《独家新闻》里的夸张手法组合着各种各样不可能发生的爱国主义政治宣传故事，比如几个手上没有任何武器装备的辅助部队先锋队员（只有镐和铲）用铁锹破坏了两辆德军坦克，还抓捕了德国兵。《泰晤士报》可能因为想保留点尊严，并没有详细解释如何能用铁锹破坏坦克，而著名的文学评论家西里尔·康诺利非常犀利地在"如何阻挡一辆坦克"中对这个故事进行了反讽："如果你离坦克很近，就拿一根针扎进它最脆弱的地方，它的后棘轮。"

这样逃避现实的新闻政策的产物持续在媒体上出现了一段时间，但最终丘吉尔还是用其富有天分的演讲功力和将历史时刻戏剧化的才能让英国民众对坏消息不仅感觉良好，还产生了英雄主义情怀。[1]纳粹宣传部长约瑟夫·戈培尔一直不敢这样做，而真正开始效仿时，已经为时太晚。

在汉普斯特德的家中，父亲越来越忧郁，这也很正常——作为一个经历了1918年奥匈帝国失败和投降的人来说，他比绝大部分人都能够分辨军事灾难的迹象，无论用怎样的"施拉克"去掩饰。[2]1918年，奥匈帝国军队"撤回到了最初准备好的位置"，直到它和帝国一样土崩瓦解。但至少军人们可以回到维也纳、布达佩斯或者是布拉格，而不是一片海滩。在工作室，文森特被他设计的各种大型电影布景所包围，这些电影都无法再拍了，他的助手们已经加入了军队或者兵工厂，空荡荡的影棚寂静无声。无论多么犹豫，他知道应该听从亚历山大的计划了。

当然，他并没有跟我说这些事。和很多英国的孩子一样——他们中大

---

[1] 和林肯一样，丘吉尔非常擅长在坏消息到来时用演讲鼓励士气，这或许和他与大卫·劳合·乔治在战争及和平年代一直非常亲近有关。他作为首相的第一次演讲就掷地有声："我没有什么可以给予，除了热血、辛劳、眼泪和汗水。"他对英国人不喜欢夸大其词的性格以及在"承受"而非"胜利"中感受荣耀有着本能的理解。新闻部和媒体比他差很多。

[2] 施拉克（Schlag），指生奶油，奥地利或匈牙利的咖啡或甜品必须加生奶油。有一段时间好莱坞的很多导演都来自中欧，那时人们经常喜欢用这个词来表达感情或施展魅力，比如"再来一次，这次多加点'施拉克'"。

部分人都没有我那么幸运——我也不得不收拾行囊，去一个我不知道的地方。全国人民大多远离了家园、孩子、宠物和金银细软，承担起新的未可知的责任，而且通常都去了非常遥远的地方。比父亲年轻的男性都加入了军队，事实上他的一个助理就加入了空军。属于某些阶层的和他同龄或者比他年长的男性都被吸纳到了伦敦的某种神秘组织，从战争开始，这样的组织就出现了并激增，有名称的基本上都是用几个单词首字母命名，比如SIS或者SOE。[1]父亲很愿意为这个接纳他的国家做一些事情，并参加了一些秘密军事岗位的面试，其中包括伪装工作——如绘画或场景设计之类。但他的正式面试的最后一个问题——如果成功的话他将穿上高级军官的制服——就是他是否愿意骑摩托车，他非常理性地回答说不。[2]我父亲当时43岁，他知道这一生应该不会有机会再骑摩托车了。当然有可能我父亲的外表也是他面试失败的原因：磨坏的鞋子，夹克衫的扣子张冠李戴，裤子也皱皱巴巴的；又或者是因为他浓重的匈牙利口音。很难想象他穿着英国军装快速敬礼的样子。

无论如何，和往常一样，亚历山大的需求比他自己的更重要，哪怕是要为国效力。所以他显然没有机会穿上军装了。如果亚历山大的电影无法在德纳姆完成，那么他们就不得不搬去可以制作这部电影的地方。结果正是如此。1940年的4月和5月，随着战争的日益激烈，亚历山大在伦敦、纽约和洛杉矶之间的飞行如果不是居于政府要职就既不安全也不可能了。他在5月17日经过丹吉尔回到伦敦后马上与自己的老朋友、新闻大臣达夫·库珀碰面，后者曾经向亚历山大转达过丘吉尔对在好莱坞制作《汉密尔顿夫人》的支持——这是一个大胆的举动，是为了显示这部电影是一部美国的

---

[1] SIS是Secret Intelligence Service的简称，即"秘密情报组织"，亦称MI6，即军情六处；SOE是Special Operations Executive的简称，即"特殊行动执行组织"。它们旨在德国占领的欧洲散播恐怖或酝酿颠覆行动。

[2] 如果不问这个问题，另一个问题会是"你喜欢什么运动？"正确的答案是橄榄球或板球。对我父亲来说这个问题同样困难，因为这两样运动他都不会。

大制作影片，而非传统的英国政治宣传片。由于男主角奥利弗刚刚成功出演了《呼啸山庄》，而女主角费雯·丽也在《乱世佳人》中大获成功，他们双双成为好莱坞的卖座明星，这让《汉密尔顿夫人》在美国制作变得更加可行。

人们或许认为，一个有可能因为德国的侵略而失去大半英军的人应该不太会去操心一部关于纳尔逊和汉密尔顿女士的电影。但是丘吉尔最大的能力之一就是控制战争每一个层面的决心，哪怕是最微小的细节。一般商业领袖通常会习得如何委派任务，但第二次世界大战中的4位世界级首脑都对细节有着极大的热情。希特勒会关注到每个营的行动方位；斯大林每天会花几个小时阅读要被枪决的人名名单，并用鲜明的红色彩笔标注出他批准或者要撤回命令的人名；富兰克林·德兰诺·罗斯福只要谈到政治，记忆力就像是电脑一样。

而在这些人中，丘吉尔的兴趣最为广泛，从刚刚当上首相开始，他就一直在审视和掌控着每一次的决定。当一件事引起他的注意，他就会坚持不懈地保持关注，确保用自己的方式将它完成，比如海军军旗上的污点，再比如亚历山大电影的选角以及将它作为美国本土电影而非从英国进口电影的重要性。用亚历山大的话说，这不仅仅是因为政治宣传片需要"糖衣"，以影响美国民众的想法，也需要美国国旗——而非英国国旗——作为背景支撑。大家挖空心思将《汉密尔顿夫人》掩饰得像一部发生在英国的美式爱情电影（就像是《呼啸山庄》或者《蝴蝶梦》一样）。

父亲并没有对离开英国去好莱坞抱很大希望，当时跨过大西洋要比留在伦敦危险得多。多年后人们问他在大家都认为德国将要入侵的时候去好莱坞是什么感觉，父亲只是耸了耸肩——他做了亚历山大要他做的事，而亚历山大做了温斯顿·丘吉尔要他做的事，仅此而已。当父亲和亚历山大在1942年回到英国时，他们曾被讽刺为"归家的鸽子"，在危险过后就从好莱坞回来了。（被抨击的包括劳伦斯·奥利弗和费雯·丽、希区柯克，还有很多其他人。）一次会议中，一个愤怒的英国电影制作人告诉了父亲这种说法，父亲感到非常困惑，"拜托，什么是'同性恋鸽子'？"[1]"大家哄然大笑。亚历山大曾被封爵，这是电影界人士的第一次封爵。他和我父亲在德军轰炸时——无论是"甲壳虫"还是V-2导弹——依然在伦敦制作电影。亚历山大在大街路上的房子被炸过，我们在威尔路上的家也是。父亲在离家时从来没有感到过一点点的羞惭。在年迈时被问起这件事时，他会静静地望向前方，仿佛在找亚历山大，然后叹口气说："啊，什么鬼，那都是很久以前的事了。"

当然那都是很久以前的事了，就如5月28日，当"远征军"的名字加到了我每晚的祷告中时，虽然新闻部依然尽最大努力编着谎话，但即便是卢阿姨也已经明白远征军正面临着极大的危险。我猜英国的几百万孩子都已经在为他们祷告了。就算是最坚定的乐观主义者到此刻也感到需要奇迹才能拯救他们——而作为英国人，他们认为上帝应该会让奇迹降临。

我记得5月28日这个日子，是因为那天是奥基的生日。我被从楼上叫下来给他打电话祝福他生日快乐——在那个年代，对7岁的孩子来说，打电话是一件令人兴奋的事，因为电话是成年人的工具——那时候的电话是黑色的，很重，不像现在的电话机这样色彩明快，而且很轻。我们的电话放在走廊的一张古董桌上，晚上，父亲通常都会站在大厅，边喝红酒边用匈牙利语和他的兄弟打电话，会聊很长一段时间。只有上帝才知道那些监控海外电话的人怎么看待这些说匈牙利语的漫长的通话！我们有时候能听到一两个英文单词，"美元""英镑""好莱坞"，或者英文名字"拉里""薇薇安""拉尔夫""奥森""塞尔兹尼克""路易·B. 迈耶"，还有很多其他的，有时候甚至能听到我的名字，"迈基"。文森特经常打电话给洛杉矶——那时候非常不容易——打给柯尔达家的老二佐利。佐利早就和妻子还有两个儿子去了美国。然后父亲会回到餐桌前，倒上一杯红酒，说："真

---

[1] "归家的鸽子"英文是homing pigeons，"同性恋鸽子"英文是homo-pigeons，二者读音相似。——译者注

是见鬼。"

他从来没有说过他们聊了些什么——但其他的家庭成员都清楚，用匈牙利语说的这些事与我们无关，问也是徒劳。

我及时地向外祖父表达了祝福——他是一个亲切和善、语速很慢的人，哪怕在电话中也是这样。除了我父亲和伯父这样的电影人之外（还有在剧院工作的人，比如母亲），大多数人打电话的时间都会比较短。人们会认为用电话闲聊很浪费、很奢侈，而且愿意保持电话线路畅通以等待官方消息。但奥基从来都不着急；他有那种非常传统的温暖和礼貌，认为必须有耐心，虽然他依然用那种脚踩发电的牙医钻，拿钳子的方式就像是给马拔牙，但他依然对7岁小孩的话表现出真诚的兴趣，这是很多人都做不到的。

后来，我被带去了儿童房，吃了晚餐，刷过牙，然后跪下来祈祷。卢阿姨一直严格地主持我的祷告，双手交叉放在胸前，让我放慢速度，不要遗漏了任何人或者任何事。但那天晚上她居然在我旁边跪下了她"可怜的老膝盖"（她经常这样说），让我和她一起为"在法国的英国军队的安全祈祷"。她的双手紧紧地握在一起，金丝框的夹鼻眼镜后双眼含着泪水。她通常在我祷告完毕去睡觉后依然在祈祷。据我所知她并没有亲戚参加了远征军。那不是个人的情感——整个国家，在那一刻，都在焦急地祈祷着，而那些不祈祷的人也在静静地思索。

我当时脑海中并没有出现过我们的军队在海岸上的情景。除了拉姆齐，当时并没有任何人有这样的想法——当时人们想的依然是从敦刻尔克港口带走尽可能多的人，就像德国人的想法是要夜以继日地轰炸整座城市和港口，以阻止他们的撤离。拉姆齐依旧认为，让5万人撤离成功就已经是胜利了。

而令人惊讶的是，后来的24小时将让历史发生了戏剧性的转变。

敦刻尔克已是一片废墟。轰炸让整座城市支离破碎，内港一片火海，还有港口西面冶炼厂的众多储油罐，将一直无休止地再烧上一个星期。白天的时候，空中都是黑烟，而到了夜晚，大火让整个天空都变成了橙红色，几英里之外都能看见。敦刻尔克弥漫着"死亡的气息，那是鲜血和火药混杂在一起的味道"，一个英国士兵曾这样描述。身临其境的人永远都不会忘记燃烧的汽油发出的令人窒息的恶臭和给一切都蒙上了黑色、充斥在每个人肺里的黑烟，再加上腐尸的味道，还有英军为了不让车辆落入敌手将它们全部烧毁时散发的汽油和橡胶的气味。（即便如此，1年之后拍摄的德军入侵苏联的照片上居然还有一些英国的"贝德福德"卡车。）

街上到处是橡胶和碎玻璃，当然不可避免地有人会掠夺财物，或者做一些其他不守军规的事——很多士兵都已经超过3天没有睡过觉了，而且一直徒步行进，还要躲避不断的炮火袭击，其中不少人的上级已经阵亡。敦刻尔克的居民或逃走或死亡或躲起来了，房子和商店里的东西都被炸到了街上。能找到的水都已经被污染——对幸存者来说，口渴比饥饿更加令人记忆深刻。

负责殿后的士兵完全不知道他们要撤退到哪里，更不知道要回家的计划。他们不停地和敌军交火，白天行进，夜晚则挖散兵坑。手榴弹兵第一营第四中队的卫兵杰克·普里查德曾这样描述当时的场景：

> 我们看到路上一片混乱，无休止的轰炸破坏了电话线路和电线杆……我们排成3个纵队，开始前进。没有人知道……我们的目的地在何方。我们走了无数个小时，依然还在走，每小时只休息几分钟，让疲惫不堪的士兵稍微放松一下，从水壶里喝一点水。大家变得越来越没精神，很少说话，机械地迈着步子……有时候有的人会突然走到了旁边，整个人处于半睡眠状态，已经脱水了。其他战友会拿走他的武器和弹药，让他走在纵队的中间，夹在两个战友间，旁边的人会撑着他的手肘帮他控制方向。所有人都不许脱离队伍，或者被落在后面……每当队伍行进到一座桥，在那里等候的工兵都会进行一系列准备工作，然后工程师会引爆

桥下的雷管，走在最后面的手榴弹兵都没有时间找地方躲避那些炸起来的碎片。路上全都是垃圾和废掉的车辆，有一些已经烧得面目全非，另一些……没有汽油了。到处都是难民……老人和残疾人只能坐在或躺在路旁的树荫里，精疲力竭，也不可能再往前走……我们走过这些绝望的人群，却无力帮忙。

当时皇家炮兵军团第二十二团的炮兵军士J. E.鲍曼描述了5月28日他和他最爱的"枪"[1]在不知目的地的情况下撤退的情景：

> 显然前方变得越来越狭窄，道路也越来越拥挤……我们在一个村庄停了一段时间，碰到了德国佬，然后在炮火中走错了方向。我们的步兵不停地踢开门，往窗户里扔手榴弹，互相掩护，从一个遮挡位置迅速移动到另一个……穿过碎片，我们经过残缺不全、内部燃烧着的建筑，贴着墙边往前走……透过一面破碎的窗户我看到一具吊着的尸体。在这里，人命如草芥。我们沿着走廊蹒跚而行，两边的敌人近在咫尺。

皇家莱斯特郡第二/第五军团士兵戈登·斯普林描述了一个撤退中的典型时刻：

> 我们到达了一个谷仓，大家都累坏了，倒在干草棚里睡着了。我醒来的时候发现德国人就在下面。我们只能等到天黑再跑。我们来到了另一栋楼旁边，我当时带着"汤姆森"冲锋枪。我们疲倦地走过去，发现那儿什么都没有。我们转过身要

---

[1] "枪"也可以指炮，这里指的是"25磅2号"（这是第二次世界大战以及朝鲜战争中野战炮兵的标准武器），而不是手枪、步枪或机枪。

走,突然楼里有人开枪。我们的中士中弹牺牲了。我们愤怒地跑了回去,一通狂打。我打死了3个浑蛋,然后必须赶紧逃走了。没有人开枪打我。

5月28日星期二,整个远征军再加上法国的几个师从三个方向向敦刻尔克聚集,天空中不断有子弹和炸弹袭来。向这里行进的有超过40万疲惫不堪的军人,他们或驾驶着各式车辆,大部分徒步,很多都与敌人进行过近距离的激烈打斗,还有炸毁了无数桥梁的"工兵"(皇家工程师)。

他们的前方是被火光和浓烟包围的敦刻尔克——他们只需要走到那里。

士兵们并不知道,此时英国战时内阁依然在处理哈利法克斯爵士婉转地提出的关于是否继续进行战争的疑虑。那天下午,首相向下议院做了一次庄重的声明,称"比利时军队已经停止抵抗"并且投降了。他在最后一分钟接受了别人的建议,没有对比利时国王进行冷嘲热讽,然后便说出了或许是他关于战争最恰当的话:"同时,下议院应该做好准备,迎接之后艰难的局势。我必须声明,没有任何事可以让我们免除肩上守卫这个世界的责任,因为我们曾做出这样的承诺;也没有任何事能摧毁我们获得胜利的决心,因为在我们的历史中,我们曾经走过灾难,走过悲苦,最终战胜了我们的敌人。"

丘吉尔此时还没有获得自己政党的支持——对张伯伦的呼声依然高过对这位新首相的,他们的心依然与张伯伦在一起,而不是他。当他说到"热血、辛劳、眼泪和汗水"时,整个下议院响起的只是敷衍的不冷不热的掌声。

然而在另一方面,或许出于天赋,丘吉尔已经找到了如何引发群众共情的方法。只要他们的政府愿意战斗,他们已经准备好了一起经历"灾难"和"悲苦"。丘吉尔天生的好战性格已经激发起了全国人民的情绪,虽然这对他自己的政党并没有吸引力。

内阁中新旧两派之间的分歧在5月28日显露了出来。哈利法克斯让外交部中或许是最反绥靖的罗伯特·范西塔特爵士去了解意大利政府的意向（范西塔特曾利用业余时间为《巴格达大盗》和其他一些柯尔达电影撰写了歌词）。这是一个非常奇怪的决定，因为范西塔特非常激烈地反对独裁者，也很反感哈利法克斯寻求和平的耐性，所以这个决定很可能只是为了杀一杀范西塔特的威风。无论怎样，范西塔特片刻之后从意大利使馆得到的消息是墨索里尼非常清晰地显示出希望英国让他来进行调停。首相马上提出了反对。他说："法国人正想以此把我们带进沟里。"内阁对法国通过墨索里尼求和以及雷诺希望盟军向罗斯福总统求援的想法进行了讨论，不管部大臣[1]（工党）亚瑟·格林伍德同意首相的说法，直率地反对了雷诺总理的想法："雷诺总想到处求援。他这是又想逃避了。"

会议记录显示，哈利法克斯最终清晰地表明了他的立场："他并不明白首相为什么觉得法国人想要寻找调停的可能性的想法是如此的错误。"

丘吉尔也阐明了立场："失败的国家可以通过战斗重新站起来，但乖乖投降的国家只会就此终结。"

这样下去，哈利法克斯有可能以辞职相威胁，然后引起内阁危机。但幸运的是，丘吉尔因为必须参加一个"今天早些时间安排好的"全内阁会议而结束了战时内阁的这次集会。

在全内阁会议上，他进行了一次更为慷慨激昂的千字左右的即兴演讲，非常直接地告知内阁过去几天发生的灾难性军事事件，最终做出了他还未告知哈利法克斯的结论。会议记录是这样的：

> 现在如果认为与德国和谈可能可以得到比战斗更好的结果，是没有意义的。德国人会要我们的战舰——那可以被称为"解除武装"；要我们的海军基地，还有其他。我们会变成一个受人

---

[1] 内阁阁员之一，不专管一个部，出席内阁会议，参与决策，并担任政府首脑交办的特殊重要事务。

奴役的国家，虽然有一个英国政府，但那也是希特勒的木偶——"在莫斯利[1]或者其他人的统治之下"。然而在一切结束之后我们又会如何呢？而同时我们拥有大量的储备和很多优势。因此，他说："我们应该继续战斗，在这儿或是在别的地方，如果最终这段漫长的历史将要结束，那么也是它应该结束，不是通过投降，而是因为我们倒在了地上。"

这些话他显然不愿意直接对哈利法克斯说，听众中首先有人低声赞成，之后便掀起了英国政治历史上内阁中3个政党25名成员鲜有的激情——很遗憾，战时内阁的成员并没有参加那次会议，虽然哈利法克斯把这次事件斥为做戏，"（温斯顿）本应理性处之，却让自己跌入了感性的激情，这让我非常绝望"。但丘吉尔和他的观众一样非常感动，这是一个天生演说家的标志。"很多人站了起来，跑到我椅子前面，大声喊着，同时拍打着我的后背。"丘吉尔后来回忆，他认为这种感觉应该是普遍的，他有些夸张地形容说："一道壮丽夺目的白光……从岛的一端划向另一端。"

然而战时内阁再次开会的时候——和我为远征军祷告的时间差不多——这道"白光"并没有照耀到哈利法克斯身上，却让丘吉尔变得更加坚定了。内阁自然而然地也是非常坚定地支持了他的决定，反对哈利法克斯寻求和谈的提议。哈利法克斯不是懦夫，虽然出生时就没有左手——他一直尝试掩盖自己的这个缺陷——他依然在第一次世界大战中英勇战斗，如果需要的话，他也和丘吉尔一样愿意抛头颅洒热血，只是他认为如果希特勒的条件可以接受，没有必要继续战斗。当然他也知道，这种可能性并不大；他见过希特勒——但在他看来，在英国遭到轰炸或是侵略之前，了解对方的看法是慎重而理性的行为。

---

[1] 奥斯瓦尔德·莫斯利是英国法西斯主义者同盟的首领，在第二次世界大战的大部分时间内都和他的妻子戴安娜——米特福德姐妹中的一员——被关在监狱。希特勒曾经在其宣传部长约瑟夫·戈培尔位于柏林的家中参加过他们的婚礼。

但此刻，丘吉尔在得到内阁全体支持之后——当然还有他们的掌声和倾慕——战斗的决心已定。应该是我在汉普斯特德的家中入睡的那个时间，他迅速结束了自己和哈利法克斯之间的争论。他不会和法国一起请求墨索里尼，或者让哈利法克斯继续探寻和谈的可能性。当哈利法克斯再一次提起雷诺想让盟军向罗斯福总统求援一事时，首相也迅速给出了结论。他认为"向美国求援还未成熟。如果我们勇敢抗击德国，那会得到他们的尊重；但如果现在就卑躬屈膝地求援，最终只能得到最坏的结果"。

那天夜里，首相给巴黎的雷诺总理打了电话，亲自告诉他最新的结论，并请他记住"我们可能可以让自己逃脱丹麦或波兰的命运"。但一切都是徒劳。雷诺想到的是索姆河和塞纳河，那里的抵抗行动已经失败；而丘吉尔看到的是敦刻尔克的海滩，远征军正在那里聚集。

5月28日，拉姆齐的船只将5390名远征军带离了敦刻尔克的东岸，将11 874名军人带离了港口。就连海军高级官员坦南特上校都认为远征军的撤离行动最多只能进行36小时，"能撤回大部分远征军的机会只有1%"。没有人——尤其是德国人——能预测到撤退行动将再持续1周之久，共有338 226名军人被接回了英国。

# 27
# 守卫战线

讽刺的是,直到5月28日,德国的将军们才意识到他们犯了一个巨大的错误。诚然,这也是事后诸葛亮,他们是在事情发生之后才明白的,这是在德国投降之后由战俘告诉盟军审讯员的,他们将所有的责任都推到了希特勒的身上。

关于敦刻尔克这一区域并不适合装甲车的论点并没有错,尽管德国人承认了在5月26日或27日有3个装甲师已经抵达敦刻尔克附近,但很难想象他们居然没有攻破敦刻尔克的防守,让整个海滩暴露在他们的炮火前。如果那样的话,一次成功的大撤退将转变为一场大屠杀。和之后一样,戈林又许下了无法完成的承诺。德国人想要靠空军来歼灭远征军的决定是一个错误——糟糕的天气和敦刻尔克上空厚厚的黑烟降低了空军袭击的准确性,而海滩上的沙丘吸收了炸弹的火药,而不是制造了致命的爆炸碎片。

就连哈尔德将军这样尖酸的军事评论者也仅仅是在日记中带着某种程度上幸灾乐祸的情绪写道:"英军正在向海岸撤退,准备用任何能漂起来的东西跨海。'崩溃'[1]。"

---

[1] 这里哈尔德用了法文 *La Débâcle*,可能是借用了埃米尔·左拉1885年发表的小说名《崩溃》,该作品描述了1870年普法战争中法国的战败。

但这次哈尔德错了。远征军的敦刻尔克大撤退不是失败，它意味着拯救。如果德国人在正确的位置，可以横扫远征军或者逼迫其投降，那么哈利法克斯和丘吉尔在战时内阁的分歧或将会有着非常不同的结论，但"任何能漂起来的东西"的到来将一次灾难扭转为某种意义上的胜利——也像英国历史上的一些其他时刻一样，证明了这个航海国家雄踞在一个岛屿上的优势。

"发电机"计划开始的前几天并不能说是成功的。马恩岛邮船公司的一艘汽船"莫娜岛屿"号成功地停泊在了敦刻尔克千疮百孔的内港，带走了1420名军人，然而在返回的路上受到了炮轰，弹壳炸毁了它的船舵，然后又遭到了德国战斗机的射击，杀死了23人，射伤60人。鉴于这一事件，再加上敦刻尔克城和内港的强烈轰炸，坦南特上校建议多佛的船只向敦刻尔克东部海岸以及外（或东）防波堤集中。海滩的情况需要大船在深水区等候，由大量小船将军人带到大船旁边登船。而因为外防波堤从来也没有拴过船——那里主要是一座狭窄的防波堤，前面是长长的石台，最后几百码由不太牢固的木头搭成。防波堤上草草地搭了一条人行道，宽度只够四五个人并排走，但有的地方几乎完全断开了。东防波堤是一个钓鱼的好去处，但要在炮火下撤走10万人，恐怕就没那么合适了。

坦南特上校极其智慧地看出了这件事的可行性，并在5月28日开始让海岸上的队伍从尼乌波特（Nieuport）海滨沿着一片很少有草覆盖的沙丘向东防波堤移动，整个路程大概有20英里（约32千米）。一开始，他想要撤走"通信部队"（有时被称为"多余的嘴"）以及伤员，但随着各个战斗部队开始集中在海滩上，那晚将指挥部设在敦刻尔克港口东部10英里（约16千米）处的拉潘恩（La Panne）的戈特爵士马上意识到，将战斗部队撤回英国比将伤员和通信兵撤回去更加重要。那是一个艰难但理性的军事决定。虽然在海滩上并不可能非常精准，但让部队整齐列队向东防波堤移动显然更加容易。英国人最在行的就是列队，这在之后的几天里可以得到很好的证明（虽然也会有一些例外）。

249

截至5月28日，远征军以及至少3个法国师已经被赶回到了所谓的"运河防线"，该"防线"从敦刻尔克向东沿着贝尔格运河到菲尔讷，然后沿着菲尔讷运河向东北部的尼乌波特海滨形成了一个钱包状的口袋。这个口袋最宽的地方也只有6英里（约10千米）深。通向敦刻尔克西面的陆地由一个分散的法国师守卫。从那个区域开始，德军的前线离敦刻尔克中部只有不到5英里（约8千米）了。因此所有的撤退都必须从敦刻尔克东防波堤以及港口东部的海岸进行。由于人们的关注点都集中在那些"小船"和海滩上，因此英勇守卫着这个区域边界的英法军队却没有受到足够的重视，没有他们的牺牲也不可能有这次敦刻尔克大撤退。德国相对缓慢的进攻步伐也证明了在防线上的战斗有多么激烈；就算在没有装甲师的情况下要与远征军决一死战，德军在人数和设备上依然占优势，目标就在眼前，他们没理由松懈。

每一座横跨运河的桥梁都是激战的发生地。有一名在尼乌波特海滨的英国战争联络员描述了一名"勇敢的工兵"发现了比利时人将炸毁桥梁的炸药导火线埋到了河的另一边，这名工兵马上在炮火中跨过河，点燃导火线，然后在爆炸声中游回到这边。[1]德国人也对英军的英勇和反抗能力叹为观止，虽然在一些区域英国军队已经在忍受物资的匮乏，而且子弹也用完了——有些队伍的士兵只有5串子弹——这是组织失败的例子，因为敦刻尔克附近有很多被丢弃的卡车，而卡车上全都是子弹。很明显，如果德军能够攻破守卫东侧翼的薄弱的防线，就会让在海滩上等待撤退的英军全军覆没。然而他们并没有。德军不懈地进攻了5天，这条防线坚持守卫到了最后一刻，直到海滩上除了东防波堤、几条街道和几英里的海滩之外什么都没有——绝对是不可思议的战功。一份关于这次战役的德军报告《英国士兵》表达了对英国军人的某种敬佩之情，尤其是谈到防守："他保持着坚韧

---

[1] 这听上去像是政治宣传故事，但在查尔斯·莫尔的《通向敦刻尔克之路》中，有记录这个工兵的名字是一等兵胡里根，这一事迹也被非常详细地进行了描述。

的镇定。他没有对艰难的抱怨。在战斗中他坚强且执拗……一个崇高的斗士……在防守中英国人可以承受一切艰辛。"

德国人的小团体渗透和狙击都非常厉害，这可以摧毁敌人的意志，也解释了为什么很多英国士兵认为自己可能会被后面或侧面的"第五纵队"的平民射杀，而且有大量的平民因为"看上去可疑"或者是能说弗拉芒语（听上去像德语），又或者只因为在错误的时间出现在了错误的地点而被无辜杀害。

一个炮兵连深受狙击手的侵扰，结果一个炮手爬到比较低的树枝上，用"博伊斯"反坦克炮予以回应——那是一种重型武器，看上去像是一种管道装置，通常由两个人来操作。"这个炮兵喃喃地用盖尔语说了一连串脏话，唯一能听懂的就是'浑蛋'……他开了一炮，然后就因为后坐力从树上掉了下来，浑身颤抖，不过还好没有骨折。"

德国人的报告没有提到让这些军人能够如此顽强作战的其实是幽默感和传统的、不容置疑的对自己军队的忠诚，包括苏格兰高地警卫团、南兰开郡军团、皇家爱尔兰燧发枪团、东萨里军团、康沃尔公爵轻步兵团、科尔德斯特里姆警卫军团以及英国近卫步兵第一团，这些部队都是英国常规军中最优秀也最古老的兵团。皇家炮兵团的各个小组，虽然在弹药用光以及被命令炸毁自己的大炮之后伤亡惨重，却依然坚持英勇杀敌。很多步兵兵团也坚定地保持着忠诚，比如莱斯特军团第二/第五营，这支因为帽徽和纽扣上的印第安虎而被称为"老虎"的军团成立于1688年，军人全都是在莱斯特郡招募的——士兵和军士都互相认识，而且对那个城市或乡郊都有着很深的感情，这种纽带即便是在非常极端的情况之下都很难被打破。军官们来自同一个地区，只是阶层不同而已。苏格兰高地警卫团也是一个地域性很强的军团，军人们都来自苏格兰高地，对军团的漫长的历史、习俗、传统，包括其著名的绿黑相间的苏格兰短裙都非常认同——它的配色和图案一直被世界各地的服装制造商以及苏格兰礼品店借用。

战斗部队在德军的压迫下后撤的过程中，每个人都提到了肮脏和混乱的街道，难民以及比利时和法国军队，再加上他们丢弃掉的武器和车辆堵住了所有的道路。一名皇家爱尔兰燧发枪团的军官被法国骑兵团的骑兵超过，那些人"非常自私地将我们挤到了沟里"，这名军官还很不认可地评价了"这支队伍佩带卡宾枪和军刀的方式"，并用英国士兵"很中规中矩地佩带武器的方式"以及教科书式的开枪杀敌方式——就像是在国王的生日时开枪庆贺一样——做了对比。

对5月28日最公平的评价就是那些和敌人有直接接触的军人们在越来越艰难的条件下依然顽强抵抗，而已经到达尼乌波特和敦刻尔克之间海滩的队伍却缺乏组织和控制，因为有的军官抢先登船，而把自己的士兵留在了后面。战斗部队到达撤离区域后都震惊不已。"海滩上的情景简直无法形容，"英国近卫步兵第一团第一营的杰克·普里查德写道，"长长的队伍一直排到海里……整个海岸上都是各种各样的碎片。目之能及处都是帆布包、步枪、刺刀、成千上万个烟盒、罐头、被扔掉的衣服……还有很多死掉的马，有些已经是臭气熏天，脚朝着天空，胃已经胀得要炸了。还有一些马被法国人杀死了，就为了吃它们后腿上的肉。"

"路旁的田地里到处是燃烧的装备和没有人的商铺，更让人感到破败不堪。但在这一片混乱中，刚刚经历了夜以继日的战斗和撤退的英国军团却整齐划一，坚持不懈地向前行进，虽然饥饿而疲惫，并且因为眼前的一切而感到震惊，但依然心无旁骛，他们镇定地穿过这个支离破碎的世界，严守着军规和自己部队的传统。"

坦南特上校在5月28日成功地让将近1.8万名军人离开海滩及东防波堤登船，这可以说是一个奇迹。那天晚上，参与撤离的船队有"3艘医务船只、7艘个人汽船以及2艘驱逐舰"在敦刻尔克港口的东防波堤行动，还有各种各样的船舰在敦刻尔克东部12英里（约19千米）的海面等待远征军，这些船只包括"20多艘驱逐舰，19艘桨式扫雷舰和快速扫雷舰，17艘漂网渔船，20～40艘战船，5艘贸易船，12艘摩托艇，2艘拖船，以及28艘小艇和救生艇"。那些荷兰平底船——比如贸易船、摩托艇和拖船——可以开到离海岸比较近的地方，这一点比驱逐舰和扫雷舰要更有优势，但人们很快意识到只有小艇和救生艇才真的能开到足够近的地方，让人们在水没到腰部或肩膀位置的地方登船，然后把他们带到在大海里等待的大船附近——但如果它们搁浅的话，就需要费很大的力气把它们再推回到水中，或者让它们在炮火中等待涨潮才能再浮起来。

小船严重不足，当然还有驾驶小船的人；同时，驱逐舰上的小船也已经用上了，但"因为士兵们的拥挤踩踏，有些小船被弄沉了"。直到天亮，海滩上才恢复了秩序；傍晚，有2艘驱逐舰上的小船在炮火中将约1000人送离了海滩。这是一个好信号，但坦南特上校依然担心连撤走一小部分远征军可能都是问题。海滩上的浪潮让人们很难登上小船；而在东防波堤，白天把船拴在那里更容易让它成为德军俯冲式轰炸机的目标。

这是德国人第一次在打盹儿时被对手抓到了时机，又或者他们没想到已经被打败的敌人会突然再发起反击。虽然眼下只有5辆装甲车和1辆"战斗卡车"，但无处不在的英军第十二枪骑兵团在尼乌波特再一次投入了战斗，守卫东侧的边界，也就是运河与大海的交界处。亨利·德拉法莱西描写了5月28日晚些时候部队对德国摩托分遣队发起的一次勇猛的进攻，他用自己习惯性的轻松口吻将其称为"一次生动的相遇"，在这次进攻中，德军伤亡惨重。

据他回忆，那天夜晚，第十二枪骑兵团"据守在菲尔讷桥头，前面是机关枪的扫射和炮火的轰炸。机枪的火力尤为厉害……"在尼乌波特的一次孤注一掷的桥梁守卫战中，第十二枪骑兵团遭受了极其残酷的轰炸，他们不得不撤退到离敦刻尔克不到6英里（约10千米）的一个新的位置。这距他们作为盟军的先头部队跨过比利时边境也才只有18天。

## 28

## 小 船

由于防守敦刻尔克周边的军队被撤回,第十二枪骑兵团感到自己打了败仗,尤其是第一次见到拥挤的人群聚集在海滩上。5月29日星期三,亨利·德拉法莱西记录了他第一眼看到自己兵团目的地时的情景:"翻了的卡车,装备,破箱子里几千罐没打开过的罐头滚了一地,泥潭里堆着香烟包和衣物。随着天慢慢亮了,我们看到多了一些刚刚挖好的坟墓和肿胀得发了霉的战马的尸体。无数疲惫的军人排成长队在这片废墟中缓慢前行。"

此刻,在敦刻尔克浓烟笼罩的苍穹下,德拉法莱西写道:"所有人都恐惧的一刻终于到来了。"第十二枪骑兵团剩下的装甲车上的武器被拆掉了,车子退到了一条泥泞的河里,被炸毁了。之后大家聚集在一片空场上,点了一个大火堆,把自己的衣物装备扔了进去,很快敌军就开始了"猛烈且凶残的轰炸"。空场上没有地方躲藏。法军遗弃的几十匹战马因为恐惧开始无目标的狂奔。"一瞬间喧嚣声震耳欲聋……我躲到了一条浅沟里。为了让自己平静下来,我借了一支步枪开始(向德国的轰炸机)射击。"

不远处,炮手鲍曼和他的军士长正在果断而"惭愧"地摧毁他们的枪支。鲍曼引用了枪支使用手册上每个射击者都应该了解的语气平淡的文字:"步骤在附录4第25段的'去功能化'标题下,机关枪演习。""去功能化的程度取决于当时的时间条件以及枪支被再次获取的可能性。如果要摧毁枪支，需要把高爆弹放入枪口，上膛，然后做好掩护，用长绳或电话线连接扳机，之后再开枪。"

这个步骤对一个枪手来说应该是最不能想象的事。他和他的军士长都不敢回头看他们制造的那个场面，也不敢再谈起。"我们四周都是火，炮弹在燃烧，迫击炮在燃烧，它们附近的轻型武器弹药也在燃烧。是时候离开了。"他们沉默地登上了载重卡车，向海滩驶去。

那天的高潮还没到来。在唐宁街10号，首相给他的内阁大臣和所有的高级官员发了一条严肃的信息："在这些黑暗的日子里，如果政府的各位同事以及高级官员能够保持很高的斗志，不轻视事态的严重性，并尽可能地显示出我们对击溃敌军妄想统治整个欧洲的能力的信心，首相将不胜感激……"

柏林的春意正浓，哈尔德将军对"英国人在自己的鼻子底下逃跑了"感到十分愤怒，这也让他对戈林让空军摧毁敦刻尔克的远征军的承诺一通讽刺。在巴黎，统帅部继续冷静地发出与魏刚将军的失败完全相反的新闻，并声明政府在保持与英国同盟关系的同时寻求和谈的可能性："法国和英国军队依然像他们的祖辈一样在法国北部英勇奋战……除此之外没有其他的重要消息需要报道。"

虽然海滩上一片混乱，军官们还要经常做出一些即兴的决定，但坦南特上校的海滩"派对"已经开始形成了一定的秩序。之前急需的"小船"开始向敦刻尔克驶去，有些是海军驾驶的，有些是平民。一名莱斯特军团第二／第五营的士兵从工兵那里借到了一部卡车，然而却被军警阻止了，让他"把它丢弃在空地上"，那时空地上已经有几百辆卡车了——通向敦刻尔克的道路上停满了各式各样被丢弃的车辆。军警看出了他是步兵，让他在队伍后面进行断后工作（和其他人不一样，他保留了自己的步枪、刺刀和弹药箱），"进城后到码头去"。进城实际上是一种考验——"城里已经是一片废墟……而且轰炸不断"。一名同一个营队的军官认为敦刻尔克市中心的情景"无法描述"。"没有人知道那里面是什么情况，只知道轰炸很厉害。有人说我们要撤退，所以才去海滩。那里有成千上万的人在排队。我们遇到几个人有食物。9点钟我们吃了巧克力和芦笋罐头。"

随着远征军向敦刻尔克海滩汇集，各路军队都聚齐到了这里，包括每支队伍所剩的残兵游勇。外勤安保队伍最特殊的一等兵阿瑟·格温–布朗——或许是敦刻尔克格特鲁德·斯坦因散文的唯一崇拜者——带着他的队伍在5月26日抵达。他超现实主义的视角、有些乖僻的天真，再加上奇特的抽离感，还有令人感到害怕的冷静客观，让他对敦刻尔克的描述与众不同。阿瑟·格温–布朗的外勤安保小队小心地停好了摩托车，以英军惯常的谨慎态度，准确地将车停在了距离港口燃烧着的油罐100码以内的位置。他们的下一个任务是用短柄斧把车毁掉。结束之后，他们在猩红的天空下望着"敦刻尔克升起了浓浓的黑烟，无数碎片炸向了空中"。然后他们按照命令拿着所有能弄到的食物走向海滩。格温–布朗带了几包饼干和一罐奶。"每个人都在毁掉手上的所有东西，"他写道，"这并不让人兴奋。"

敦刻尔克更是如此。

> 我们和几支队伍一起进了城，走到码头边上一片宽敞些的铺着鹅卵石的空场，坐下休息……附近的一个货栈着火了，不断地发出噼噼啪啪的声音。那曾经是个卖轻型武器的小店……我们走过几条街。街上到处都是碎瓦和砖头。我们看到一些烧了一半的手电筒和被砸烂的高射炮……脚下全是碎玻璃。商店都空了，里面的东西乱七八糟地撒在地上。我们走到了一大块沙地。这里零零星星的几个军人。我们坐在了沙子上。

即使不像格温–布朗这样热爱文学的人也会感到敦刻尔克就像是幻境一般，如毕加索《格尔尼卡》的现实3D版。炮手鲍曼见证了"刺眼的火焰和惊人的巨响"，感到自己仿佛置身于一场色情的梦魇，"他躺在地上，旁边好像是一个裸体女人"，他站起身，却看到更多的裸体女人，"有些穿着几片薄薄的衣服"；事实上他被炸进了一家内衣店，那些裸体女人是穿着样衣的人体模型。

这些年来，"敦刻尔克精神"已经在很大程度上抹去了它的真实一面。5月下旬，敦刻尔克的情景让每个人——哪怕是最坚强的军人——都震惊不已。空气中弥漫着浓重的燃油的味道，"让人们的眼睛和嗓子都像着了火一般"，呛得人喘不过气来，海滩上的一切都蒙上了厚厚的黑烟。海面上都是浮油，还有沉船的碎片；没有被埋葬的尸体横在街头和海岸上，爆裂的下水道散发的恶臭和橡胶燃烧的刺鼻气味"刺激着人们的嗅觉"。一个作家曾经将敦刻尔克与但丁的《炼狱》做过对比，他写道：

> 十几家被炸毁的咖啡馆里有免费的饮品，有不少人趁火打劫。很多经过城里的人记得最清楚的……应该是大量的免费香烟。那些被炸掉的店铺里有成千上万盒香烟，衣衫褴褛的幸存者把它们装进了自己的口袋里。酒窖里和门廊上到处都是喝醉的士兵，有英国人、法国人和塞内加尔人，[1]有些在地上昏睡，旁边都是呕吐物。有英国士兵戴着从店里拿来的女士帽子在大街上走。

德国人在占领敦刻尔克之后拍的照片显示出了一片混乱场景，四处都是英军丢弃的枪支、重型武器，躺在橡胶、衣服、武器、马匹中间的军人的尸体。整个城市也是一片破败，几乎没有一座房子的屋顶和窗户是完好的，港口和海滩上有很多翻了的船只，海浪冲刷着各种垃圾、破衣服、木板、罐头、做好的浮木。很少有什么战争能带来比这更糟糕的场景了，这让人想起威灵顿公爵对滑铁卢的著名评述："除了一场失败的战斗，没有什么比一场胜利更令人沮丧的了。"

---

[1] 法国有很多殖民地军参加战斗，尤其是阿尔及利亚和塞内加尔。

虽然那些敢于冒险的人可以在城市的废墟中找到酒，但大部分的军人都经受着口渴的折磨——供水系统被炸毁了，水管里面什么都没有，很多人的水壶已经空了好久了，有些还很不明智地在撤退的时候在里面灌了酒。海军的第一个任务就是把水带来，但在海岸上冒着枪林弹雨给无数口渴难耐的人派水实在很难做到。食物也是个问题，除非仔细地在被炸成废墟的店铺和军队经营的商店里寻找。

一个士兵记得自己切开了一大块蘸了黄油的鲜牛肉，另一个士兵打开了一个罐头，里面有鱼子酱，本来应该是给军官吃的，这对于口渴的人来说实在是一种折磨。敦刻尔克的废弃商店里有很多食物，比如肉类、大米、面粉，但没有任何方法可以将它们弄熟，而且也没有人尝试在海滩上搭建一个露天厨房。

不过对很多人来说，当他们看到海滩和大海时，城里的场景带来的恐惧还是缓解了很多。皇家苏塞克斯兵团第四营的罗伯特·霍尔德经过了"码头红色的火光之下的令人毛骨悚然的鬼城"之后，见到了眼前令人震惊的场景：

> 一艘大船从头到尾都着了火，把天空照得如白昼般明亮……目所能及之处是广阔的海滩……吸引我注意的是海滩上的人们。成百上千的人围着沙丘聚在一起或列成长队，一直排到海边。大部分人都躺在地上睡觉，筋疲力尽——很多人可能是最后一次睡觉了。我四处走了一会儿，想找找认识的人，后来没有成功，只能在沙子上找个地方休息。

5月27日和28日，"撤退工作主要集中在（敦刻尔克东边的）海滩上"。但让军人们在岸边登上捕鲸船，再划到海上让他们攀网登上大船，之后捕鲸船再返回接下一批军人，这个过程异常缓慢——很多捕鲸船和小船一次只能装10~15人——现代驱逐舰可以装载1000人，当然人们要肩并肩，就像沙丁鱼罐头一样挤在甲板上层和下层，而且这样的装载方式会很大程度上影响驱逐舰枪支的使用。等待小船的过程不仅缓慢而且非常危险。海军船只中有一些是不可替代的驱逐舰，在浅水中等待小船接人的时候，这些船只会不断地遭受德军的轰炸（或者遭到德国潜艇和鱼雷快艇的袭击）。仅仅是5月28日，皇家海军就失去了2艘驱逐舰，"觉醒者"号和"格拉夫顿"号，还有船上的所有海军军人。"觉醒者"号被鱼雷炸成了两段，在15秒内就沉没了。5月29日，拉姆齐听从了坦南特上校的建议，决定将撤离工作集中在敦刻尔克港口的东防波堤——虽然那里只是临时代替地点，也十分危险，但有拴船的位置，登船工作更容易控制，最重要的是可以加快速度。防波堤当然也不安全，马恩岛邮船公司的3000吨现代巨轮"莫娜女皇"号带着罐装水在接近东防波堤的时候撞上了德军的水雷，14名船员和它一起在几分钟内沉入了海底。那一天马恩岛邮船公司失去了3艘船。

事实上，两项矛盾的工作一直进展到了最后。最后，有超过一半的军人是从敦刻尔克的东防波堤登上驱逐舰撤离的，而仅仅是一两英里之外，有无数救生艇、摩托艇、游艇、捕鲸船以及无篷小艇，将军人送到几乎一样简易的游船、捕鱼船或是渡轮上。到那天为止，关于敦刻尔克的"浪漫故事"一直围绕着"小船"和海滩展开，但坦南特上校作为敦刻尔克的高级海军军官，在事情过后没多久就马上尝试要改正这一看法。"驱逐舰在这场大撤退中起到了最大的作用，"他写道，"在它之后位列第二的应该是私人船只（他指的是客轮），当然还有一些海滩上的军官和其他人员，他们在没到胸口的海水中帮助军队登船，直到自己跌到海里。"那并不是一个简单或美好的过程。接近海滩的小船很容易沉，着急上船的军人们有时候会把船弄翻，而且人们要蹚着水走到水没过胸口的地方——有些意志坚强的军人宁愿把两只鞋用鞋带绑在一起挂在胸前，游到船边上。

直至5月29日，第一批著名的"小船"抵达敦刻尔克，将军人们接离海岸，登上在近海等待的大船，有的小船甚至自己开到了英吉利海峡的港口。奥帕尔海岸（Côte d'Opale）之所以得此名，可能是想要与更加迷人的地中海蓝色海岸（Côte d'Azure）一争高下，全欧洲最长的沙滩从东防波堤或敦刻尔克海港的防波堤一直延伸到尼乌波特——总长度超过20英里（约32千米），同时它也是最宽的，因而无论是那时还是现在，它都是游客钟爱的景点。即便是19世纪末，这片宽阔、平坦、坚实的沙滩也是一个"快艇车"比赛的著名场所，到今天依然如此。虽然沿海有一些夏日度假小镇——从西到东包括有赌场的马洛勒班（Malo-les-Bains）、布赖迪讷（Brag-Dunes）、拉潘恩和尼乌波特——可这些地方都没有港口。拉潘恩是远征军1940年5月的最后一个指挥部所在地，第一次世界大战中阿尔伯特一世国王的指挥部也设在这里，它是1914—1918年比利时唯一一块没被德国攻占的领土。海滩附近的海水哪怕是在涨潮的时候都很浅，海滩后面的沙丘上长着一簇簇滩草，沙丘之间是人工挖掘的水道。沙丘后紧接着就是农田，没有一英寸的耕地被浪费。5月29日，超过20万人集中在海滩和沙丘上，还有更多的人在往这边汇集。他们可以看到海上等待他们的客轮、渡船、渔船，但却没有方法登船。一些大船用自己的小救生船去海滩接人，但过程实在是太慢了。显然，唯一将这些人带离海岸的方法就是像拉姆齐所预见的那样，使用大量吃水浅的船只。

海军部最初招募平民水手的策略是刻意保持低调。BBC晚间新闻中，播音员用中上层阶级的冷静的语调报道了一个事实："海军部需要有使用船用内燃机经验的男性在快艇和摩托艇上工作。其他驾驶过摩托艇或有沿岸航行方面的知识的人也可以担任非专业的副手。报名者请联络最近的登记员、皇家海军预备队或渔业官员。"

这虽然不能算是紧急征兵，但对为数并不多的船主或是业余航海爱好者依然造成了很大的影响。就像海军部早先要求注册小船和快艇一样，在这样的轰动性新闻下，有些事情很容易被人忽视，但事实上在海军部存在着一个"投机部门"被称为"小船池"，负责在必要的时候给皇家海军提供辅助性船只和税收。"小船池"有十几个员工，他们被志愿提供船只及参与行动的人搞得四脚朝天，不过依然很快重整秩序，开始高效工作。他们拿着清单即刻去"特丁顿、金斯顿、汉普顿威克、拉内勒夫、奇西克以及泰晤士游艇俱乐部的各个停泊处",还有南海岸线的其他港口检查小船的状况,并与船主取得直接联系。

最初,寻找船员的过程有点像皇家海军在18世纪和19世纪早期不太光彩的强征入伍行为——当时的海军部野蛮地逼迫在沿海城市居住的平民去国王陛下的船上效劳。约翰·奥斯本[1]原在伦敦东部的皇家樱草肥皂厂工作,每天会搭泰晤士河上的渡船上下班。他热衷于航海,是标准的如肯尼思·格拉姆的《鼠头鼠脑》中的名句"在船上消磨时间"的人。他在战争开始的第二天就志愿参加了皇家海军,却被告知志愿者只能当厨师,他显然没什么兴趣。后来他知道拥有"快艇船长(临海)证书"就有可能成为海军军官候补生,遂进入了伦敦阿尔贝马勒街O. M. 瓦特船长的著名航海学校来考取这个证书。一天下午,奥斯本突然被告知要和所有学生当晚到伦敦塔附近的伦敦港务局大楼报道,他感到很惊讶;他认为自己大概是要参加皇家海军志愿者预备队委员会的面试,因此在去港务局大楼之前回家换上了自己最好的正装。

然而并没有任何面试。大楼里挤满了人,海军军官粗鲁地喊着:"注意!"然后告诉他们有一项"秘密且有可能危险的任务,需要短期的工作,任何人、任何年龄只要了解一些小船的操作知识就都可以报名"。不想退出的人(没有人退出)可以通知一下自己的家人,然后搭乘公车到泰晤士北岸的蒂尔伯里港口,在那里他们每人得到一个钢盔,被任命为"海运甲板水手"。

"我们被带到了码头区,沿岸有很多大型船只的救生船,是那种战前大客轮的老式救生船,每艘至少有30英尺(约9米)长。"奥斯本回忆道。

---

[1] 这段文字参照了奥斯本为"BBC的第二次世界大战人物战争主页"准备的内容,10/15/14, www.bbc.co.uk/history/ww2peopleswar/user/39/u1497339.shtml。

  我们决定每艘船由7个人来操作……救生船上都有船员，船4条或5条一组，排成一字纵队，两船之间连着绳索……绳索是在侧面连接船只的，因此需要由舵手掌舵，避免在开船时船只相撞。

  现在已经很晚了，我们出发的时候外面一片漆黑，我们听说是要去南端的码头，到达之后……我们拿到了面包和罐装肉。

船被拖到了拉姆斯盖特，船员们接到了各自的命令，这些船按"之"字形穿过水雷区，跨过了海峡，抵达敦刻尔克海滩。

奥斯本看到浓烟下令人震惊的船阵：

  驳船、火车渡轮、汽车渡轮、载客渡轮、皇家空军的小艇、渔船、拖船、摩托救生艇、划桨救生艇、鳗鱼船、哨艇、水上飞机供应船……各种各样的快艇和娱乐船只，有一些是非常昂贵的船，有些是轮船上的救生艇自己改装的船……还有些是带着板条椅的泰晤士河游览船，甚至还有一条泰晤士河消防艇。

  …………

  我们的拖船可以开到离海滩很近的地方，我们下了船，带着我们自己的设备、拖着船到海滩上，带了一些在炮火底下耐心等待的军人回来。有6个人划船，一个人拿一根桨，一个人负责控制方向。军人们非常有规矩，希望能被带走……我们最终成功地上了沙滩，带走了我们的"乘客"，划到了离海岸最近的大船附近。拖船也好，拖网渔船也罢，只要能冒着险来到附近就可以。

奥斯本和他的船员们来来回回了多少次，他已经数不清了——有一次，他们的救生艇搁浅了，他只能穿着他最好的"面试套装"走到海水没到脖子的地方。从头到尾，他的身边都是"正在沉没的船只和被救的幸存者"，周围是炸弹炮火。他们工作了3天3夜，直到他的小船被用绳索拖回了拉姆斯盖特。在那里，皇家海军很快就跟他签好了解除合同书，他得到了5英镑来补偿他坏掉的西服，然后乘汽艇回到了塔桥。

奥斯本最后终于加入了皇家海军，成了普通的水手，然后又在皇家海军志愿者预备役中被任命为临时的海军中尉，自1941年一直战斗到战争结束。他在敦刻尔克行动中展现出的沉着冷静及条理性是成千上万名驾船参与大撤退的人的缩影；而且他在行动结束后第一天就回去工作，并在下班后还去上了航海课，仿佛什么都没有发生过一样，除了那套毁掉的衣服，一切都没有留下痕迹。

那些登记了自己的船只的人都接到了海军部的电话，其中就包括查尔斯·H.莱托勒。查尔斯当时已经66岁了，曾经是"泰坦尼克"号的二副，"泰坦尼克"号沉没的时候他跌进了海里。他之所以出名是因为他把"女士和孩子优先"的习惯变成了"只有女士和孩子能走"，把一些有一半空间的救生艇放进海里，也不让男人登船。莱托勒接到了海军部的电话，让他马上到他的58英尺（约18米）长的摩托艇"流浪汉"那里去。一个海军军官让他将船开到拉姆斯盖特，之后会有水手驾驶"流浪汉"到敦刻尔克。这确实低估了莱托勒，这可是个非常坚韧的家伙。当年在"泰坦尼克"号就要沉没的时候，他曾拿着一支手枪维持秩序，并且驾着一只脆弱的帆布筏救了30个幸存者，让他们在夜里的风浪中来回摇动，一方面是要保持体温，另一方面是为了平衡船只；后来在第一次世界大战中，莱托勒因为与"齐柏林"飞艇交战而获得了优异服务十字勋章。

在敦刻尔克大撤退发生10年之后，莱托勒接受了BBC的采访。即便在20世纪50年代，听上去他依然是一个令人敬畏、直截了当的人。他说他当时告诉海军军官，他"有另一种想法"，他和他的大儿子会自己开船到敦刻尔克；后来，他又多带了一个18岁的海上童子军一起，他们3个人沿着泰晤士河经过格雷夫森德（Gravesend）、绍森德（Southend），最后到达了拉姆斯盖特。他觉得其他的摩托艇都太慢了，因此他亲自上阵。采访者又问他一路上有没有被攻击。

莱托勒实事求是地表示肯定。"是啊，我们一路确实很有意思，"他语气里并没有讽刺，"先是几架敌军的轰炸机想要炸我们的船，幸运的是……H. M. S. '伍斯特'（W级驱逐舰）刚好经过，把它们赶走了。不过我们还是逃过了轰炸和机枪扫射才成功到达对岸。"莱托勒他们还中途停下来救起了一艘着了火的摩托艇上的水手——那艘船接着就爆炸了——然后才进入了敦刻尔克港口，那里也是炮火不断。他走上那艘"伍斯特"驱逐舰，告诉舰长他可以带一些人走。"他问我'多少人？'我曾经一次带过20人，不过我没有跟他这样说，我回答他'100人'。他说：'好，带他们走吧。'然后人们就开始登船了。"一名海军在一边计数，当满50人时，莱托勒问是不是有点拥挤。他的儿子大声回答说："哦，还有很大地方。"结果最终有130人登上了船，挤得就像是沙丁鱼罐头，甲板下面有75人，其他人在上面。"船有些支持不住了，所以我决定到此为止，然后就掉头返回了。"

"流浪汉"在返程中几次遭遇袭击，但莱托勒解释说"它转向非常快"，虽然船上已经人满为患。德军的战斗机每次用机枪扫射他们，他都会"用尽力气转向避开它"。莱托勒就这样迂回地躲避敌方的炮火，最终成功地毫发无伤地将军人们带回了国。"回到拉姆斯盖特，横靠在岸边，他们开始下船。海军官员在岸上计数，在最后一个人离开之后，他当时说的话我一直忘不掉：'上帝，伙计，你把他们放在哪儿了？'"

一艘泰晤士河拖船的船主多年后接受BBC采访时回忆说："晚上8点50分，S. S. '布拉格'号让我们把它拖离港口的东翼。船上全是军人……把它拖离海岸非常不容易。9点的时候我们做好准备把它拖上航线。"结束了这个工作之后，拖船在强烈的炮火之下回到港口，又有停在防波堤旁的驱逐舰呼叫他们："帮下忙，我们受到了大火造成的浓烟的影响。"拖船帮这艘驱逐舰进入了大海,又在密集的火力攻击下回去接上了更多的军人,将他们送往多佛。"从远处看敦刻尔克就像是仙境。"拖船的船主回忆说。

敦刻尔克港口和海滩上成百上千个这样的故事让47 310名军人在5月29日回到了英国,而在前一天更是有3倍以上的军人成功撤离,这样看来,大规模撤回远征军就更有希望了。德国人对这次海上大撤退的反应依然显得很吃力——英吉利海峡从敦刻尔克到多佛的海水较浅,而且充满了浅滩和沙丘,对于潜艇来说并不是理想的环境;而德国从刚刚占领的荷兰港口发出的快速鱼雷艇遇到了激烈的抵抗。不过其空中的轰炸和机枪确实造成了很大的伤亡。无论如何,这样的结果已经让首相有底气在战时内阁表达他的期待:每小时可能有2000人被撤离。但这并不一定能安慰那些对他抱有怀疑的人。外交部常务次官亚历山大·卡多根爵士在日记中写道:"新闻让人很不愉快。我们撤回了4万人……但结局依然很糟糕。对于给戈特下达怎样的命令的讨论恐怖透顶。丘吉尔像个戏剧化的斗牛犬。张伯伦和哈利法克斯都表示了反对,态度很强硬,这也是有理由的。他们的关系应该会很紧张。这也是温斯顿的错——戏剧化。"

给戈特将军的命令一直不断地被调整,因为每个人都知道,戈特会希望和那些没有被撤离的人在一起,而不是自己先撤离;然而,如果英国的总指挥官被捕,就等于是给了德国一个不必要的政治宣传噱头。最终,丘吉尔并不情愿地被说服了,给戈特发了一份比较温和的信息来劝说他,并注明为"私人信件",让戈特自己决定谁会投降,何时投降,结尾是非常丘吉尔式的措辞:"国王陛下的政府非常确定,你可以保护英国军队的名誉。"这显然是对张伯伦和哈利法克斯的迁就。在之后的24小时里,首相继续思考着应该如何指挥戈特——他依然拥有一名老兵的思维,能理解戈特需要(并服从)准确的命令,但他还不知道应该下什么样的命令。

那天晚上,他的情绪有所好转。吃晚饭的时候,他"状态极佳",后来又给法国总理发了一份亲切且热络的信息,向他确保英方也会"对法国军队进行全面的撤离"，并尝试安抚法国人不要因为英国撤走了亚眠的重型设备而感到焦虑。"这只是让事情恢复秩序，解决迫在眉睫的问题，我们将很快制订新的在法国的作战计划。"

最后，他在夜里去了一趟海军部的作战室。张伯伦一家人离开唐宁街10号前，丘吉尔夫妇一直住在海军部。他在研究地图的时候，地图室的负责人、皇家海军志愿后备队的理查德·皮姆走了进来，请求"放4天假以援助敦刻尔克撤退"，后来皮姆写道："丘吉尔先生不仅同意了我的请求，而且我还记得他当时说的话'上帝保佑你，我希望我也能和你一起去'。"

# 29
## "我一生中喝过的最美味的茶"

5月30日星期四，每个人都已经很清楚远征军正在努力撤回，而德国人在敦刻尔克的控制也越来越严密。当然，当时的情况和今天大家围着电视机观看国家大事不同，也没有"深入内部"的联络员独立报道实时战况。所有新闻都经过了信息的筛选，在一天后发布，大部分都依然是假的，或者至少被规整过。

德国的损失被严重夸大了，而且很多故事讲的都是德国人像服从命令的机器人一样走进了战火中，还有大量德国的飞机被几架英军战斗机击落。法国的官方公报与事实更是背道而驰："正在法国北部战斗的法国和英国军队保持着英雄主义的传统，战争的激烈程度史无前例……法国海军在守卫港口和通信线路的过程中提供了很大的支持。在海军将领阿布里亚尔的指挥下，大量船只参与到敦刻尔克的防御工事中。"

事实上，勇敢的海军中将让-玛利·阿布里亚尔——法国北部海军指挥官——正处于对英国人的难以掩饰的愤怒中。他把敦刻尔克一座老城堡中的32号堡垒作为指挥部（城堡是当时为了防御英国人的进攻而建造的），并没有收到英国人撤离远征军战斗部队——而不仅仅是其"尾部"的——的消息。他希望守卫到底，直到剩下最后一个人。他对英军的离开充满了敌意，法国人带有反讽的礼貌都已经很难掩盖了。无怪乎他之后会在贝当元帅的维希政府中成为一个重要人物。

或许因为阿布里亚尔对英国人的态度,在拉潘恩的戈特爵士和敦刻尔克的阿布里亚尔之间——相隔几乎只有10英里(约16千米)——几乎完全没有任何交流,仿佛他们在打两场不同的战争。戈特不喜欢和法国人相处的场面,也不喜欢和他们争执,而如果去了32号堡垒,这两者必然都要经历。阿布里亚尔对于英军要求摧毁敦刻尔克的各条河流上的桥梁的要求感到极其愤怒,好像全然忽略了汇集在港口的海军船舰和小型船只,虽然从他所在的32号堡垒看东防波堤视野非常清楚,但他依然选择了视而不见。

戈特性情暴躁的参谋长波纳尔中将负责跟法国人沟通一些常识性问题,过程很让他生气,他在日记里充满怨恨地写道:"我猜他们(法国的指挥官们)认为我们是非常令人厌烦的人,但他们的懈怠、没规矩、易冲动对于我们来说更是让人讨厌。"波纳尔对于法国人对以爱国主义为名却没有任何实质性的计划来支撑的花言巧语感到尤为愤慨。"那个海军将领所说的要守卫到死简直就是胡说八道。法国在那里的军力完全没用。所有能进行的防守都将由我们来完成。"阿布里亚尔之后也总结了他对英国人在敦刻尔克所作所为的看法,充满了滔滔不绝的偏见:"英国人从来没有加入到那些顽强抗争的同志中——但当然偶尔也会为他们自己的利益勇敢作战……把英国人撤回去。"

英国政府已经明确表示要撤走尽可能多的远征军以及法国第一军的所剩力量,但或许这个消息没有传达到这些法国指挥官那里,又或者他们并不想听这样的消息,在任何情况下都决定要把这场灾难的原因归咎于英国。

不用说,这一切都没有被刊登在报纸上。在汉普斯特德的家中,我母亲和很多在法国女修道会学校受教育的英国中产阶级小孩一样(除了她是新教教徒)——她是用《马赛曲》的调子教我用法语背乘法表的——非常信任法国军队的英勇。1914年他们在马恩河挡住了德军,现在他们也将在塞纳河挡住他们。她对魏刚将军的信心也从未动摇过。这种想法在英国非常普遍,而且从普通百姓一直到高层皆是如此,包括温斯顿·丘吉尔也始终认为法国人在战争上拥有天分——虽然到现在他应该更加清醒。丘吉尔对他的老朋友及一起用餐的伙伴乔治将军的信心有一点动摇了，但他依然认为拿破仑精神会很快出现，虽然为数不多的可以接触到盟军总司令魏刚将军的人——魏刚将军每天用餐时都很安静，没有任何有关军事的谈话，之后回到办公室外面散步——并没有看到这样的迹象。只有那些直接与法军接触的人怀疑他们是否还能恢复到以前的状态。我父亲在为奥匈帝国的军队服役后，对每支军队的将军们都没有什么尊重，对任何军队的公报更是缺乏信任。[1]

无论首相对法国军队有着怎样的信心，在波纳尔中将以及戈特爵士的副官蒙斯特伯爵到来之后都一定会有某些程度的动摇。他们搭乘泰晤士河卸货船在"猛烈的空袭"之下经由马盖特登陆。波纳尔绝不会美化眼下的情形，也不会被首相吓倒。如果他的性格稍微羞怯一些，那么他可能会感到自己就像是一个在被告席上的囚犯，而丘吉尔则像是坐在中间座位上的法官，旁边各位大臣及参谋长就像是陪审团。他准确地估计了伤亡情况，当首相告诉他"撤走法国人和撤走英国人一样重要"时，他回答说"如果法国人不为撤离提供自己的资源，那么每登船一个法国人，就意味着少一个英国人登船"。

波纳尔在日记中满意地写道，这是"丘吉尔不愿意听到的实情"，并认为自己"足够直率"地把它传达给了丘吉尔。值得注意的是，告诉丘吉尔他不愿意听到的事并不一定是一个很好的策略。波纳尔能力很强，但却并没能升到更高的级别——他的性格应该是没能投首相所好。波纳尔的日记虽然有趣，但却没有展示出魅力、机智或者幽默感，也不能在愤怒的时候控制自己的嘴，这对于和丘吉尔沟通来说是非常必要的。波纳尔强调需要更多的小船——他在被从海滩送到"皇家飞鹰"号的过程中看到了水手

---

[1] 唯一的特例是爱德华·科尔尼日利翁·莫利尼埃将军（爱迪），他也是电影制作人，享乐派，先驱飞行员，战争英雄，法国抵抗运动成员，戴高乐主义政治家，从20世纪30年代起在柯尔达家的角色就像布伦登·布拉肯在英国的角色一样。

们有多么疲惫——同时也很直接地汇报了英军和阿布里亚尔之间的沟通障碍。此时已经很清楚，法国和英国政府之间并没有共同的撤退政策，这也在很大程度上解释了阿布里亚尔的敌意。

波纳尔最终让每个人都了解到撤离远征军战斗部队而不仅仅是"尾部部队"的重要性，并且强势地让丘吉尔明白要向戈特爵士下达关于何时归来的具体命令，否则他一定会和自己的部下守在一起。在会议之后，波纳尔到白金汉宫向国王讲述了自己的经历，然后又回到陆军部。他应该是第一个指出皇家空军虽说参与作战，敦刻尔克却没有人看到过他们这一事实的人，这也解释了为什么有时士兵们会拒绝让空军登船。

无论波纳尔的来访造成了其他什么效果，但他至少让丘吉尔决定按自己最初的意愿，给戈特下达一个死命令。"每3个小时从拉潘恩汇报一次。如果我们可以沟通，在我们认为你可以将指挥工作交由一名军团的指挥官时，我们将下令让你带着你自己甄选的军官返回英国。你现在就要提名这名军官……这符合正确的军事程序，你自己在这件事上没有抉择权……内阁已经批准了这份电报。"如果领导才能的一个标准就是撰写或口述一份清晰的命令，那么丘吉尔显然拥有最难得的天分。他给戈特发的这条消息中没有任何模棱两可的地方——虽然丘吉尔没能升到中尉以上的军衔。这样的命令应该出自威灵顿或者格兰特之手。

不过丘吉尔在和法国人交往方面就没有那么成功了。对方依然在要求英国提供更多的战斗机和步兵部队。和夸张的公报正好相反，魏刚将军告诉丘吉尔和雷诺总理的代表，英国联络官斯皮尔斯将军，"我们已经达到极限了"。包括远征军在内的北方部队的命运对法国人来说已经不再是头等重要的事——他们现在在索姆河、埃纳河、马其诺防线一线，从大海到瑞士边境长达500英里（约805千米）的前线所面对的敌人在数量上占绝对优势，在装备上、作战技术上以及或许最重要的是在斗志上也都远高于自己。虽然雷诺总理并没有把自己的想法告诉他的英国盟友，但他已经开始考虑在布列塔尼建立"国家要塞"，并派遣50万达到服役年龄的人去北非进行培训。问题已经不再是北方能不能守住——防守已经失败了——而是当德国人恢复体力之后，巴黎能不能守住。

对那些正在向敦刻尔克汇集的人来说，这些大问题并不重要。除了困惑、混乱和血流成河的沙滩，很多英国人在看到大海的那一刻已经感到了前所未有的舒适。这里离英国只有30英里（约48千米），对于生活在岛国上的人来说，大海是他们的朋友，而不是敌人。但不幸的是，海滩上依然严重缺乏组织——戈特将军和他的手下认为他们的工作是将远征军撤离到海滩上，而之后则是海军的工作；海军却认为自己的任务是把军人们带回家，因此没有人思考过如何组织40万人高效率地撤离。临时抱佛脚地撤走这样庞大的队伍，整个过程只能是权宜之计，都是粗线条的工作，有时候可能非常粗鲁，尤其是在夜以继日的撤退工作之后，很多人都和自己的队伍，和自己熟悉的人、军官、军士分开了，因此军规军纪也就没那么严明了。有些军官利用他们的军衔之便率先登船，在这种情况下，人们对军衔和命令的尊重迅速瓦解，变成了一种四散逃生的状态，每个人都只考虑自己了。

东防波堤的情况要好一些。防波堤只有5英尺（约1.5米）宽，却接近1英里（约1.6千米）长，坦南特上校在这里可以维持一定的秩序，在开阔的海滩上，军人们都自己排成不太整齐的队伍，直到轮到自己走到海边。这在某些程度上是因为有秩序地排队是英国人非常坚持的习惯。当德国的战斗机飞得很低、有机枪向沙滩上射击，或者俯冲式轰炸机投下炸弹的时候，队伍会突然散开，但很快大家又会回到自己之前的位置，除了被炸死的人——人们会马上将他们埋进沙子里，还有受了重伤的人会被抬到最近的医疗点。担架供应不足，抬担架的人也极其短缺，同时也只有身体状况很好的人才能登上小船，因为需要在海浪中走到海水没过胸口或脖子的地方，然后还得使劲爬上已经人满为患的船只。伤势很重的人可以被担架抬上由小型客船改造成的救护船上。对海滩的第一印象很容易引起人的误解。炮火并没有德国人（或者是海滩上的军人）想象的那样激烈——沙子会在炮弹爆炸之前把它掩埋掉，掩盖了它的声音，也阻止了那些滚烫的金属碎片四处迸溅，这是爆炸产生的最危险的副作用，当然更加不幸的是炮弹直接砸在你身上。此外，低空飞行的战斗机的机枪扫射对排队或聚集在一起的人群造成了更多的伤亡——小口径机关枪的威力是致命的。

第十二枪骑兵团的法国联络官亨利·德拉法莱西上尉在军团摧毁了他们的装甲车之后，于5月30日上午抵达海滩。他们想要跨过通向拉潘恩的桥梁，但却遇到了暂时的困难：英国的军官和军警阻止法国军人过桥。直到他的部队指挥官拐着他的胳膊，坚称他是军团的一员，对方才允许他通过。法国的军队要沿着海滩向西走到布赖迪讷和马洛勒班这两个度假小镇，那段时间还没有船接他们走。"通向拉潘恩的那2英里路很不错，"德拉法莱西写道，"我们可以看到和听到空中的炮火。路上到处都是被遗弃的卡车，几百名穿着法国军装的落伍的士兵拿走了车里的东西，像吉卜赛人一样在旁边的沙丘上围着火堆露营。其中有些人喝醉了。"

一开始德拉法莱西对自己国家的军人这种没有军规军纪的行为感到很尴尬，后来他才意识到这些年龄较大的预备役士兵知道自己不会被英国人撤走，将成为德国人的战俘。此时，当他们带着嫉妒的目光看着走在英国人队伍中的他的时候，他感到尴尬无比——在他们看来，这代表了安全。德拉法莱西穿过了拉潘恩的废墟，在和平年代，这里是一个非常漂亮的度假小镇。在一条窄路的尽头，"我们闻到了咸咸的海风的味道，穿过一片黄色的沙滩……是溅起的浪花，墨绿色的海水一直延伸到天际，我们可能会从那里被送回英国"。

这或许是看到这个场景后的最普遍的反应，但事实上，对于和德拉法莱西一样的几十万名军人来说，回到英国是一段漫长、危险且令人精疲力竭的经历。他描述了人们如何在枪林弹雨中把防水帆布铺在海滩上，作为一个临时码头，让车辆可以在退潮的时候通过沙地。驱逐舰就在几英里之外的海上和德军的大炮交火，成吨的爆炸物在海滩上空往来轰鸣，弹壳有时会落在沙地或是浅水中。下午，德军发动了一场全面的爆炸袭击，炸弹像雨点一样落在了拉潘恩。"噪声和喧嚣让我的腿不由自主地在颤抖，心跳得十分厉害。"直到傍晚，驱逐舰才驶进海港，让军人们登船，但船很快就满了。德拉法莱西在这天结束的时候依然在海滩上喝着传统的英国"补品"——一杯茶。

影响登船的一个问题是船只和海岸上缺乏有效的沟通，敦刻尔克和多佛之间也没有可靠的直接的通信。经历了漫长而形势严酷的撤退，无线电机几乎都不能用了。随着后方梯队在战斗部队之前撤离，信号员的数量锐减——在1940年，即便是在一切最齐备的时候，英方的无线电设备和德国的相比也不是强项。就在一天前，拉姆齐收到了远征军在拉潘恩的指挥部的消息——从拉潘恩到达陆军部，再到海军部，然后再转至拉姆齐所在的多佛——信息错误地警告敦刻尔克港口"被损坏的船只阻塞了"。这一失误造成了巨大损失。另一个兜了大圈子的来自坦南特上校的无线电信息则被错误地解码为"现在不可能再让更多的军人从港口登船"。驱逐舰的损毁致使海军部从拉姆齐那里撤回了更多更先进的驱逐舰，只剩下了15艘老式驱逐舰，大部分都是第一次世界大战中的"老兵"了。这一切应该可以解释5月30日的混乱场景以及为什么某些地点没有船只出现。结果是更多的人从海滩而不是港口登船，这是撤退行动中唯一的一次。5月30日的撤离人数为53 823人，比拉姆齐期待的要少很多。

哪怕是对那些离开的人来说，那也不是容易度过的一天。敦刻尔克轻步兵团的弗雷德·克拉彭记录了他的具有典型意义的经历：

> 我们再次来到海滩，看到几队军人已经站到了海里，最远处的人海水已经没过了脖子。我们询问了一下这是什么情况，人们告诉我们他们在等小船把他们接上，送到一艘更大的船上，并建议我们最好赶快排到队尾。你能想象天上飞着子弹，人们排着队站在海里等船的样子吗……
>
> 海边上，一些沉入海底的船只中的垃圾和各种废料不停地被

冲上岸来。船体的碎片、安全带、坏掉的桌子、椅子、罐头盒、饮料罐等。我们看到了断成两段的独木舟，你能想象吗，它的船桨居然还完好无损地横在船边上。附近有一艘浮船的橡皮艇，5英尺长，3英尺宽；我们脱掉了身上所有重的装备，比如步枪、行李、弹药、钢盔、靴子，把它们放在了橡皮艇的中间，每个人拿了一支桨，向最近的大船划去。

不幸的是，海浪掀翻了二等兵克拉彭的橡皮艇，他和他的同伴不得不游回岸边，全身被海水和柴油浸透了。他们一直在岸上等待，直到一艘海军的小船划到海滩旁，一个船员让他走到船头，用力稳住船让其他人登船，他按照水手说的去做了，油腻腻的海水一阵阵打在他的脸上。船员开始划船离开，克拉彭大声喊道："嘿，那我怎么办？"船停了下来，一个船员伸手把他拉了上去。船划到了等待它的扫雷舰"奥伯里"号旁边，克拉彭拿到了"我一生中喝过的最美味的茶。真正的海军喝的茶。很热很浓，里面还有足够的朗姆酒"。船员允许他脱掉衣服在轮机舱晾干。"到马盖特的时候，我已经穿上了制服，人们像欢迎英雄一样迎接我们。"他所在的营有800人，但只有250人最终回到了英国。他是个幸运的人。

当然，所有的战争都关乎运气和机会，但远征军的撤退更像是一场大规模的抽奖。有些人去了海滩，排到了正确的队伍，经历了最低程度的风险登上了船，几个小时之后抵达了多佛；而有些人却在海滩上或是在敦刻尔克弥漫着恶臭的废墟中等了几个小时或几天，蹚着海水，在登船前几乎要被淹死，而最终上了船却被水雷、鱼雷或者炸弹炸沉了。还有很多人在海滩上就牺牲了——很多人死在了直接暴露在炮火之下的东防波堤上；有人经历了几个小时的痛苦等待，看尽了让人难以掉转目光的各种恐怖场景，周围死伤者无数。

很多人肩并肩地坐在甲板上跨过海峡，头顶上就是敌军的飞机在扫射，而另一些人则是坐在黑暗又臭气熏天的甲板下面，拥挤不堪。有些被迫按照平时日常的工作规则来服役的河间岛邮船公司和马恩岛邮船公司的客轮和渡轮居然奇迹般地毫发无伤。一名浑身透湿、精疲力竭又口渴难耐的军官看到一名穿着白制服外套的船员，向他要一杯啤酒，这位船员非常礼貌地告诉他，必须等船开出3英里（约5千米）之后才能为他服务；另一名军人被带到了头等舱的沙龙，那里依然有铃铛和银制餐具，船员端着银托盘为他上茶，旁边摆着三明治，下面放着纸巾，三明治的面包边还被整齐地切掉了。

除了前几天有少数法国人被拒绝登船之外，经常会看到法国人和英国人在下船后合影。现在可以看到的其中一张照片上是一名法国的护士穿着雅致的斗篷，单肩背着一只皮制公文包，看上去就像是刚刚去巴黎的圣·奥诺雷街买来的一样。运气是至关重要的——军警试着阻止接近海滩的所有车辆，但法国司机完全不管，猛冲向海滩，或者冲到敦刻尔克的街上；军士以及坦南特的手下希望人们按照他们所说的先后标准整齐列队，但依然有些人想办法自行登船。

士兵布莱恩·毕晓普"被海军军官指派帮助抬担架，沿着防波堤把伤员抬到停泊好的船上。防波堤有几处都被轰炸过，在缺口处垫了跳板。抬着担架在防波堤上走并非易事，而且还要把担架举到肩膀上走过跳板……"毕晓普和他的战友们遭到了机枪扫射——东防波堤没有任何东西可以掩护他们，也没有地方可以躲避，他们是非常明显的目标。有一名军官检查了一下他的担架，说："他死了，把他扔下去吧，去抬下一个。"下午，一名海军军官帮他把一个担架抬上了一艘叫"梅德韦女王"号的游览船[1]——曾经是新梅德威邮轮公司的游船——这个军官突然非常和善地说："上来吧，这是你最后一次机会了。"虽然这艘船在回程中遭到了轰炸和扫射（"船上只有站的地方，也没有救生衣。"一名叫迪克·科布利的军

---

[1] "梅德韦女王"号往来敦刻尔克7个来回，带走了7000多名军人，成了"敦刻尔克英雄"，现在被保存在梅德韦河上的吉利厄姆（Gillingham）码头。

人这样写道），毕晓普仍得以于午夜在多佛下船，一个年轻的女孩托着一盘三明治迎接了他们。在几乎每个人都吸烟的年代，军人们记得最清楚的事之一应该就是从敦刻尔克海滩和大街上废弃的军用品商店里免费拿到成百上千包香烟了。

关于军士和军官在枪口的威胁下保持军规和秩序的故事有很多，无疑他们确实遇到了，但值得注意的是，很多军人依然持有武器——丢掉武器的人大多数是在努力登船时把它们扔在了海里，或者是登船之后船员要求他们把武器扔到海里——此外，用手枪威胁佩带武器的人是非常冒险的事。还有传闻说有人因为插队或抢着登船而被开枪打死，这样的故事很流行，但这可信可不信。在死亡名单中并没有被枪决的人，这倒也不奇怪。有些人在持续不断的炮火攻击下已经不知所措——这在第一次世界大战中被称为"炮弹休克"——但在大多数情况下那些负责指挥的人会帮他们找一个地方安静下来，而他们的同伴也很同情他们，而不是批评苛责。

温斯顿·丘吉尔那天晚上和几名在任的大臣以及参谋长一起回顾了几天来敦刻尔克的情况。"860艘各种各样的船只参与了行动。"他向大家汇报说，包括游艇、救生船、渔船、驱逐舰、客轮和渡轮等。到当时为止，被撤回的军人数达到了12万，其中只有6000人是法国人——这对于首相来讲是个大问题，他准备第二天在掌玺大臣及工党领袖克莱门特·艾德礼和帝国总参谋长约翰·迪尔爵士的陪同下飞去巴黎参加最高战争委员会的会议。

法国人又有的抱怨了。

## 30

## "手挽着手"

5月31日星期五早晨，丘吉尔和他的同僚搭乘两架"火烈鸟"飞机，在9架"飓风"战斗机的护送下飞往巴黎。"火烈鸟"对于机组人员和乘客来说都不是什么受欢迎的机型，它速度慢，行程颠簸，噪声大，还很容易发生地面事故。飞机在泽西岛上绕了一大圈（泽西岛后来成为德国在英国唯一的占领区，并且占据了长达5年之久），拖延了时间，之后又向东抵达维拉考布莱（Villacoublay）——凡尔赛附近的法国空军机场——以躲避敌军的轰炸。丘吉尔仿佛并不在乎或根本没注意到行程的曲折——行动、冒险、危机、运动让他振奋，让他热血澎湃。他内心中依然是那个1898年在苏丹恩图曼的军人，手握着"毛瑟"C-96驳壳枪（他母亲伦道夫·丘吉尔夫人给他的礼物），和第二十一枪骑兵团参加最后一场冲锋，飞速射击面前每一个对手。

他在巴黎漂亮优雅的英国大使馆吃了午餐（无论发生什么样的危机，只要有可能，丘吉尔都不会不吃饭，或者草草了事）。但"最高战争委员会"会议一开始，英方就发现，法方已不那么介意从敦刻尔克撤走的法军人数明显少于英军，他们需要英国派遣更多兵力，尤其是更多的战斗机中队，而这两件事首相都没有权力应允。事实上法国的战时内阁已经结束了北方的战争，只是没有人愿意告诉敦刻尔克的阿布里亚尔上将而已。他们已经预见了之后的厄运，等待着德国人入侵西南部，切断马其诺防线，将巴黎隔空；他们认为不久它就会像一个成熟的果实，落入敌人囊中——这一点他们没有错。敦刻尔克"桥头堡"的最后几天或几个小时对他们来说已经是最不重要的了。即便是戈特爵士当晚将被命令离开、他的部队也已经被削减的消息，也没有让他们感到惊讶，至少不比丘吉尔所宣布的战斗部队会先于受伤军人撤回更加引起他们的注意，因为目前最紧急的需求是要让"能继续进行战斗的人"重整旗鼓这一消息。

丘吉尔精力充沛的状态有一瞬间可能让雷诺总理又恢复了一些活力，但并没有赢得出席的大多数人的认同，也许是因为他在会议中坚持要说糟糕的法语。法国海军总指挥官达尔朗上将准备给阿布里亚尔发送消息，告诉他防守敦刻尔克的部队撤退时，英军应该先登船。首相阻止了他，双手抱在胸前用法语热烈地说"Non, bras dessous, bras dessous"（手挽着手），保证法国人从现在开始会先登船。

贝当元帅——当时的副总理——在会议过程中令人十分扫兴。丘吉尔的参谋及军事顾问黑斯廷斯·伊斯梅少将犀利地描述了当时的氛围："我们围着会议桌……一个身着便装、表情沮丧的老者向我走来，伸出手对我说：'贝当。'很难相信这就是那个创造了凡尔登史诗的伟大的法国元帅……他现在看起来苍老，平凡，充满了失败主义的情绪。"英国战时内阁的军事人员伯克利上尉说一口流利的法语（不过他这项天赋仿佛并不是必需的），评价"贝当看上去像是有84岁"。他还说到了丘吉尔最喜欢的斯皮尔斯少将"用很高的姿态插话"让法国人非常不满。（伯克利上尉可能认为斯皮尔斯作为法语专家与同行的英国人相比有些名不副实。）"他人很好，但很粗鲁暴躁。"伯克利评论说，"我听到了一些对戴斯蒙德·莫顿、林德曼教授和布伦丹·布拉肯不好的评价。首相确实喜欢油腔滑调的骗子。"

这次漫长的会议要结束的时候——就算对丘吉尔这样并不太关注他人感受的人来说，贝当都显得"心不在焉，情绪低落"——斯皮尔斯面对面地质问这位老将，如果法国想要独自享受和平，将有什么结果。"我想您了解，元帅先生，封锁意味着什么。"贝当并没有回答，从他冷峻的蓝眼睛里什么都看不出，更看不透他对这位英国的临时少将这样对一个法国元帅说话有什么感想，但法方有人回应说："法国可能会被迫修订外交政策，英国对法国港口的封锁可能在所难免。"这是一种非常有技巧的法语措辞。斯皮尔斯又直接向贝当指出这不仅仅意味着封锁，"而且意味着要轰炸所有德国掌控的法国港口城市"。

听到这些难以置信的话，贝当什么都没说——他仿佛没听到斯皮尔斯在对他说话——但在英国人离开后，他转身对雷诺总理说："现在你的同盟在威胁我们！"英国人成了雷诺的同盟，而不是法国的，情况已经非常清楚了——雷诺不能再依靠他的内阁了。

虽然事已至此，丘吉尔依然精神高涨。他坚持要拿着雪茄当信号旗，穿过高高的草地，在一片飞机阵中去看一看跟随着他们的9架"飓风"飞机。他的好心情是有原因的，从敦刻尔克被撤回的人数直线上升——5月31日，有超过68 000名军人回到了英国，也就意味着一共已有194 620名军人成功撤离。超过一半的远征军回家了。

然而，那些还在敦刻尔克海岸上等待的人并没有看到胜利。此刻，敦刻尔克港口几乎被那些德军击沉的船只堵住了，东防波堤上的缺口非常大，大海的前滩尽是船只的残骸。5月31日中午，随着德军重型炮攻的加强，沿着海滩等待的驱逐舰不得不撤到更远的大海里。"每一次有驱逐舰驶向大海，海滩上的氛围就变得更加阴郁，人们的脸色也变得更差了。"亨利·德拉法莱西写道。值得一提的是，第十二枪骑兵团不仅一直守在一起，还保留了他们的武器和衣物装备。在沙丘的炮火中等待了9小时之后，一位上校开着一辆从沙滩上找到的汽车来到了他们面前，命令兵团和他一起去10英里（约16千米）以外的敦刻尔克。德拉法莱西的中队排成了箭形。"我们的少校勇敢地前进。他帮那些已经没力气的战友背了一部分行李，但步伐完全没有被拖慢，也从来不曾弯下腰去躲避炸弹或者子弹。"

厚厚的沙地减慢了大家行进的速度，他们在炮火中走了7英里（约11千米），到达马洛勒班郊外之前天已经擦黑了。"我们到达之后，他（那个上校）告诉我们说，前面没有路了，必须下水了。我们一会儿要登船。"

大小舰艇向我们开过来。船员示意我们向海里走到不能走为止。"起风了，浪很大，大家走进了冰冷的大海里。海水很快就没过了肩膀。"德拉法莱西和军团的几个高级军官一起帮助队员们登船，防止船翻掉，然后费力地朝着近海的一艘挖泥船走去。"一阵大浪打在了我的头上，打掉了我举在头顶的一个帆布包。那里面有我的一件干衬衫，一件毛衣，还有一些不便宜的个人物品和我的防毒面罩。我想四处找一找，但也是徒劳，它已经沉到水底了，像块石头。"他旁边停着一艘小艇，但因为身上的军服都湿透了，还穿着靴子，戴着头盔，已经没有力气爬上去了。他扔掉头盔和手枪，用尽最后的力气又试了一次，这时候有"4只有力的手"把他拉了上去。"我听到的只有头顶上德军飞机发动机的轰鸣，还有震耳欲聋的爆炸声。"另一个法国军官递来了一瓶珍贵的白兰地，他们在炮火中一起分享美酒。

2个小时后，德拉法莱西"一丝不挂地坐在小艇轮机舱的一个煤堆上"，火炉前晾着制服。他依然在发抖，还没有从冰冷海水的浸泡中缓过来。这艘船正在海上四处漂浮，一个烧火工人笑呵呵地告诉他，船偏航了，在水雷区迷失了方向。经过的一艘扫雷舰向他们打了个招呼，给舵手指了一条新的航线。德拉法莱西和他的军团所剩下的军人们就这样向多佛港和白崖驶去，由于德军的炮攻，有些船板损毁了。他穿着自己晾干的军装，脸对着另一个人脏脏的靴子，在拥挤的舵手室睡了多日以来的第一觉，战争此刻已经离他远去了。

从海上看去，敦刻尔克的海滩的场景相当壮观。"整个10英里长的沙滩上，从沙丘一直到大海都是黑压压的人群。有的人站在了及膝或及腰的海水中……哪怕带走一小部分人都仿佛是不可能的……"最大的需求就是"拉"船。［在皇家海军中，划手划船称"拉"船（pull）；只有平民船才

280

是要"划"（row）的。]一天前，大量各种各样的小型船舰抵达海滩，将士兵们带到近海的大船旁。（也就是在那天，英吉利海峡岛屿客船"迪娜德"号被改造成了医用船，在炮火之下抵达敦刻尔克港口，船上和平时期的女服务员、59岁的A. 古德里奇因此成为唯一一个在撤退期间被授予战报表扬的女性。）

5月31日对营救者和被营救者来说也出现了一个新难题：坏天气。"北面突然起了清新的微风，马上就起浪了。""微风"对于水手和陆地上的人来说意义完全不同，"清新的微风"就更是如此。它会掀起巨浪，能掀翻很多小船，或者把船推到海滩上，退潮后这些船只能被丢弃——此刻士兵和划手们都没有力气把船拖到100码之外海水足够深的地方了。而一支由无数"小船"组成的舰队正在工作，包括南英格兰每个港口的救生船，伦敦消防局的水上消防车"马赛·肖"号，还有一支泰晤士河上的帆船队（大部分帆船都被击沉了，其中"罗斯伯里女士"号上最年轻的海员J. E. 阿特金斯在敦刻尔克海滩牺牲，年仅15岁），泰晤士河口老旧的小船，国防部的小艇，还有5艘皇家空军的摩托艇（"T. E. 劳伦斯"快速水上联络船在它为皇家空军效劳的最后几年也参加了这次行动），其中有2艘被击沉。许多摩托艇的名字——大部分都由它们的主人亲自驾驶，还有一名普通船员作为帮手（包括几个十几岁的孩子，还有至少一名女性）——会让人想起在和平年代的夏日，它们航行在南英格兰河流上的样子："金色浪花"号、"吉卜赛国王"号、"罗丝·玛丽"号、"德拉库拉伯爵"号（一艘第一次世界大战时的德国海军小艇）、"蓝鸟"号、"格特鲁德"号、"格蕾丝·达林四世"号、"桑·吉恩夫人"号、"谦逊小姐"号、"我们的梅吉"号、"帕奇"号，还有很多艘"云雀"号、"白衣女士"号以及"约拉"号，等等。船身漆成了各种明快的颜色，黄铜闪闪发光。和其他船只一样，它们也是炮弹和机关枪攻击的目标。海军部的平民船只清单上有很多私人摩托艇被直接打上了"遗失"的标记，据我统计共有69艘，有一艘只有18英尺（约5.5米）长，2艘是划艇，其中一艘旁边用军队淡漠的语气简单地标着

"和船员一起被水雷击沉"。这意味着有大约10%的私人船只遇难。

从来没有哪里能像英国这样召集到由私人船只组成的英勇而奇怪的舰队,其中包括了数位医生、1名排版设计师、1名景观设计师、1名酒吧(金斯顿的"格洛斯特之手")老板。有些船主是名人,比如52英尺(约16米)长的摩托艇"切尔西的蓝鸟"号,它的主人就是著名的世界速度纪录保持者马尔科姆·坎贝尔爵士(1935年陆上速度超过每小时300英里,1939年水上速度为每小时141.740英里)。年龄最大的船长超过70岁,很多船员都还是孩子,演员劳伦斯·奥利弗的兄弟吉拉德不仅到达敦刻尔克,还得到了战时优异战功勋章。5月31日,抵达海岸的船只数量之巨大,以至于一个船长把那儿比喻成皮卡迪利马戏团的繁忙时段。海军除了提供航海图、好的建议、汽油、水和食物,还安排将成百上千的摩托艇拖出海峡穿过水雷区。但平民经常要面对专业海军生硬而严肃的命令——一个不知所措的游艇主进入了敦刻尔克的港口,想询问要去哪里接人(这里严格规定只有大船才能进入港口),结果驱逐舰甲板上的海员非常干脆地回答他:"赶紧离开这个该死的港口!"

5月31日星期五,由拖船和漂网渔船拖着的游艇、捕鱼舰以及其他小船排了5英里(约8千米)的长队,德国空军一直在进行炮攻和扫射。"炸弹从万里无云的晴空中掉下来,"一名游艇主回忆说,"有些飞机会俯冲下来⋯⋯有一架飞得非常低,用机枪扫射一艘拖船和它拖着的救生船。然后又来了一架。我们知道它要朝着我们这边来了。坐在那儿束手无策等着它过来的感觉太恐怖了,但我们实在也没有别的事情可做。度秒如年。'等它过来就低头躲!'有人大喊着,'躲!要是打中了船就把自己抱成一团。'我们蹲下身。子弹倾泻在了我们这艘坚固的小船上⋯⋯"

由这些小船和游艇带离海滩的人非常多。比如巴兹尔·史密斯博士的游艇"仙女"号带走了超过900人,这对于一艘20英尺(约6米)长的小艇来说实在不可思议。史密斯博士自己开船,还带了2名在职训练的皇家海军做船员。因为海军部的各种手续,他用了3天时间抵达敦刻尔克,但一到海滩，他和他的船员们就24小时不吃不喝、无眠无休地工作，不惧炮火的不断攻击。史密斯博士和他的船员被命令将船交给一个海军官员和几个水兵，但那个官员很快就出了麻烦。随着风浪越来越大，史密斯不得不放弃"劳达尼亚"号（皇家海军接管并武装的一艘荷兰货船）甲板上的"茶点、面包、黄油果酱"，重新回到自己的船上。当天晚上，"仙女"号的引擎出了问题——如果人们总是在冬天开摩托艇，夏天，也就是7月、8月之前不去维修引擎，那么就很容易出现这样的问题——史密斯博士只能把"仙女"号交给一艘漂网渔船，据说那艘船上面有维修工，然后搭乘"劳达尼亚"号回到了英国。史密斯博士是一个活跃而自信的人，后来因为在敦刻尔克的英勇行为而被授予了战时优异战功勋章。他登上"劳达尼亚"号之后拿着他的烟斗四处转悠。一个戴着第一次世界大战绶带的老兵看到他，评论说这是"一场年轻人的战争"。"是吗，你也不是什么小伙子呀！"史密斯生气地回答说。但当他在镜子里看到自己几天来长出的长胡子时，发现自己真的像一个流浪汉。回家的路上，他看到海员们想要炸掉一个漂雷，却没有成功。船在马盖特停靠后，海军叫了一辆出租车把他送回拉姆斯盖特的家中。"仙女"号并没有出现在海军部的"遗失"船舰的清单中，所以他或许最终与他的船重聚了。

5月31日提供了英雄服务的这些船只——以及之前和之后——都是由拥有无畏的精神的军人和平民驾驶的。其中还有一些很奇特的船只，比如"'猎鹰'2号，1898年的快速帆船，整个服役生涯一直都在葡萄牙和英格兰之间穿梭"，当然还有敦刻尔克最老的船，一艘叫作"埃塞尔·莫德"号的建造于1889年的平底帆船，此外还有王室最爱的著名喜剧演员和演出主持人托米·特林德的摩托艇"查姆莱"号。[1]德国人轰击漂在海上的一切，但幸运的是移动的船只应该算是最难从空中袭击的目标之一了，而且

---

[1] 摩托艇的名字为"Chalmondsleigh"，发音为"Chumley"。特林德喜欢取笑英国上流社会起名字的传统，名字的拼写和发音完全不同。他经常自我介绍叫"Trinder, T-R-I-N-D-E-R, 发音是查姆莱"。

储油罐燃烧冒出的黑烟也阻碍了德军轰炸的准确性。

与此同时，在敦刻尔克，一场激烈的两国争端在5月31日上演。H. R. L. G. 亚历山大少将——戈特爵士离开后替代他的远征军指挥官——到访阿布里亚尔的指挥部。有可能并没有人通知阿布里亚尔远征军将撤走目前在法国的所有队伍，而不会参加最后一场敦刻尔克的守卫战，又或者他已经知道了这个消息，却故意想让亚历山大将军感到尴尬，他坚称戈特爵士向他保证有3个英国师会留在这里防守。对于阿布里亚尔带有讥讽性的态度，亚历山大将军应该算是最适合来对付的人了。亚历山大是未来的陆军元帅及第一位突尼斯伯爵，是法国人眼中最完美的英国绅士形象的代表，比皮埃尔·达尼诺的畅销书《汤姆森少校纪念册》——描述了法国年轻一代奚落嘲弄（或者也暗中羡慕）的英国人形象——中的英雄还要典型。和丘吉尔一样，亚历山大也是在哈罗公学受教育的，但不同的是，他在那里的经历很糟糕，直到老年才表现出对哈罗的感情。亚历山大小的时候曾经是"一场史上最厉害的曲棍球赛"中的英雄人物，那是哈罗和伊顿在1910年举行的一场比赛。后来他放弃了他最早的选择——艺术，而希望成为职业军人。他去了桑德赫斯特[1]，加入了爱尔兰护卫队，成为第一次世界大战中被极力推崇的英雄，获得了杰出服务勋章、军功十字勋章、最高荣誉骑士团勋章，同时还受到了鲁德亚德·吉卜林[2]的尊敬——他唯一的儿子也在爱尔兰护卫队，结果牺牲了。亚历山大高大英俊，留着整齐的典型军人唇须，无论在何种情况下穿着都非常整洁得体。和他的同僚蒙哥马利（未来的阿拉曼的蒙哥马利子爵）不同，亚历山大非常谦逊，举止优雅得近乎过分，而且非常恐惧别人认为自己精明或一意孤行。在英军中很难找到第二个人比亚历山大将军更不适合通知阿布里亚尔远征军准备撤离而不会和法国人一起"手挽着手"防守敦刻尔克这个新闻了（如果它还算新闻的话，关于这

---

[1] 英国皇家军官学校所在地。——译者注
[2] 英国著名小说家。——译者注

一点有很多人怀疑）。

亚历山大需要告诉阿布里亚尔和法方的法加尔德（Fagalde）将军："戈特爵士并没有让我留下一支远征军部队来和法国军队一起守卫敦刻尔克桥头堡；他告诉我要撤走英国的所有部队。"阿布里亚尔和法加尔德感到（或假装感到）不可置信。由于这次讨论是用法语记录的，当然无疑也夹杂了很多英语的元素，记录中标明亚历山大并不真诚，而且十分尴尬。阿布里亚尔对于英军撤退一事竭力贬损："英国海军前两个晚上给我们的5000个名额可不够撤走10万名守卫敦刻尔克的法国军人的。"这是过度的夸张。在敦刻尔克防守区域内至多有7万名法军，大部分都在沙丘附近或者是在海滩上寻找方法逃跑，很少有人在进行防守。亚历山大回答说他很遗憾，没有离开的军人最终只能被德国人抓作战俘，"我们将尽最大力量营救所有能营救的人"。这时，法国海军军官德拉波鲁斯发表了那种法国人常常激怒英国人的豪言壮语："不，将军，现在依然可能挽救荣誉。"

会议记录中亚历山大瞪着眼前的桌子，擦了擦额头，假装没有听懂对方的话。任何法国的爱国主义口号——比如荣誉、光荣或旗帜——都会引起英国人非常强烈的反感。而这一次，这句话令亚历山大更加坚定了决心，礼貌地重复了戈特爵士给他下的命令。他任凭法国人花言巧语地雄辩，直到最终阿布里亚尔说唯一的解决方法是去拉潘恩见戈特爵士，而亚历山大不得不告诉他，戈特已经在下午4点离开法国回到多佛了。会议记录称："长时间的沉默——失望。"阿布里亚尔想进一步刺痛英国人，他决定说出最后的话。"既然我们不能信任英国人的合作，将军，"他说，"我将指挥法国军队完成我的任务。我们法国人的使命是战斗到最后一刻，从敦刻尔克营救尽可能多的军人。我们在达到这个目标之前，会坚守岗位。"

也有人称当亚历山大将军听闻法国人说他要留下3个师来支持法国人的抵抗行动时笑了，并回复说："您一定是在开玩笑！"但这听上去不太像是亚历山大的做派。而阿布里亚尔完全没有战斗到最后一刻，他撤退后得到了乔治六世国王的接见，后成为贝当维希政府的重要人物，战后在监狱中服刑长达10年。法国人对激情四射的爱国主义口号（以及对最后的决定）的喜爱与英国人愿意紧缄其口、不轻易在他人面前表现自己的情感形成了极其鲜明的对比——双方都非常符合自己在对方脑海中的刻板印象。

除了这些由来已久的基本性格差异，同盟双方所做的其实都超出了对方的预期。如果从5月31日到6月3日，没有一定数量的法国军队保卫敦刻尔克港口，那么大撤退行动肯定会被中断。而另一方面，英军帮助撤走了14万法国军人，英国军人撤走了19.8万。在撤离的14万法国人中，只有3000人加入了戴高乐的"自由法国"部队，其他人都被遣返法国，重新加入了战争，最后大多被抓去了德国人的战俘营，直到战争结束。

# 31
## "我们会打败他们"

6月1日星期六,这一天并没有标志着英国与法国的分歧结束,而是标志着目前撤退行动的相对成功至少让首相不再犹豫在战时内阁为关于和谈的争论画一个句号。对于让法国人和德国人进行和谈一事,他一直犹豫不决,更不知道是否应该加入他们,只是觉得暂时不能再和哈利法克斯争执。现在几乎已经有一半的战斗部队回到了英国,是最乐观的人几天前所估计的3倍还多——当然,他们丢失了自己的设备、大炮,很多人还丢了步枪和靴子,但这些都可以重新武装。丘吉尔灵活的头脑已经想到了法国从美国订的成千上万支步枪现在还没有被运过来,他可以将它们转到英国来。美国在第一次世界大战以后应该有大量的步枪库存,在那个年代,马萨诸塞州和康涅狄格州的武器生产标准被全世界嫉羡。武器可以提供,更重要的是受过培训的常规军,无论是现役还是非现役,那些重建军队不可或缺的专业人士,正在回家的路上或者已回到了家中。虽然之前的恐惧感并没有变成乐观情绪,但也转化为对这个小岛抵抗德国突袭能力的一丝微弱信心。

6月1日清晨,首相回复了他床头柜文件堆中的两份文件,语气坚定,这也成了他日后的一个标签。其中一份是外交部(在哈利法克斯的领导下,外交部成了诸多政府部门中最悲观的)的提议,认为如果事态发展到最为恶劣的地步，首相应该考虑"制订最秘密的计划"，将王室撤离到大英帝国的某个地方，同时也要带走御宝和加冕椅。对此提议，丘吉尔直接回复说："我相信如果他们胆敢尝试侵犯我们的岛屿，我们会让他们在第一天就感到后悔。因此这是没有必要讨论的事情。"

他的言辞中没有一点犹豫不决。对国家美术馆馆长肯尼斯·克拉克关于将珍贵典藏送到加拿大"更安全的地方"的提议，丘吉尔的态度更是如此。"不，把它们藏在地窖或者酒窖里。不能送走。我们会打败他们。"

从敦刻尔克的港口和海滩的情况来看，这句话仿佛不可能实现。敦刻尔克现在已经被包围了。德国人在一点一点地夺走英军防守的那一个小小的部分。对那些在油腻腻的浓烟下被不断炮攻的人来说，这里就是败兵的噩梦，没有任何可能再去打败谁。亚历山大少将现在负责指挥远征军的剩余大约2000名兵力。他在清晨又不得不再次到阿布里亚尔的总部进行另一次艰难又毫无建树的对话。阿布里亚尔在敦刻尔克的位置是法军战略和政策混乱的最佳例证。法国在每一个港口都安排了一名高级海军官员。依照严密的笛卡儿逻辑，当法军和远征军撤离到敦刻尔克时，他们就应该由阿布里亚尔指挥，至少他本人这样认为。结果就是由这名海军将领在指挥一场陆地上的战争。不过要替阿布里亚尔说一句公道话，他确实比敦刻尔克及其周边绝大部分法国将领都要坚强勇敢，但作为海军将领，他从来没有走出过他的堡垒，他并不适合领导一场陆战，而且他也没有尝试和英国远征军的指挥官交流，而远征军马上就要撤离，同时会带走最后一条直接与伦敦沟通的电话线路。

这样造成的结果之一就是亚历山大将军并不知道还有将近7000名法国军人在敦刻尔克及附近区域，而且每天还有新的军人聚集过来，有些人（当然并不是所有人）确实在顽强地阻挡德军的进攻，而阿布里亚尔也全然不知英国的海军和商船都已经遭受了巨大的损失，更不用说小型船舰。6月1日，阿布里亚尔和亚历山大将军之间的会议仿佛是两个失聪的人在对话，甚至进一步加大了两人之间的隔阂。阿布里亚尔认为他的权威高于亚历山大，并已然习惯性地说着一些空泛的爱国主义言语。在这一刻，荣誉、光荣或旗帜这样的辞藻只能让英国将军们翻白眼了。

而亚历山大这样一个极其矜持、礼貌（且非常现实）的将军只能以不变应万变地对付对方的雄辩。"他认为拯救3支最精良的英军部队比和法国维持和睦关系更加重要，显然他觉得法国已经注定失败了。"

很遗憾亚历山大将军的法语不能说得更好一些（他在战后被任命为加拿大的总督后，进修了法语课程），但无论如何他给阿布里亚尔的消息显然并不是这位海军将领希望听到的——皇家海军不认为在1日或2日夜晚之后还能继续撤离，亚历山大接到的命令是尽可能多地撤走他们的军队，而不是和法国人一起进行最后一战。

而后亚历山大将军承诺，就如陆军大臣安东尼·艾登所说，撤退会按照"50-50"的原则——这也是对丘吉尔向法国雷诺总理保证和法国人"手挽着手"的回应——然而阿布里亚尔并没有因此得到安慰。一方面，他依然认为自己的工作是守卫敦刻尔克；另一方面法国军队一直没能和英国海军高级官员成功联络。在之后的几天里，很多船只依然继续等候法国军队登船撤离，却发现他们并没有出现在约好的地点。亚历山大还是尽最大努力遵守了他接到的命令：在之后他指挥远征军的3天里，他撤离了超过2万名英军和超过9.8万名法军，这远超过了所承诺的"50-50"。由于军规散漫，并且联络不畅，很多法军"错过了船，船也错过了他们"。这进一步增加了等待的海员和法国人彼此之间的不信任。

亚历山大并没有夸大其词——至6月1日，沉船的数量急速上升，撤离行动只能在夜间进行。防守范围急剧缩减。德军的枪炮不仅可以触及海滩和港口的任何一个角落，还可以对海上的船只进行攻击。虽然战斗司令部做出了不懈努力，但他们并看不到地面的军队和海上的水手；此外虽然德军的飞机损失数量在攀升，但至少在白天，德国空军控制了上空，对不同种类和型号的船只进行轰炸和扫射。

轰炸十分残酷高效，而且就连医院船只都不放过，虽然《日内瓦公约》已经明确对其作出了保护——事实上德军高层曾经收到过一份明确信息，强调运载伤病员的船只没有武装，被漆成了白色，但结果却是让德军进一步加大了对它们的攻击。虽然如此，这些医院船只自始至终都在冒着炮火往返工作。在不断的轰炸攻势之下，各种船舰的损毁程度都在上升。事实上想让一艘船无法行驶并不需要炮弹直接打到它——哪怕是炸碎的板子或溅起来的钉子、供气管、供油管都会让大量船只无法行进，而漂浮的木板又让敦刻尔克本来就狭窄的海面更难以通行，加大了风险。

此时，英国媒体终于开始相对坦率地报道敦刻尔克的撤离情况了。事实上，《泰晤士报》的报道十分准确：

> 在从正处于战争状态的海岸撤退的同时，还要和敌军进行最艰难的战斗……海军面临着非常大的困难。这个佛兰德斯海港的水很浅，海面狭窄，而且对航行来说最重要的灯以及其他辅助设施都已经没有了，潮水汹涌，暂时失去控制的船只可能会马上被冲上岸。更糟糕的是，离岸等待的船只会遭到不断的轰炸……

这段报道标志着新闻部之前为了国内销路及淡化事态严重性制造虚假消息的政策发生了重大变化，同时也是将敦刻尔克的屈辱失败转化为令人骄傲的国家史诗的第一步。"笑着接受它"可能会变成英国人的新格言，"忍受"成了比重大胜利还要重要的国家荣誉感的来源，也是乐观主义的来源。

这次报道反映了英国人情感的一次戏剧性转变。哪怕是那些"富有人情味"的故事也并不会再向读者隐瞒事实真相了。比如有15名红十字会护士"最早登上的那艘小船不幸翻了，她们浑身湿透了"，然后登上了一艘扫雷船，"筋疲力尽，一直在发抖，船员给她们提供了毯子，并找了床位让她们休息"；第二天早晨，她们抵达英国港口时，"得到了洗过烫过的制服，清洗制服的是扫雷船上的船员，他主动承担了洗衣员的职责。护士们登陆的时候就算是最苛刻的女警卫也认为她们形象过关了"。（在那段时间，护士们的制服几乎是一团糟，上面都是又僵又硬的折痕。）报道中没有人再去掩饰那些让人难过的真相，比如每个人都在逃离，或者是护士被从翻了的小船旁救起。哪怕只是几天以前，这样的说法都会经历严格的审查：一列载着成千上万"精疲力竭、带着战败污点的军人"的火车从海峡港口驶向他们营队。新闻最终也不再掩饰德军的胜利：远征军逃离了法国，最终回到家中。与荷兰、比利时以及不久之后的法国不同，英国终于可以透一口气；而在这段时间，德国的将军和他们的元首将凝视着眼前这片灰蒙蒙的波浪起伏的大海，最终决定是否要跨到对岸。

希特勒对这个问题态度很模糊。他想的依然是征服法国，整个过程比他预期的要容易。将军们——尤其是哈尔德和古德里安——"抱怨敌人在我们鼻子底下跑掉了"，忘记了就在几天以前，他们认为敦刻尔克一带河流众多，沙丘密布，还有很多沼泽地，不利于坦克行驶。但希特勒并没有被这件事影响。和他关系最近的几个人认为他现在充满了更大的地理政治野心，勾勒着一个由德国和英国共同主宰的世界，因此放走远征军而不消灭它或许是审慎之举；另一些人则认为他在等待伦敦发来的和平协议，这或许是哈利法克斯5月27日向意大利大使提出的建议的产物。然而，德军想象的英国将发生政治危机，让"正确的人"掌权，而后递上和平协议这一过程并没有发生，事实上，这与事实相去甚远。张伯伦如果还在担任首相，或者是哈利法克斯接替了他，那么无疑事态可能会沿着这个方向发展。然而现在丘吉尔的地位已经稳固，而战斗到底不仅是他的想法，也已经成为全英国人民的想法，包括那些几天前还想着和法国一起请求和平的人。

火车上和车站中到处挤满了疲惫不堪、满脸胡楂的刚从敦刻尔克撤回的军人。可这个场景不但没让人沮丧，却反而提振了英国人的士气。肯尼迪大使依然是最坚定的绥靖主义和失败主义者，他可能会给华盛顿发电报，告诉总统"事情已经糟得不能再糟了"。在他看来，德国希望和谈，"答应他们的条件，这些条件和他们要将战争继续下去比起来根本不算什么"，他同时催促英国政府马上将他们的黄金和证券送到加拿大。但这些建议已经不是眼下的唐宁街10号愿意聆听的了，白宫亦然。丘吉尔并不需要像约瑟夫·戈培尔一样的政治宣传部长，他的本能让他相信英国人到绝境的时候会重整旗鼓，而这已经被证明是正确的。希特勒希望从伦敦得到的好消息再也没有出现，"正确的人"不仅没有掌权，而且很快离开了核心位置。哈利法克斯爵士到华盛顿担任英国大使，塞缪尔·霍尔到西班牙担任英国大使，而温莎公爵则成了巴哈马的总督。这就是所谓的英国"政变"，那些偏向于与德国和谈的人直接被洗牌，到远离威斯敏斯特的权力外围任职，直到战争结束。丘吉尔再不用担忧有人批判他选择继续战争的决定——法国的境遇将不断提醒人们投降意味着什么。

6月1日全天，法军在敦刻尔克海滩后面起伏的沙丘中勉强安营——敦刻尔克整座城市就像是一个死亡陷阱——没有任何关于撤离的详细计划。远征军的后防部队继续向西边的港口行进，有一些维持着较好的秩序，这些主要是战斗部队。亚历山大将军十分不满地说他看到海滩上有很多被遗弃的武器——他并不知道海军官员要求军人们丢掉武器——同时还表示在看到英国近卫步兵仿佛接受检阅一般队列整齐地向敦刻尔克行进后感到很骄傲。他是骑着自行车抵达海滩的，他把指挥车烧了，还有他的衣服和装备，只带了自己的手枪、双筒望远镜和公文包。亚历山大本着他历来的实用主义理念，让他的"师部工程师在退潮的时候把运货卡车开到海滩上，把木板架在上面，变成一个码头。这样，在涨潮后，小型划艇就可以带走6～8个人，把他们送到那些等待的船只上去。每次送人完毕，都需要命令一个人划船回来接下一批军人。我对他们的回应不太满意"。

因为并没有什么人在抵达大船后愿意再划船回去接人。亚历山大对此表示不满。这样很多小船就被扔在了一边，而且更糟糕的是，很少有人在浪大的时候可以掌控这些船。亚历山大正确地指出，唯一能让大部队迅速离开的方法就是从防波堤出发，"在那里，整支队伍可以在自己指挥官的命令下登上驱逐舰、巡洋舰或者渡船"。一艘驱逐舰可以带走超过1000名军人，其中大部分队伍都秩序井然，而且还携带着自己的步枪——有些照片记录了多佛港口收集了大批步枪——6月1日，虽然炮火密集，但防波堤依然是撤退的主要地点。

很多士兵依然尝试从海滩登船，而不想在沙滩上冒着炮火走一大段路去防波堤。除非有命令，否则他们的第一本能就是登上任何浮着或者应该浮着的东西。而且防波堤也并不安全，炸弹已经把它炸得千疮百孔，在那些缺口上搭了临时的木板。在炮火下狭窄的防波堤上排成纵列行进并不是一件容易的事，很多人依然愿意选择登上那些被冲到岸上搁浅的小船，随便从漂浮的废物中找点什么东西做船桨。一名士兵回忆"海滩上的大部分部队都没有人指挥，到处都是人们丢弃的各种装备和衣物"。另一个叫克利福德·霍尔曼的士兵记得他的"兄弟"在经过几天的行军后躺在炮火中的沙滩上，他去打听这里发生了什么情况，别人告诉他现在就是"自己顾自己"。霍尔曼回到他的战友身边时，发现他直着身子坐在一条浅沟里，已经死了；他叫住了一名路过的皇家陆军医疗队的军官，说他的战友"没有受伤就死了"，那名军官告诉他："这并不奇怪，士兵。"军官顿了顿，又简略地说："你如果愿意可以把他埋了。"霍尔曼和一伙人一起登上了一辆"布伦"火炮车（第二次世界大战期间英国比较常用的一种轻型装甲履带式汽车），向大海开去。车熄了火，他们又游回到海滩附近，找到了一条被遗弃的小船，但没有桨。他们找了临时替代的船桨，一共13个人拼命划，连头盔都用上了，直到接近一艘驳船，小船翻了，他们被拉上了驳船，14小时之后抵达拉姆斯盖特。

这样的故事成百上千，人们凭着坚强的意志从海滩上离开，而不想加入防波堤上漫长的队伍。一个士兵记得游了100码的距离找到了一艘被遗弃的小船，给它装了一张临时的帆；另一个士兵登上了一艘船，却马上遭到轰炸，船着了火，他半裸着跳进海里，直到有另一艘经过的船看到他，给他扔了一根绳子。这些故事的核心思想都是人们无论冒着多大的危险、经历了多大的困难，都依然渴望要回到英国，他们认为无论怎样都好过被德国人抓捕。而从记录德国人行为的故事中可以看出，这个想法绝对是正确的。[1]

这么多年过去了，1940年6月1日那天对我来说依然历历在目。那是一个星期六，我记得我母亲和她的一些演员朋友到伦敦的一个火车站帮忙给回来的军人们派送茶水和三明治、面包以及香烟。我从她那里听到了事情的近况——或许比起那些穿着制服的女性，士兵们认为跟一个伦敦西区的明星交流更加容易，因为她更擅长让大家敞开心扉。无论如何，她回家以后也为我们带来了比别人更加清楚的关于远征军撤退的信息。

事实上在那个时候，为几十万人提供火车的临时计划并不比调动上千条船只简单，但当时并没有太多人关注这一计划的成功。几百辆客运火车（有文章记录一共有569辆货车载运了超过33万人）参加运输，通过已经十分拥挤的线路到英国东南部相对较小的火车站，然后再分线路将这些人带去他们可以居住、吃饭、更衣以及再次会被"摧毁"的地方。这要求陆军部和主要铁路公司的交通运输部门之间进行紧密的配合（战后工党将铁路国有化并创建了"英国铁路"，在此之前有4家主要铁路运输公司），必须在一夜之间制订一套复杂的计划，以避免大量的火车乱成一团，或者影响国内其他交通运输线路。这些火车中很少有会经过伦敦的，这并不是要避免首都的人看到撤退的军人，主要是因为伦敦各主要车站的火车都没有最直接通向北部和西部的线路。有些从伦敦、中部内陆地区以及苏格兰地区来的火车会经过肯辛顿站（艾迪生道），这应该就是我母亲和她的演员朋友派发茶水和面包的地方。

像母亲这样的志愿者并不少见。火车会在整个英国东南部的车站停车。虽然没有直接的命令，但妇女志愿服务组织和红十字会中身穿制服的

---

[1] 大部分关于被德国人带走的盟军战俘的电影都聚焦于空军军官，展现的是一幅经过渲染的画面。《日内瓦公约》允许除了军官以外的军人从事任何不直接与战争生产相关的工作。很多在敦刻尔克被捕的英国军人都遭到了殴打，在非常艰苦的条件下被带着穿过法国、荷兰和比利时，之后被运畜拖车带去波兰的集中营，在盐矿或者其他类似的地方，在食不果腹的条件下工作了5年之久。

成员以及各个年龄层的市民都会拿着从啤酒到干袜子等各种各样的东西在车站迎接他们——获胜的队伍也从来没有受到过这样热情的大规模迎接。这就像是一场全国的派对,从多佛开始——"我们下船之后女士们会给每个人5包伍德拜恩(便宜香烟)、一个巧克力棒和一个苹果。"英国的传统仿佛在一瞬间突然崩溃了,年轻的女性扒着火车的窗户亲吻着素未谋面的陌生人。还有人会送上电报表和明信片,这样军人们就可以向家里人通报他们依然活着。在一些地方,人们打开一瓶瓶香槟四处传递,那情景仿佛是英国已经赢得了战争,而不是被赶出了欧洲大陆。火车在肯特村火车站停下来的时候,"戴着巴拿马帽、穿运动夹克的英国女学生"琼·朗德斯向军人们递送鲜花,还帮忙派发展台桌子上的鸡蛋三明治。

她回忆说:"军人们都很不一样。有些情绪高涨,有些睡得很熟,所以我们也没有叫醒他们,也有一些坐在那里,目光呆滞。可怜的人。他们的国籍也不一样。我和一个法国人交谈……还有一个深色皮肤的人穿着宽松的白裤子和一件红马甲,还戴了一顶奇怪的帽子,完全不知道他是哪里人……[1]有的人只裹了一张毯子,有的人衣着非常整洁,但从他们的眼神可以看出他们的艰难经历。"

在那一刻,权威、规则、阶级意识全都被抛弃了。这大批的军人——有些还佩带着枪支——登上了火车,无论是否愿意,在并没有明确命令的情况下都登上了火车,去向火车将去的地方。没有人擅自离开。火车停车的时候,很多人会下车给家人或女朋友打电话,有不少人甚至被陌生人带去家里洗澡刮胡子再吃上一顿饭,之后再登上下一辆火车。

他们的到来呈现了一幅难得一见的场景。安妮·海因夫人当时在黑潭(Blackpool)度假,她回想起一列军人走出火车站时,"整条大道上鸦雀无声"。"在黑潭看到军人并不是什么奇怪的事,这里曾经到处都是军人,但那个时候不一样。他们穿着各种奇怪的制服,有些没戴帽子,我记得很

---

[1] 有可能来自法属殖民地部队,也许是法国轻步兵或者塞内加尔散兵。

清楚,有的人甚至连靴子都没穿,他们的脸显得疲惫不堪……我们站在那里看着他们走过,情不自禁地流下了泪水。"

当母亲告诉我她在车站度过的一天时,泪水也滑下了她的脸庞,虽然她一再强调军人们有多么"开心"。看到伤员的样子令她难以承受;很多人在从海滩或是敦刻尔克撤离前只是被仓促地包扎了一下。虽然伤势最重的人不得不落下被留给了德国人,但还有皇家陆军军医队的人在那里照料他们;一些自己能走路的伤员还有被担架抬回来的伤员状况都很严重。他们看到演员们给他们递来茶水和食物,甚是愉快。"哦,他们太勇敢了。"母亲强颜欢笑地说。父亲在1917年和1918年参与奥匈帝国最后的战斗时也看到过这样的情景,此刻只是忧郁地点了点头。1918年维也纳和布达佩斯的火车站也挤满了勇敢而振奋的伤员,但这并没有挽救奥匈帝国失败的命运。不过我母亲还是强调,奥匈帝国不是一个岛国。

# 32

## 敦刻尔克精神

虽然拉姆齐将军怀疑在6月1日或2日晚上之后是否还能继续撤离，亚历山大将军更是如此，但大撤退行动依然不可思议地又持续了2天，而且撤走了尽可能多的法国部队。大部分政坛的知情者以及全部英国将军已经知道法军不可能面对敌军守住防线，只有首相不管眼前出现了怎样的警告信号，仍依然固执地相信法国人会战斗到最后一刻。此刻，法军的防线建立在索姆河和瓦兹河一线，但即便是法国的总指挥官魏刚将军也并不再假装认为这条防线可以坚持多长时间了——这也是有理由的，因为这只是一条在地图上画出的想象中的线，而不是一条坚固的、准备充足的真正防线，只能表现出在英军同意马上派去法国至少3个师和"最大能力的英国空军力量"的条件下，法国政府希望守住巴黎的愿望。这些要求也让英国战时内阁产生了非常激烈的关于法国是否不得不与德国单独签订和平协议，而英国只能单独面对德国的争论。"这意味着法国将建立一个亲德的政府……最终我们要面对的法国政府可能不仅仅是退出战争，或许还会成为我们的敌人。"

关于法国不仅投降，甚至还可能改变阵营的想法让人感到十分气馁，因此丘吉尔结束了会议去解决他儿子伦道夫长年不断的债务问题对大家来讲也是一种放松。伦道夫·丘吉尔继承了他父亲很多方面的性格，却没有继承他的天才、他强大的野心以及严苛的工作习惯。丘吉尔经常过着超过自己开销能力的生活，会欠下赌债（父亲和儿子对赌场都有着致命的迷恋），经常无法支付自己的账单，而且饮酒过度。但伦道夫性格粗鲁，判断力差，对自己有着过高的评价，同时他缺少丘吉尔所拥有的甚至可以笼络其最对立的政敌的魅力、智慧和丰富的情感。

接下来的2周，法国的悲剧终于演到了终结篇。巴黎6月14日沦陷，法国在3天后投降。英国不能调走战斗机司令部所有的飞机，它们很可能马上就要参加保卫英国的战争。而现在也不可能重新武装那些从敦刻尔克撤回的远征军，及时成立新的师，再次奔赴法国。法国向罗斯福总统发去的请求只换得了虚无缥缈的精神支持，而英国和法国对墨索里尼提出的不要加入战争的要求也并没有对这位领袖产生任何效果，后者已经决意要在适当的时候"进来"分一杯羹。同时，如果法国人依然会继续战斗，那么敦刻尔克的大撤退无论多么艰难都要继续下去。目前，撤退行动只能在夜间进行，而且即便是在夜里，船只所面临的风险也是巨大的——"很明显，这样的损失不能再继续下去了。"德国炮兵现在已经控制了敦刻尔克的每一条通路，有8艘大型载人渡轮和6艘驱逐舰被击沉了。外港对于任何船只来说都十分危险；港口中到处都是遇难船只的残骸碎片，很多绳索和电线会缠住船桨，让航行中的船舰动弹不得。驱逐舰和与其大小相似或者更大的船只能倒着通过狭窄的海面离开港口，这在黑夜里是非常有挑战性的工作，更不用说还要顶着不断的炮火。驱逐舰本身很脆弱——为了能让约1000人登船，那些非必需品，比如大量的桌子和移动网具都必须被扔下船，平日里紧闭的水密门现在为了能装更多的人也只能常开了，也就是说一颗炮弹就可以击沉整条船。在这样的条件下，可想而知对于船长来说，在港口等待却因为通信失败或者法国致命的组织混乱而见不到部队出现是多么令人愤怒的事。

截至6月2日星期日黎明，大部分英军部队已经被撤离——包括那些3天来不眠不休地守卫着海滩上一小块阵地以及敦刻尔克东部的后防部队。夜里从船上依然可以听到附近的步枪和机关枪的声音,这意味着敌军已经打到了港口。海军官员在黑暗中到岸上催促部队登上防波堤,其中还有人穿过了港口旁满是垃圾的街道,吹着风笛召唤那些疲惫的军人。

随着要撤离的法军人数超过英军,人们开始感受到不可避免的语言问题和国家差别。用当时在场的A. D. 迪万的话说:"无法想象怎么跟法国这些内陆人解释在退潮的时候控制一艘小船的难度。在一些队伍中,完全没有了纪律,而且在语言不是很通畅的条件下阻止他们强冲上船、让他们留在沙滩上同样不容易。完全不可能阻止那些来晚的人登上已经超载的小船。很多情况下小船刚进入深水区就沉了,或者被旁边驱逐舰荡起的波浪掀翻了。"要注意的是,公平来讲,很多英国海军官员和船员都抱怨海滩上英军的表现,而战斗部队则批评通信部队的表现。防波堤上的纪律要好过海滩,在那里军人们需要蹚着海水去登船。不过无论情况有多么艰难,将近2.7万名军人在6月2日撤离了敦刻尔克。

但这依然不够。为了让法军离开,就必须在6月3日星期一黎明之后继续撤退行动。很多人都是被小船、游艇和捕鱼船带走的。拉姆齐将军希望在2日夜里结束撤退行动,但当他得知法国的后防部队依然在为"英军后防部队的撤离而战斗"时,他改变了主意。"我们不能把盟友丢下不管,"他写道,"今晚我必须召集所有官员讨论接下来的撤离行动,让全世界看到我们不会让同盟失望。"

关于6月2日晚英国战船在炮火中等待法国军队却空着回到多佛的抱怨传到了丘吉尔耳朵里。他给巴黎的雷诺总理发去电报,催促他"尽最大努力和我们合作,尽快撤离法军"。到现在为止,最后3000名英军后防部队已经登陆,海军高级官员亚历山大少将和坦南特上校搭乘快艇在港口和海滩上巡视,以确保已经没有说英语的人被留下,然后在黎明时回到防波堤登上驱逐舰返回英国。

虽然冒着很大的风险,但拉姆齐将军依然在6月3—4日做出了巨大的努力,撤走了26 175名军人,使总撤退人数攀升到338 226人,其中有139 921名法国人。最后离开的船是"猎人"号驱逐舰，于6月4日星期二凌晨3点40分启航，当时德军的步兵已经抵达离它停泊处几条街之外。大部分还在战斗的法国军队已经没有子弹了。

亚历山大将军在向陆军大臣安东尼·伊登汇报时，得到了他的祝贺，但用他的传记作家的话说，亚历山大带着"迷人的谦逊"回答伊登："您知道，我们没有那么窘迫。"当然，"迷人的谦逊"是亚历山大漫长职业生涯中的标志性态度，他的礼貌和谦虚经常都会与蒙哥马利的骄傲自大形成鲜明对比，至今历史学家依然会拿两个人相对照。但亚历山大是正确的。德国人其实可以让他们更加窘迫——几个装甲师就能在5月31日之前直接抵达海滩和港口阻止撤退行动，但德国人却等待着6月5日，那是希特勒为"红色行动"设定的日期，9支部队——包含了140个师（包括所有装甲师）——要"歼灭法国所有的盟军……不用担心有大量作战敌军出现。因此可以先通过快速深入的渗透攻破索姆河以南的受到激烈攻击而仓促组建的敌军防线，以防止对方进行有序撤退，或在后方组建防线"。

为了对付这些已经经过休整、面目一新的敌方部队，法军只能集结起43个师，其中有的师还正在组建中，配给不足，人们异常疲惫，士气低落；再加上马其诺防线的13个固定的"堡垒师"——在之后这场战争中这13个师完全无用，就像是玩偶一样；还有3个严重缺乏配给的装甲师；3个无用的骑兵师；1个英国步兵师——第51（高地）师，一个单独的英国部队，以及英国第一装甲师的少量残余力量。

就算盟军的指挥官是一个杰出的将军，而不是性格内向的失败主义者魏刚，就算英国人愿意冒险提供他们整个空军部队，结果应该也没有什么不同：法国人快速地灾难性地失败了，哪怕再加上从敦刻尔克撤走的14万名法军——除了其中少数人加入了戴高乐的自由法国之外，大部分人都在法国投降前及时地被送回了法国，后来成了德国战俘营的战俘，使德国抓捕的法国战俘数量达到了将近200万人，相当于整个法国男性人口的10%——也不会对这场战役产生什么效果。

值得注意的是，虽然法国声称被同盟抛弃——这一说法在法国投降之后更是被维希政府大力宣传——但事实上从敦刻尔克撤回的部队中法国人占了将近一半。6月3日，丘吉尔召集了经济作战大臣休·道尔顿所说的"一大堆大臣官员"——这是相对于战时内阁来讲的整个内阁成员——进行了一次非常直率的讲话。道尔顿做了如下记录：

> 他脑海中想到的只有那些死伤的军人，还有经过痛苦的跋涉到德国的战俘营的军人。法国人？他们会让我们帮忙，我们必须对他们鼎力相助，但他们并不会满足。我们不能倾其所有。"我们派走了军人，却已经丢失了行李。"法国坚持要作战到最后一刻，所以"在争论之后我们带走了他们的军人。否则他们将留在那里，最终失去生命"。首相希望明天能在下议院讲话。"如果我有一秒钟犹豫，我政府的同事们就会把我撕碎。"没人对此提出反对。

丘吉尔对全内阁成员所展露的想法要多于战时内阁。他自己的党内依然有很多摇摆不定的人，战时内阁中至少也有一位，但即便对他们来讲，远征军从敦刻尔克归来也已经证明了希特勒或是德国的指挥系统并不是永远正确的，虽然德军很难对付，但依然可以被阻挡，而且皇家空军也证明了自己至少与德国空军水平相当，皇家海军的至高地位和丰富资源依然没有改变。只要是海战或空战，英国依然有胜利的可能。而德军若想入侵英国，就无法避免在英吉利海峡进行海战和空战。事实上，即便法国落败——首相现在还不想承认这一点——英国依然尚存一线希望。

在这"一大堆大臣官员"面前的讲话或许是对第二天的预演——那是丘吉尔最著名的演讲之一，也是包含了最多名句的一次（经常被人记起）。他的讲话奇妙地将现实主义与劝勉结合在了一起，仿佛在鼓励人们的同时，还提醒大家不要将敦刻尔克冠以胜利之名。

"战争不是靠撤退而打赢的。"他这样警告。在这次4000字、持续超过半小时的演讲中,他用非常直率的语句解释了远征军和法国第一军的溃败,并在最后进行了最具挑战意味的总结:

> 虽然欧洲的大片土地和一些久负盛名的国家或许已经落入了盖世太保和可憎的纳粹统治机器的手中,我们依然不能示弱或落败。我们要坚持到底,在法国战斗,在海上战斗,在空中更加自信、更加有力地战斗,我们要守卫我们的国家,无论付出怎样的代价。我们要在海滩上战斗,在陆地上战斗,在田野上,在街道中,在山谷里;我们永远不会投降,即便——当然我从不相信——这个岛屿或它的一大部分被征服,忍受饥饿之苦,我们在大洋之外的土地依然受到英国舰队的庇护,他们会继续战斗,直到新世界在主允许的时间,用它的力量和神力拯救这个旧世界。

简言之,这是他的策略,正如他向他的儿子伦道夫所解释的——不惜一切地战斗和生存,无论需要多久,即便英国孤军奋战,最终都会让美国加入战争。同时这也是他向英国人民传递的信息——他们必须对法国投降做好心理准备("并不能让法国就此解脱"),同时也要对这场他在5月13日的简短的讲话中就预测过的漫长、艰难且孤独的战争做好准备。

他的老朋友约书亚·威治伍德在6月4日写信给他,"这抵得上1000支枪和1000年的演讲"。这并不夸张。丘吉尔将预言变成了武器,之后的几年里,这些话比任何东西给英国的激励都要大,无论是在国内还是在美国。

小说家薇塔·萨克维尔-韦斯特给她的丈夫写信说丘吉尔的演讲"让我浑身颤抖(并不是因为害怕)",即便到了今天,依然在世的人还是会有相同的感受。但很少人真的听到他的演讲。这些话是由那晚BBC的播音员读出来的——丘吉尔直到1949年才录下了他自己的声音，但就算是他本人的录音也不能再重现他在下议院演讲时庄严的音色和戏剧性的停顿让听众入迷地等待着一个词或一句话的结尾，他深沉的声音强调着每句或每段话的最后一个词。"人们感到他的话背后是无比强大的力量与决心，就像是一个坚不可摧的城堡。"萨克维尔-韦斯特写道，"这些言语的目的并非言语本身。"它们并不是偶然的拼凑。丘吉尔的讲话是由他本人精心雕琢的语句，用打字机上特殊的大字体和无韵诗的格式打出，并经过无数次的背诵和演练，直到每个字都完美为止。

很多在下议院听过他演讲的人都和薇塔·萨克维尔-韦斯特有着相同的感受，不过另一些人则注意到他在自己的党派中所获得的掌声依然无法与张伯伦从慕尼黑归来时所得到的掌声相比。丘吉尔掌控着保守党——而最著名的绥靖者、内维尔·张伯伦曾经最狂热的支持者、党鞭戴维·马杰森负责执行党纪——但丘吉尔并没有赢得马杰森的心。

而1个月之后到来的并不是他的另一次战争演讲，而是他宣布的一条很具讽刺性的消息：1940年7月4日，一支英国舰队向在摩洛哥的米尔斯克比尔港停泊的法国舰队开火，以确保这些战舰不会落入德国或意大利之手。下议院最终用发自内心的掌声和欢呼接纳了泪流满面的丘吉尔，因为英国最终勇敢而决绝地使用了自己强大的力量，做出了丘吉尔所说的"令人难过的行动"。他后来将其描述为自己有史以来做出的"最可恨、最不自然也最令人痛苦的决定"，但无论击沉同盟的舰队有多么不得人心，这一行为都向柏林传递了一个清晰的信息，而且最重要的是，也向华盛顿传递了信息——英国将在帕默斯顿著名宣言的精神的带领之下作战：没有永远的朋友，只有永远的利益；英国将以不容置疑的坚强意志捍卫自己的利益，无论对方是朋友还是敌人。

也不能认为全国上下都充满了这样的勇气，同时并不是每个人都被敦刻尔克大撤退激发了斗志。"敦刻尔克精神"是后来才出现的，而且是在相当长的时间之后，就像丘吉尔被视为反抗与胜利的代表一样。当时依然有很多人对敦刻尔克持模棱两可的态度——大部分远征军安全回国确实让人松了一口气（当然有一些人丢了武器），但同时很多人依然恐惧德国会入侵。这种恐惧心理需要通过1940年6—9月底的不列颠之战来化解，但之后接踵而来的是"闪电战"，德军对伦敦和很多其他城市进行了大规模空袭。

新闻部组织进行的"大众观察"——很快被用新闻大臣达夫·库珀的名字命名为"库珀的探听"——进行了一次现在所说的"民意调查"，整个过程包括秘密阅读大量信件，调查的结果堪忧：人们普遍恐惧德军入侵，也憎恨政府没有告知战争的实情。这在某种程度上是因为英国和战前并没有太大变化——阶级意识、贫穷、关于"不对的人"的感知，名人、大人物、有钱人，还有受过高等教育的人依然说了算，同时又自私又无能，所有这一切被战争加剧了，而不是结束了。

在军队中，现役军官和普通士兵之间在收入、舒适度、住宿以及受尊敬程度之间存在巨大差别，这也反映了在"民族团结"的理念之下，英国私人生活领域的阶级差距依然在继续。14年前，支持矿工的"全面罢工"让国家停摆，揭示了英国社会阶级差别的基本事实。1940年的"工人阶级"怀疑"上流社会"继续在自己的俱乐部和饭店用餐，并且可以避开政府向公众强加的令人恼火的剥削条款。他们并没有错。在乡郊拥有别墅的人依然可以得到比配给制的规定多得多的鸡蛋和肉类，而且昂贵的饭店依然因为那些光顾的客人而繁荣。即便是"闪电战"都好像了解英国的阶级区分，最先轰炸的是伦敦的东面，那里住的都是穷人和工人阶级。这一方面确实是故意的——德国人希望能够带来工人阶级对英国政府的不满，但另一方面也是出于偶然，因为伦敦港对于德国空军来说是一个容易定位的战略目标。

战时穷人和富人之间的团结精神并不是完全虚幻的，但它也不像英国的政治宣传抑或是电影、电视中所描绘的那样坚固。头衔、口音、继承的遗产、童年和青年时期所在的"正确的"学校以及后来所说的"牛剑"，都决定了谁能得到最好的食物,谁能成为现役军官而非士兵,以及谁的孩子可以安全地撤到加拿大或美国。英国的阶级之争在战时稍有缓和,但绝不会消除。[1]

敦刻尔克非常适合英国的战争叙事风格,这场战争在发生时就已经是一团迷雾。很多军官最早就离开了海滩或者防波堤,抛下了自己的士兵,而这一事实被掩盖了;还有远征军的落后装备以及让远征军听命于甘末林将军这样的政治错误都一直没有被公开。引起大多数人注意的是"小船"还有船员及海上童子军创造奇迹的故事,而并非事实本身。真实的情况是皇家海军进行了非常好的预先策划,带走了大部分军队。现代英国人更愿意相信业余爱好者比专业人士创造了更大的价值,这是深植他们内心的想法,同时平民主义的观念让人们认为没有官衔、没受过训练的普通民众也可以开着小船穿过英吉利海峡"加入战斗"。"敦刻尔克精神"在某种程度上已经被感性化,它依然是影响英国人自我认知的一个元素,也是他们区别于欧洲大陆国家人民的一个要素。

无论如何,并不是每个人都因此受到了鼓舞,或认为敦刻尔克是一场胜利。2016年5月,《泰晤士报》刊登了收到的一封来信,信上表达了不同于1940年大多数人的感受:

> 先生,76年前的这个星期,德军将我们的军队赶到了敦刻尔克,最终大部分人获救。我当时才11岁,我和一大群人一起在贝德福德的圣约翰车站的一座桥上往下看。站台上全是军人,他们坐在地上,聚集在一起,有200多人。有人连鞋都没有穿,很多都没穿制服上衣,有一些人裹着毯子。其中有很多人都受了伤,包扎了伤口。他们中间还有一些妇女志愿服务组织的成员,在向他

---

[1] 英国学者克莱夫·庞廷记录的1940年的历史是这种差异的一个缩影,他还描述了这种差异如何在战争中蓬勃发展。

们派发饮品。最令我难忘的事就是他们一片寂静。那些人刚刚被从海滩上送回来,疲惫极了。

我回到家后告诉了我母亲。她哭了出来:"我们该怎么办?"然后她抓紧我,泪流满面。我当时太小,不明白入侵可能迫在眉睫。那些日子真是令人绝望。

# 33

## 在海上

我不记得当时在家里感受到过任何的恐惧，我当时还不到7岁，而不是11岁。我母亲天生勇敢——当时的境况和从敦刻尔克撤回的军人们的勇气让她流下了激动的热泪，但她并不恐惧入侵。我相信她从没有认为这样的事情会发生。而我父亲则太忙了，没有时间恐惧。他的心思都在工作上，恐怕只有德军的坦克开到我们在威尔路汉普斯特德的家门口时，才能转移他对亚历山大准备拍摄的电影的注意力吧。

也许英国人面对军队败北以及有可能发生的入侵时所表现出的冷静是出自当时的完美天气。绝大部分甚至全部记录敦刻尔克大撤退以及军人回家时的照片都是黑白的，在报纸上显得非常昏暗，但事实上对于英国这样一个并不是以好天气出名的国家来说，5月末6月初的天气是一年中最好的。[1]事实上，当时的天气非常好；到处都是含苞待放的花朵，树上已经长满了叶子。我们家里的花园从来没有这么美过（我已经不记得是由谁来负责整理花园了），就算还是孩子的我都能记得。看到当时的照片，人们可

---

[1] 从乔治二世（1727—1760年在位）开始，所有英国君主的生日都会被安排在6月初庆贺，无论他/她真正出生于什么时候。因为那个时间的天气比一年中其他时候更适合游行、花园派对以及皇家军队阅兵仪式等大型活动。1940年的初夏，天气出奇地好，虽然人们不可能注意不到军人们站在敦刻尔克没过脖子的海水里的场景。

能会认为全国上下都陷入了一片恐惧和崩溃之中，但情况并非如此。鲜花展、花园派对，还有伦敦（以及附近的汉普斯特德）各个公园的欢乐盛事依然在继续。孩子们划着船，大人们遛狗，或者骑马，或者喂鸭子——生活一如既往。只有偶尔一些情况下闪现出的现实——比如我母亲在火车站时看到的情景——会击碎人们对整个完美初夏的幻想。他们专心地阅读和聆听新闻，但并没有法国人那种"国将亡矣"的感受——这就是海峡的好处。德国人已经到了对岸，为盟军带来了灾难性的后果，但他们会跨过海峡吗？英国只有孤独的时候才会展现出前所未有的安全感，人们望着灰暗而波澜起伏的大海对面，欧洲那边一片混乱。

那时的人们当然不可能像今天一样，在发生重大历史事件的时候"黏"在电视机前，或者甚至是在收音机前，关注事态发展。但我父亲读遍了早晨的报纸、中午的报纸，甚至是晚上的报纸。就连我母亲也会看一遍那些报道的标题——剧院的事务基本上占据了她的所有时间，人们依然会去看演出，希望能有几个小时的时间忘记外面发生了什么。剧院和电影院的生意从来没这么好过。

父亲一天的绝大部分时间通常都会待在工作室里，但他现在正在绘图，会将一些草稿放在很大的文件夹中带回家来，等到深夜的时候可以进行修改——有一些图片的色彩非常明亮，不是通常的黑白画。我当时不知道，这些稿子是为《巴格达大盗》绘制的，因为战争，这部彩色大片逐渐被搁置了，但这部电影对亚历山大事业的延续至关重要。

那个时候我父亲应该已经知道这部电影无法在英国完成了。亚历山大在战争时期更加频繁地往返于美国和英国之间——当时没有人跟我提起过，我以为他依然住在大街路的宅子里。到5月，他已经明确知道《巴格达大盗》只能在好莱坞完成，同时也清楚，对他来说第二重要的事就是尽快完成《汉密尔顿夫人》。加利福尼亚对于亚历山大并没有什么特别的吸引力；他在20年代末期生活在那里的时候也非常讨厌那儿的一切，从牛油果到游泳池到那些电影工作室的大人物。就像海盗一样，他一次次地如神话般地往返两地，为他赢得了联合艺术家委员会的席位和能让影片更容易地在美国发行的机会——他很快成了和他对手一样的好莱坞电影工作室的领头人之一，决定在英国创建可以和美国竞争的动作片产业。

查尔斯·德拉津在其为亚历山大撰写的极其详细的传记中记录了亚历山大与英国特工的紧密关系以及和温斯顿·丘吉尔的友谊，再加上他的品位、教养、文化和总带一些疲惫感的气场，让他区别于好莱坞的其他电影大鳄。

当然，亚历山大也希望能与梅尔重聚。她在战争爆发后去好莱坞的时候他们结婚才刚刚几个月。而且她非常清楚地表明更愿意留在那里。当然最主要的原因是认为英国的"政治宣传"电影如果想对美国产生任何影响，就必须是在美国生产的，而不是模仿德国那种笨拙的、自吹自擂的、没有人愿意演出或者观看的宣传片。他的工作并不是要说服美国，英国人可以战斗，而是要在美国引发人们对英国和英国正在进行的这场战争的同情心。丘吉尔和达夫·库珀也抱有同样的信念。用德拉津的话说："他们两个人都推动他去好莱坞，那不仅是对他最好的选择，也是对英国最好的选择。"

最著名的情侣——劳伦斯·奥利弗和费雯·丽都与亚历山大签了约。他们都已经到达了好莱坞。《汉密尔顿夫人》的拍摄已经万事俱备；英国政府为电影的拍摄提供了经济支持，因此亚历山大再次出发到美国，最终完成了这出明星荟萃、投入巨大的关于纳尔逊和汉密尔顿女士的历史名剧。除了明星本身，我父亲也是其中一个重要角色，他的工作就是让这部电影看上去非常的"好莱坞"——这只是一个标准的英国故事，虽然制作、导演及艺术指导都是匈牙利人，却戴着美国电影的面具。

就在我当时听卢阿姨读报纸上有关敦刻尔克的故事时，家里已经安排好把我送去美国了。这正好也符合英国政府当时备受争议的将孩子们送走以防德国入侵的计划。这一计划是在张伯伦担任首相的时候开始策划的，当时人们普遍认为战争开始时就会有大规模的空袭摧毁伦敦和其他城市中心。这个计划一经官僚们操办，后果就超越了任何人的预期，这个计划最终导致了350万人搬离英国——这是一场巨大的令人困惑且组织混乱的社会运动，其规模之大更适合独裁国家而非英国。被送走孩子的家庭和要收留这些孩子的家庭同样感到不满。

首相并没有意识到这场撤退行动的规模之大或者被送到海外的孩子的人数——与孩子的总人数相比其实占比相对较小（而且都出自特权家庭）。在回应下议院针对这一事件提出的问题时，丘吉尔回答说："我必须直率地讲，这个问题在最初提起的时候政府并不认同，也没有预料到对这个计划的温和支持会引起这样大规模的运动。这将导致一些危言耸听的说法和令人沮丧的谣言，会对国防工作产生不利影响。"

但已经没有方法可以阻挡这个行政部门已经开始执行的大规模计划了。丘吉尔并没有掩饰自己对这场撤离行动的反感。有人问丘吉尔是否愿意让其中一名要被送走的孩子帮忙带信息给加拿大总理，他的回答相当暴躁："我当然不希望让这个少年带信息给麦肯齐·金先生……在此时，我完全反对任何逃离这个国家的行为。"

我非常赞同他的看法，但我当时还没有自己的主意。

回首那个时候，我意识到母亲非常反对搬去美国，而父亲却坚持要全家搬走，这一分歧应该是他们第一次也是最重要的一次意见不合，最终导致1941年我父亲回英国之后和母亲离婚。母亲在1940年离开英国时感到非常惭愧，战后几十年间她都不愿意再回到英国探访。她一直是一个非常典型的英国人，但也在不情愿地适应美国。对父亲来说，事情很简单——亚历山大想要怎样就怎样。亚历山大非常高效的秘书费雪小姐已经抵达洛杉矶了，并且在我父亲告诉母亲我们要搬到美国之前就在比佛利山的北罗蒂欧大道租了一栋房子。

孩子的撤离受到了很多规则的限制，这是将城市中心的小孩撤走的计划中的一个部分，但实际上唯一的问题就是找到登船的通道，以及办理美国签证。不过那个年代，只要在美国有亲戚或朋友，签证就很容易获得。

有钱和有人脉的人不难让孩子离开，1940年6月之后的6个月内，超过1.7万名小孩被父母送到了外国，考虑到战时客轮横跨大西洋数量有限，这数字并不算小了。这些人里包括未来的历史学家马丁·吉尔伯特爵士、阿利斯泰尔·霍恩，还有达夫·库珀的儿子约翰·朱里厄斯·诺威奇。[1]著名的八卦写手和日记作者"薯条"钱农在1940年把儿子送去了美国，他描述道：尤斯顿车站的站台上有"一长队的劳斯莱斯和穿着制服的佣人以及堆成山的大箱子"，他的儿子保罗登上了一辆载满了孩子的火车，不过这可能也是对达夫·库珀的讽刺——张伯伦及其绥靖政策的最大反对者依然还是把自己的儿子送去了安全的地方。[2]在那个时候，只要你有能力，把你的孩子送走并没有什么令人羞愧的，1940年夏天，我戴着防毒面具，脖子上挂着护照、口袋《圣经》和旅行证件，从烟雾缭绕的尤斯顿车站登车到利物浦，再登上"里士满公爵夫人"号船，和成百上千的孩子一起被送到加拿大蒙特利尔的时候也没有感到难为情。我记得最清楚的就是所有的东西都是灰色的。战争时期的船是灰色的，大海是灰色的，很多建筑的内墙都被漆成了沉闷的灰色，盖住了曾经复杂的木结构和装饰。舷窗被盖住了，以防止灯光引来敌人的潜水艇，气氛也很低落，大家不是晕船就是想家。我不相信船上有任何小孩不想回家，不过出于孩童的好奇心，当我们看到加拿大令人无望的海岸线时，心中还是有某种兴奋的情绪。除了这些，那次旅程对我来说是一片模糊，或者说这也是我的幸运。

敦刻尔克精神已经深入了英国人的意识里，但它并不是马上形成的，也并没有像现在这样完全扎根。如果像达夫·库珀这样的内阁大臣都会把孩子送到国外去，那么可以就此推测很多人应该都会担忧德国可能发动的入侵，虽然英国人都习惯于面对事情时做出勇敢的姿态。学者

---

[1] 新闻大臣达夫·库珀在1952年被授予诺威奇伯爵称号。
[2] 保罗·钱农当时只有5岁，他成功抵达纽约州的莱茵贝克，参加了海伦·阿斯特举办的一次茶会，罗斯福总统也参加了那次茶会。总统离开时，保罗大喊道："我希望您打败威尔基先生！"罗斯福评论道："他的政治生涯这么早就开始了！"

克莱夫·庞廷指出，临时成立的安排儿童撤离英国的组织"儿童海外接收委员会"在1940年6—7月收到了超过21万份申请，而在2艘运载儿童的跨洋客轮沉没之后，申请戛然而止——这无疑反映出了英国的上层阶级对英国获胜持悲观态度。直到1940年秋天不列颠之战获胜，人们才开始相信希特勒无论想干什么，应该都不会再入侵英国了。

乔治六世国王在法国沦陷之后代表全国人民给他的母亲玛丽王太后写了一封信，"从我个人的角度来讲，我现在很开心，因为我们不用再客气地纵容盟军了"。敦刻尔克和2016年要求脱欧的人的情感并非没有关系。1940年，英国就对终于和欧洲大陆脱离，并离开了多佛港的白崖感到轻松。

有些人可能会问，如果没有同盟，英国有没有可能最终取胜，但大多数人都会感到法国是一个很麻烦的盟友，从5月10日德国入侵开始就没有展露出应该有的斗志，而事实上，在1940年6月的战争中，法国的伤亡远远超过英国（还有德国）：有超过9万人牺牲，20万人受重伤，20万人被德国人送去做苦役，忍饥挨饿长达5年之久。

从一场灾难性的失败到一段传奇性的胜利，这应该是英国在这场战争中取得的成就之一，这一成就让人们支撑了4年之久。在之后的4年中，英国被它的两个超级强大的同盟苏联和美国夺去了光彩，之后的70多年亦然，而且只要是他们望向大海对面的大陆，都会感到自己黯然失色，因为英国从没有遭到过入侵、占领或有上百万人被囚禁。不过虽然经历了5年的恐怖战争，但英国成功地在1941年6月希特勒进攻苏联之前孤军奋战，以及1941年12月日本袭击美国之前孤军奋战——这当然算是丘吉尔的功劳。

从这个角度来看，敦刻尔克曾经是，现在也依然是第二次世界大战历史上英国最大的胜利，也是人类历史上少有的事件——失败的军队得到了美好的结局。

# 鸣　谢

　　首先我要感谢我已过世的妻子玛格丽特给了我写这样一本书而不是再撰写一部漫长的人物传记的想法。感谢林恩·内斯比特为这本书找到了安全的港湾。还有罗伯特·威尔对本书充满了热情和乐观态度。谢谢玛丽·潘托哈的关心和支持，以及道恩·拉佛蒂在国内付出的辛勤工作与支持。

　　感谢迈克·希尔一如既往的重要帮助，同时我也要对彼得·梅特卡夫在英国的辛勤调研表达感激，没有他的工作就不可能有这本书的出版。感谢瑞贝卡·卡拉米米多维克找到的图片，以及帕特·霍尔在获得允许方面做出的努力。

　　一如往常，所有的错误都是我本人的过失。

迈克尔·柯尔达